"十二五"职业教育国家规划教材

大学语文

（高职版）（第四版）

DAXUE YUWEN

主　编　徐中玉
副主编　方智范　程华平
编　者　方克强
　　　　萧华荣　吴惠娟

高等教育出版社·北京

内容提要

本教材是"十二五"职业教育国家规划教材,是在第三版的基础上修订而成的。

本教材秉承人文性与工具性并重的选文宗旨,注重当代大学生人文精神和综合素质的培养,文理结合。本教材精选了古今中外名家名篇,着眼于文本细读,对选文进行准确而简要的注释,精心撰写文本点评,并配以开放性的思考和练习,用来激发学生的多向思维。本次修订,编者着重落实立德树人根本任务,有机融入劳动教育,在保留前版主体内容及编排方式的基础上,对选文进行了调整:替换3篇,新增2篇,更新部分选文的版本,并对部分评点、相关链接等作了更新。为了利教便学,部分学习资料(辑评、音频等)以二维码形式提供在相关篇目后,可扫描获取。此外,本教材另配有教学课件、教案等,供教学使用。

本教材适合作为高等职业院校公共课教材使用。

图书在版编目(CIP)数据

大学语文:高职版/徐中玉主编. —4版. —北京:高等教育出版社,2020.9(2022.12重印)
ISBN 978-7-04-054945-4

Ⅰ.①大… Ⅱ.①徐… Ⅲ.①大学语文课-高等职业教育-教材 Ⅳ.① H193.9

中国版本图书馆 CIP 数据核字(2020)第150413号

策划编辑 孔全会 李光亮　责任编辑 雷 芳　封面设计 张文豪　责任印制 高忠富

出版发行	高等教育出版社	网　　址	http://www.hep.edu.cn
社　　址	北京市西城区德外大街4号		http://www.hep.com.cn
邮政编码	100120	网上订购	http://www.hepmall.com.cn
印　　刷	杭州广育多莉印刷有限公司		http://www.hepmall.com
开　　本	787 mm×1092 mm　1/16		http://www.hepmall.cn
印　　张	14.75	版　　次	2009年3月第1版
字　　数	344千字		2020年9月第4版
购书热线	010-58581118	印　　次	2022年12月第15次印刷
咨询电话	400-810-0598	定　　价	35.00元

本书如有缺页、倒页、脱页等质量问题,请到所购图书销售部门联系调换
版权所有　侵权必究
物　料　号　54945-00

第四版前言

《大学语文(高职版)》第三版自2017年8月出版以来,至今已三年。根据教育部《职业院校教材管理办法》相关规定与要求,并虚心听取了使用本教材的高职院校师生们的宝贵意见,经过认真研究与讨论,我们决定对本教材进行修订,推出《大学语文(高职版)》第四版。在本教材编写宗旨、编写特色及编写体例大体维持不变的前提下,本次修订主要从以下几个方面着手:

一、调整了部分篇目,进一步为党育人、为国育才。这次修订调整篇目的主要思路是:首先,增加有关劳动内容的选文。2020年3月,《中共中央 国务院关于全面加强新时代大中小学劳动教育的意见》明确提出,整体优化学校课程设置,将劳动教育纳入职业院校、普通高等学校人才培养方案,其他课程结合学科、专业特点,有机融入劳动教育内容,以此加强对学生劳动精神、劳模精神和工匠精神的教育,引导学生树立热爱劳动、劳动光荣的人生观和价值观,将他们培养成德智体美劳全面发展的社会主义建设者和接班人。为此,我们用张洁《拣麦穗》、宗璞《哭小弟》替换《讲故事的人》与《废墟的召唤》两篇文章;用陶渊明《归园田居》(其二、其三)替换《移居》(二首),以突出劳动的价值与意义。其次,增加教材中古诗文的比例,恢复本教材第一版中的刘基《狙公》、顾炎武《廉耻》两文。本教材的选文,主要以我国古代优秀的文学作品为主体。这些作品植根民族历史文化沃土,能够体现高尚的理想、健全的人格和积极向上的精神,深刻反映历史和社会现实生活中为人们所密切关注的问题,表现真挚的思想感情、智慧理性、审美价值,以其强大的精神力量去感染人,熏陶人。希望学生通过这些作品的学习,细细品味,深入感悟,长期积累,在潜移默化之中涵养性情,陶冶情操,坚定历史自信、文化自信,从而成为一个有思想、有才能、有操守的全面发展的人,一个对国家、对社会、对人民有用的人。

二、调整了思考与练习,用社会主义核心价值观铸魂育人。每篇课文后的思考题设计,注重启发性与开放性,以供学生思考与讨论。我们一直将培养学生的母语阅读与表达能力作为大学语文课程教育的重要目标,希望学生通过对课文的学习,体会各类文章的写作特点与写作方法,再结合一定的习作实践,以提高他们的阅读能力、文字运用能力与语言表达能力。本次对思考与练习的修订,主要围绕作品中有关赞颂劳动者、弘扬劳动美、树立正确的劳动观而设计。

三、规范选文的版本，充分发挥大学语文推广普及国家通用语言文字的重要作用。本教材中的选文版本来源首选中华书局、上海古籍出版社、人民文学出版社等出版社出版的书籍；对发表于报刊上的作品，尽量选用最初刊本；对个别字词因不同版本而产生的差异，在提示或注释中加以说明。

四、对相关链接、注释中出现的重复内容，进行了修改或更换，以求进一步提高质量，有利于教学。

教材建设是一个不断修订、不断完善的过程。由于我们的水平有限，本教材可能还存在不足之处，期待广大师生在使用教材的过程中多提宝贵意见，帮助我们找出问题。让我们共同努力，把大学语文教材打造得更加完美！

大学语文（高职版）编写组

2020年7月

第三版前言

高职版《大学语文》教材自2013年8月第二版问世以来,又过去了整整四年。本教材一直被不少高校师生关注和选用,我们陆续收到来自教学第一线教师的反馈意见,这对我们全体编写人员来说,既是鼓励,又是鞭策。我们想,我们应该在坚持大学语文课程定位和本教材特色的前提下,积极吸收各种意见,努力改进编写工作,提高教材质量,为广大师生服务。本次修订工作,就是在这样的指导思想下进行的。

关于本教材的编写宗旨和编写体例,主编徐中玉先生已经在第一版和第二版前言中做了充分阐述。本次修订,我们的工作包括如下几个方面:

第一,对教材篇目进行小幅度增删调整。删除了《柳敬亭传》、《曾国藩家书》的第二封信、《中国人,你为什么不生气》3篇课文,增加了王粲《登楼赋》、阿赫玛托娃《祖国土》、柳永《望海潮》。课文总数为48篇。

第二,对单元重新做了划分。我们仍然保持了以空行形式切割单元、不加单元主题的做法,实际上基本按照课文所属文体归类编排,但这次做了较大调整,使单元划分的意图更加明晰。一是把词曲类课文从原来的诗歌单元中分割出来,单独成为一个单元,编排时先词后曲。二是对原来的两个散文单元重新调整,议论性散文归成一个单元,文学性较强的散文归成一个单元。这样,教材就一共划分为诗歌、词曲、议论散文、文学散文、小说五个单元。三是每个单元中的课文按作者时代的先后排序。

第三,在教材中增加二维码,为每篇课文提供教学资源。补充一些关于课文的文字资料、音频资料,并都作为二维码的链接内容,使教学资源更加丰富多彩。这是我们的初步尝试,希望得到师生们的反馈意见。

教材建设是一个不断完善的过程,由于我们的水平有限,本次修订可能还存在一些问题,希望广大师生不吝批评指正。

大学语文(高职版)编写组
2017年7月

第二版前言

高等教育出版社出版、由我主编的《大学语文》(高职版)从初版以来，已经过去了四年。经过编写人员和出版社编辑同志的共同努力，修订后的第二版终于完成了。我们是根据大学语文课程作为基础性通识课程的性质和任务，致力于提高当代大学生的语文应用能力、审美能力和思想文化素质，考虑高等职业院校的办学宗旨和培养目标，并认真听取了使用本教材的广大高职院校师生的宝贵意见，来进行教材修订的。在坚持本教材编写宗旨、保持自身特色、编写体例大体维持不变的前提下，这次修订主要做了以下几项工作：

一、与高职院校"大学语文"课程实际教学课时相比，本教材第一版的内容显得略多了一些。这次修订适当删减了一些选文，结合普通高中语文教材和中职语文国规教材的选文情况，还适当调换了部分选文。这样，教材选文总量从原来的61篇调整到47篇，其中本次新增的选文有2篇。

二、课文后设置的"相关链接"部分是本教材特色之一，希望借此能扩展学生的阅读量，帮助学生利用相关资料更好地理解课文主旨和内容，这在使用中受到师生好评。"思考与练习"也有帮助教师把握课文教学重点、引导学生深入理解课文内容和特点的意图。这次对第一版内这两个栏目中不尽如人意的地方，作了认真的修改或补充。

三、对附录中原有的《常用应用文写作》，我们根据国家新公布的有关公文写作格式要求规定，以及高职院校学生学习、就业、工作等实际需要，调整了部分应用文种类的介绍，对原有内容也作了一些修改。

四、教材附录新增了我的一篇文章《大学语文三十年》，以回顾总结新时期以来大学语文课程建设的有关成就、经验和问题。

为使本书更贴合高职教学实际，特邀请陈丽萍、徐亚军、吴双三位有着丰富教学经验的老师共同编写，并把他们增补为编委会成员。

借此第二版问世之机，对使用本教材的高职院校广大师生再次表示衷心谢忱，并热切期望大家对修订版继续提出宝贵意见。

2013年5月10日

第一版前言

这是我们为全国高职高专院校所编的《大学语文》。

去年夏间，承蒙高等教育出版社来约，要我们编一种适合高职高专院校开设大学语文课程需要的教材。在过去的三十年间，我们虽已为国家高等教育自学考试及普通高校编写过几种各有特点的教材，广泛使用至今；但却从未为高职高专院校编写有一定特色的大学语文教材而尽点绵力。主要原因在于，我们对高职高专院校的专业设置及教学情况缺乏应有的了解。只有在对上述情况非常清楚与熟悉，并得到大家帮助后，我们才敢承担编写的重任。

今年五月，上海商学院的领导特来联系我们，告知教育部有关部门要求他们学校主办一次全国高职高专院校大学语文课程的教师研讨会，邀请我们在全国大学语文研究会任职且编写过大学语文教材的几位同志，共商如何互相配合，一道把这首次在上海举行的研讨会办好。也希望我们提出建议，在培训会上作一些专题报告，与各院校同行作面对面的交流。我们华东师范大学中文系的徐中玉、钱谷融、齐森华、方智范等教授都积极参与其中，并与数十位来自全国各地的老师共同探讨高职高专的大学语文课程建设与教学等问题。在与老师们多次交流中，我们对目前高职高专院校开设大学语文课程的情况，特别是对所取得的成就、经验，以及尚存在的一些问题，都有了比较清楚的了解。老师们对全国大学语文研究会所开展的工作，对我们所编的几种教材，都给予了热情的鼓励，对我们今后的工作也提出了进一步的期待，对此，我们都衷心感谢！

近年来，我国高职高专院校正在迅速发展。职业教育是一个多层次的教育培训系统，要办好它，还需要我们进一步解放思想，打破陈旧观念，深入改革现行的教育和培训管理体制，充分利用各种有利的办学资源，真正形成培养我国职业人才的新格局。当今发达国家职业教育的发展实践，所走过的路及取得的巨大成就，都充分地证明了这一点，也为我国高职高专教育的改革与发展，提供了极有价值的借鉴。

高职高专院校的学生，今后应该工、文、商兼修，这已成为各国高职高专院校培养学生的共识。高职高专院校学生的学习方式与其他类型的高校有所不同，即实践特别重要，需要较多的人文知识与素养，富有团队精神。"世事洞明皆学问，人情练达即文章。"学好语文，能说，能写，有实践能力，再加上勤奋、敢于负责、精益求精的精神，于人于己，都是一辈子取得进步与成功的基础。在高职高专院校学习的每一位同学，都可以成为把我国建设得繁荣富强、让人民生活富裕安康的栋梁之材！

正因为我们对职业教育的改革与发展充满信心，教育主管部门又对大学语文教育高度重视，我们才在仔细研究、慎重思考之后，决定尽力编写好这本供高职高专院校使用的大学语文教材。

我们一直认为，大学语文课程教育的重心，必须放在对大学生进行人文精神和文化修养的进一步培养上。大学语文课程主要选择古今中外优秀文学作品，兼顾历史、哲学、社会、生活各个方面。作为对大学生进行人文素质教育的载体，这些作品能够体现高尚的理想、健全的人格和积极向上的精神，深刻反映历史和现实生活中为人们所密切关注的问题，表现真挚的思想感情、智慧理性、审美价值。学生通过阅读、思考、讨论、辨析，批判地继承和借鉴前人丰富而深刻的体验、感受和思考，会受到潜移默化的熏陶，提高综合素质。这必定会对大学生的心理素质、精神境界、人生追求和价值标准产生很大影响。这种影响不仅是理性智慧的启迪，而且更多的是对感性经验、真情实感和生动形象的体悟，因而是有血有肉、深入心灵的综合性整体效应。

大学语文要实现人文素质教育的目标，同时也离不开工具性的特点。本着这样的原则，我们始终坚持把对学生的本国语文阅读与表达能力的培养作为本教材编写的目标与追求。我们的选文以经过反复筛选的古今中外精美的文章为实体，注重题材的广泛性，体式的多样性，每篇选文各有特色，整体丰富多彩，力求以典范性的选文，体现出各体文章写作的表现方法与写作风格，使学生通过对课文的反复诵读、揣摩，领会各体文章的写作特点和写作方法；通过必要的习作训练，提高学生汉语的阅读能力、文字的应用能力与语言的表达能力。

教育部《大学语文教学大纲》规定："充分发挥语文学科的人文性和基础性特点，适应当代人文学科与自然科学日益交叉渗透的发展趋势，为我国的社会主义现代化建设培养具有全面素质的高质量人才。"这是对高校人才培养提出的总的看法，与高校编写大学语文教材的目标应当是一致的。高职高专院校培养的人才，不仅要具有专门的业务技能与专业知识，而且还必须具备优秀的人文素养，良好的语言、文字表达能力与组织、管理等多种能力。一句话，高职高专院校培养的应该是这些方面高素质的复合型人才。

那么，大学语文教学如何在这种高素质的复合型人才培养中发挥作用呢？

我们认为，在高职高专院校所使用的大学语文教材中，古今中外各方面内容的佳作诚然都应该选入一些，但各入选多少及所选篇目内容之价值，应与其他类型高校的大学语文教材有一些区别。同是高校语文教材，若是供文史哲专业的学生使用，所选古文篇目就不妨多些，难度应该稍微深些，各种文体形式也可以丰富些。而对高职高专院校的学生而言，古文篇目就应减少些，文章内容比较明白些。我们认为，高职高专的大学语文教材，宜多选些先秦诸子的语录、寓言、短章议论，容易让学生从中感受到古代优秀文化传统的普遍价值，蕴涵其中的积极入世、自强不息的精神。对中国古代诗歌、散文、词曲等作品，也可以多选一些。这些作品中对各色人物性格、遭遇，对社会百态及各种情感，都有很好的描写与表达，若能多多体会，就能帮助学生对人性、人情的善恶、品德高低有所辨别。选入教材中的杂文、小说、人物传记等，篇目比较多的主要原因,是这些文体容量比较大,离我们今天的时代又相对近些,其中融注的社会人生经验,深刻的思想与动人的情感,对当今的青年学生更具启发意义。入选的外国作品,更应以近现代精品为主,学生可藉以了解外国的社会生活,对我们正在进行着的现代化进程也有所比较与启发。外国的东西我们并非都需要学习。教材编写应根据不同的学习对象,有所不同,不能一刀切,需要灵活掌握,以收到良好的育才效果。

我们编写的这本《大学语文》教材,就是秉持着这些理念来选文的。虽不能一一举例对每篇课文都作说明,但只要看看我们究竟选入了哪些文章,作了怎样的引导、提问,就可以大致了解我们的用意之所在。我们准备对课文作进一步研究,提出一些更具体的见解与学习要求来。

在具体的编写中,我们还做了一些新的尝试:

1. 每一篇课文前,都有"学习提示",主要是对课文的思想内容、艺术成就与写作特点等作简要介绍,突出重点,便于学生把握课文,加深对课文的理解。

2. "思考与练习"的设计,是为了培养学生独立思考的习惯与语言、文字的表达方法。建议教师在教学过程中,启发学生对思考题展开讨论。这些题目也可由教师另拟,并可由同学提出。在教学中,须师生互动。各种话题,都可各抒己见,平等讨论,便于教学相长。对学生的点滴进步,老师都应及时鼓励。

3. "相关链接",是对课文教学的一种补充,目的是给学生增加一些进一步学习与拓展联想的材料,也为扩充阅读增加一些兴趣。这是我们的一点尝试,进而积累点经验。教师也可以发动学生搜集、整理相关的材料,培养学生主动学习的精神与能力。

4. "评点",是我们所作的另一种尝试。我国古代有评点的风气,认为好的评点"能通作者之意,开览者之心"。这种评点文字只是各抒己见,点到为止,对课文思想内容、艺术成就的全面理解与把握,还需要师生共同研讨、分析与鉴赏。

5. 本教材所附三种附录,供学生学习时参考,可稍免翻检之劳。应用文的写作,在大学语文课程内,一般难以兼顾。本教材有关附录虽简,但其中要素则为学生们所必须牢记。高等教育出版社出版有徐中玉主编之《应用文写作(第三版)》一书,其中各种文体的写作实例很多,可参考阅读。学生通过课外自学,教师适当指引,一般问题都可以得到解决。

总之,对本教材的编写我们虽已尽了心力,肯定还会有疏漏、不足之处,诚请各地高职高专院校采用本教材的老师、同学们,以及专家学者们,把从教材中发现的问题和存在的疏漏不足,随时函告我们,帮助我们今后不断改进、完善。切望共同努力,把我国大学语文教学这个系统性工程做得更好。

徐中玉

2008年7月

目　录

蒹葭（《诗经》）／1

山鬼（屈原）／4

归园田居（陶渊明）／7

西洲曲（南朝乐府）／10

汉江临泛（王维）／13

陪侍郎叔游洞庭醉后（其三）（李白）／15

又呈吴郎（杜甫）／17

长恨歌（白居易）／19

雪落在中国的土地上（艾青）／24

悼念一棵枫树（牛汉）／28

相信未来（食指）／32

祖国土（[苏]阿赫玛托娃）／35

望海潮（东南形胜）（柳永）／37

卜算子·黄州定惠院寓居作（苏轼）／40

永遇乐·元宵（李清照）／42

念奴娇·过洞庭（张孝祥）／45

贺新郎·同父见和再用韵答之（辛弃疾）／47

金缕曲·赠梁汾（纳兰性德）／50

[中吕]卖花声·怀古（张可久）／53

孔孟语录／54

疴偻承蜩（庄子）／57

召公谏厉王弭谤（《国语》）／59

项羽本纪赞(司马迁) /62

曾国藩家书(曾国藩) /64

中国人失掉自信力了吗(鲁迅) /67

容忍与自由(胡适) /70

论读书(林语堂) /77

钱(梁实秋) /84

傅雷家书(傅雷) /89

拣麦穗(张洁) /93

面对苦难(周国平) /98

我的世界观([美]爱因斯坦) /101

登楼赋(王粲) /106

张中丞传后叙(韩愈) /109

文与可画筼筜谷偃竹记(苏轼) /114

狙公(刘基) /118

晚游六桥待月记(袁宏道) /120

廉耻(顾炎武) /123

浪游记快(沈复) /126

想北平(老舍) /129

把心交给读者(巴金) /133

多年父子成兄弟(汪曾祺) /140

哭小弟(宗璞) /144

阔人幸福吗?([加拿大]斯蒂芬·里柯克) /150

李寄(干宝) / 156

箓竹山房(吴组缃) / 158

黑猪毛白猪毛(阎连科) / 165

凶犯([俄]契诃夫) / 179

品质([英]高尔斯华绥) / 184

鸟与人([埃及]陶菲格·哈基姆) / 191

附录 / 195

一、常用应用文写作 / 195

二、常用语文工具书简介 / 207

三、我国历史朝代简表 / 211

四、大学语文三十年 / 214

资源导航

3　蓼莪 朗诵

6　山鬼 朗诵

8　归园田居 朗诵

12　西洲曲 朗诵

14　辑评-王维及其诗歌

14　汉江临泛 朗诵

16　辑评-李白及其诗歌

16　陪侍郎叔游洞庭醉后（其三）朗诵

18　辑评-杜甫及其诗歌

18　又呈吴郎 朗诵

23　辑评-白居易诗歌

23　长恨歌 朗诵

27　辑评-艾青

27　雪落在中国的土地上 朗诵

31　悼念一棵枫树 朗诵

34　相信未来 朗诵

36　祖国土 朗诵

39　辑评-柳永

39　望海潮 朗诵

41　辑评-苏轼及其诗词

41　卜算子·缺月挂疏桐 朗诵

44	辑评-李清照及其词	
44	永遇乐·落日熔金	朗诵
46	念奴娇·洞庭青草	朗诵
49	辑评-辛弃疾及其词	
49	贺新郎·老大那堪说	朗诵
52	金缕曲·德也狂生耳	朗诵
53	卖花声·怀古	朗诵
56	孔孟语录	朗读
58	疴偻承蜩	朗读
61	召公谏厉王弭谤	朗读
63	项羽本纪赞	朗读
100	面对苦难（片断）	朗读
108	登楼赋	朗读
113	辑评-韩愈	
117	辑评-苏轼	
132	想北平（片断）	朗读
139	把心交给读者（片断）	朗读
149	哭小弟（片断）	朗读

蓼 莪①

《诗经》

学习提示

1. 本诗抒发父母去世后子女无以回报父母恩德的终天长恨。
2. 本诗感情真挚、强烈。仔细咀嚼、体会这种感情（特别是诗中写父母养育之恩的一段）。
3. 了解诗中的赋比兴表现手法。"蓼蓼者莪，匪莪伊蒿""蓼蓼者莪，匪莪伊蔚""瓶之罄矣，维罍之耻"等含有比喻意味的语句，古人称为"比兴"；其他直抒其情、直陈其事而不譬况的，是"赋"法。

蓼蓼者莪，匪莪伊蒿②。
哀哀父母，生我劬劳③。

蓼蓼者莪，匪莪伊蔚④。
哀哀父母，生我劳瘁⑤。

瓶之罄矣，维罍之耻⑥。
鲜民之生⑦，不如死之久矣！
无父何怙⑧，无母何恃！

触景而生情，见"抱娘蒿"而思父母，而恨自己的不孝，而引出下文，生发全篇，此之谓"起兴"——起个头儿，并带有比况意味。

《诗经》书影

---

①《蓼(lù)莪(é)》：选自程俊英译注《诗经译注》，上海古籍出版社2014年版。《诗经》：中国古代最早的诗歌总集，收录约自西周初期至春秋中期诗歌305篇，分为《风》《雅》《颂》三个部分。《雅》又分为《大雅》和《小雅》。本篇选自《小雅》。 ②蓼蓼：高高的样子。莪：一种蒿类植物，俗名"抱娘蒿"，抱根丛生。匪：同"非"，不是。伊：是。蒿(hāo)：一种野草。这两句意谓：高高的莪草呀，可那不是莪草而是青蒿。 ③哀哀：表示悲哀的叹词。劬(qú)劳：辛勤劳苦。这两句意谓：多么悲哀呀，我的父母，生我养我是何等辛劳！ ④蔚：也是蒿类植物。 ⑤劳瘁(cuì)：劳累憔悴。 ⑥瓶：盛水或酒的器皿，这里喻父母。罄(qìng)：空，尽，这里喻生活贫穷。维：是，乃。罍(léi)：也是盛水或酒的器皿，据说可向瓶中输水，这里喻子。这两句以瓶与罍的关系为喻，意谓父母生前贫穷，是做孩子的羞耻，故下两句有生不如死之恨。 ⑦鲜民：孤儿，指作者自己。 ⑧怙(hù)：与下句的"恃"(shì)都是依靠之意，故后世丧父、丧母分别称为"失怙""失恃"。

"生""鞠""拊""畜""长""育""顾""复""腹"九个动词,连着一个"我"字,是父母"生我劬劳""生我劳瘁"的具体展开。谁无父母?谁无幼年?读此篇章,怎能不怦然心动!

"南山""飘风"云云,烘托悲戚气氛,而非譬喻。

古人云:"树欲静而风不止,子欲养而亲不待。"人生长恨,孰大于此?故尽孝须及时。

出则衔恤,入则靡至①!

父兮生我,母兮鞠我②。
拊我畜我③,长我育我④,
顾我复我⑤,出入腹我⑥。
欲报之德,昊天罔极⑦!

南山烈烈⑧,飘风发发⑨。
民莫不穀,我独何害⑩!

南山律律⑪,飘风弗弗⑫。
民莫不穀,我独不卒⑬!

思考与练习

1. 理解"蓼蓼者莪,匪莪伊蒿""蓼蓼者莪,匪莪伊蔚"等句的比喻意味,概括性地说说《诗经》所用的"赋、比、兴"手法是什么意思。
2. 结合本诗说明,古人为什么将丧父称为"失怙",将丧母称为"失恃"?应该如何深入理解父母之爱?
3. 诗中怎样描写父母的养育之恩?
4. 诗人是怎样用"南山""飘风"烘托映衬自己怀念父母的巨大伤痛的?
5. 结合本诗和生活实际,说说应当怎样孝敬父母。

---

① 衔恤:含哀。靡:没有。至:亲人,指父母。这两句意谓:出门就满含着悲哀,回家就见不到父母。 ② 鞠:养育。 ③ 拊:犹"抚",抚爱。畜(xù):喜爱。 ④ 长(zhǎng):养大。育:教育。 ⑤ 顾:照看。复:庇护。 ⑥ 腹:抱。 ⑦ 昊(hào)天:苍天。罔极:无常,无道。这两句意谓:我想报答父母的恩德,但苍天太不公道,夺去父母的生命。 ⑧ 烈烈:高峻的样子。 ⑨ 飘风:暴风。发发:猛烈的样子。 ⑩ 民:人。穀(gǔ):善。害:灾害,祸殃。这两句意谓:人们都生活得好好的,为什么独有我遭到这样的祸殃。 ⑪ 律律:犹"烈烈",高耸的样子。 ⑫ 弗弗:风吹声,呼呼。 ⑬ 不卒:不得终养父母。卒,终。

相关链接

孝子与《蓼莪》

　　《蓼莪》之诗，感动过后代无数孝子。

　　据《晋书·孝友传》记载：西晋人王裒，因父亲无辜被朝廷杀害，便隐居不仕，依靠讲学为生。他常常到父亲坟上哭泣，泪水洒到树上，树都为之枯萎了。后来他的母亲也去世了。他讲课每当讲到《蓼莪》"哀哀父母，生我劬劳"之句，便不断地流泪哭泣。从此，学生们朗诵《诗经》时，便略过《蓼莪》这一篇，以免引起老师的悲痛。

　　无独有偶，《南齐书·高逸传》也记载了一个类似的故事。当时有个叫顾欢的人，父母早亡，隐居不仕，开学堂招收学生。讲《诗经》时，每当讲到《蓼莪》一诗，便"执书恸泣"，从此学生也不再在他面前朗读《蓼莪》。

蓼莪 朗诵

山鬼①

屈　原

> **学习提示**
>
> 1. 本篇是一首恋歌，抒发山鬼（山中女神）对情人有约而不至的惆怅与哀怨。
> 2. 阅读理解本篇，应把握以下两条线索：一是赴约—期盼—失望的情节演进，二是"予""余""我"（山鬼）和"子""君""公子"（情人）的相恋双方。
> 3. 屈原作品有"善鸟香草，以配忠贞"的艺术特点。本篇中的香草芳木也多非写实，而是用来烘托芬芳悱恻的情怀。

山鬼姑娘登场了。《诗经·硕人》写美人是"巧笑倩兮，美目盼兮"，她则"含睇宜笑"，可谓异曲同工。达·芬奇笔下的蒙娜丽莎，不也有永恒的巧笑与美目吗？

若有人兮山之阿②，
被薜荔兮带女罗③。
既含睇兮又宜笑④，
子慕予兮善窈窕⑤。

乘赤豹兮从文狸⑥，
辛夷车兮结桂旗⑦。
被石兰兮带杜衡⑧，
折芳馨兮遗所思⑨。

山鬼为自己的"后来"（迟到）而歉疚、自责，可他呢？

余处幽篁兮终不见天⑩，
路险难兮独后来⑪。

---

① 选自朱熹撰、蒋立甫校点《楚辞集注》，上海古籍出版社2001年版。《楚辞集注》收录屈原的作品。屈原（约前340—约前278）：名平，字原。战国时楚国人。我国古代第一个有巨大成就的诗人，著有《离骚》《九歌》《九章》《天问》等楚辞作品。《山鬼》是《九歌》中的一篇。山鬼：战国时楚国神话传说中的山中女神。　② 若：仿佛，依稀。人：即山鬼。山之阿：山角。　③ 被：同"披"，穿。薜（bì）荔、女罗：都是蔓生植物。罗，一作萝。带：作动词用，以……为腰带，腰束。　④ 睇（dì）：斜视，流盼。含睇即眉目含情。宜笑：巧笑。　⑤ 子：指恋人。慕：爱慕。予：我，山鬼自称。窈（yǎo）窕（tiǎo）：姿态优美的样子。以上第一节，写山鬼显现，自远而近。　⑥ 从：跟随。文狸：有花纹的野猫。　⑦ 辛夷车：以芬芳的辛夷木做的车子。结桂旗：把芬芳的桂枝结成旗帜。　⑧ 石兰、杜衡：都是香草名。衡，一作蘅。　⑨ 芳馨（xīn）：指芬芳的花草。遗（wèi）：赠送。所思：所思念的人，指山鬼的恋人。以上第二节，写山鬼前往赴约。　⑩ 余：我，山鬼自指。幽篁：深密的竹林。　⑪ 后来：迟到。

4　大学语文

表独立兮山之上①,
云容容兮而在下②。

杳冥冥兮羌昼晦③,
东风飘兮神灵雨④。
留灵修兮憺忘归⑤,
岁既晏兮孰华予⑥?

采三秀兮于山间⑦,
石磊磊兮葛蔓蔓⑧。
怨公子兮怅忘归⑨,
君思我兮不得闲⑩。

山中人兮芳杜若⑪,
饮石泉兮荫松柏⑫。
君思我兮然疑作⑬。

雷填填兮雨冥冥⑭,
猿啾啾兮又夜鸣⑮,
风飒飒兮木萧萧⑯,
思公子兮徒离忧⑰。

> 又是"冥冥",又是"晦",又是"风",又是"雨",这鬼天气,正好烘托了山鬼姑娘望眼欲穿的焦盼心情。须知"一切景语,皆情语也"。

> 两个"君思我",从对面写,益见"我思君"的殷切。这种写法,启迪后人不少,如"遥知兄弟登高处,遍插茱萸少一人"(王维)。

思考与练习

1. 本诗开头一段怎样描写山鬼的外貌?
2. 找出诗中描写恶劣天气的句子,说明它们的作用。
3. 诗中的两处"君思我"怎样从对方着笔,表达山鬼自己的相思之情?
4. 发挥想象,简述本诗的故事情节。

---

① 表:突出的样子。 ② 容容:云气浮动的样子。以上第三节,写山鬼来到约会的山巅。 ③ 杳(yǎo)冥冥:深暗的样子。羌:楚方言,语助词。昼晦:白天昏暗无光。 ④ 雨:作动词用,下雨。 ⑤ 灵修:美好的人,这里指山鬼的恋人。"留灵修"意谓为等候恋人而留下。憺(dàn):安,安心。 ⑥ 岁既晏:岁已迟暮,引申为年华迟暮。晏,晚。孰华予:谁能使我恢复青春。孰,谁。华,即"花",作动词用。以上第四节,写山鬼久久等待恋人,似乎都等老了。 ⑦ 三秀:灵芝。因其一年三次开花,故称"三秀"。 ⑧ 磊磊:石头众多的样子。葛蔓蔓:葛藤蔓延的样子。 ⑨ 公子:指恋人。 ⑩ 君:指恋人。全句猜度对方没有闲暇,故未赴约。 ⑪ 山中人:山鬼自指。芳杜若:像杜若那样芬芳。杜若,一种芳草。 ⑫ 荫松柏:以松柏为荫。 ⑬ 然疑:既相信又怀疑。作:产生。全句猜度恋人对自己信疑交织。以上两段为第五节,写山鬼猜想恋人长久不来的原因。 ⑭ 填填:雷声。冥冥:昏暗的样子。 ⑮ 啾啾(jiū):猿啼声。又:一作"狖"(yòu),一种猿猴。 ⑯ 飒飒(sà):风声。萧萧:风吹树叶声。 ⑰ 徒:空,白白地。离:同"罹",遭受。以上第六节,写山鬼的失望和哀怨。

相关链接

屈原作《九歌》

屈原被放逐后，曾周游沅、湘一带。那里的风俗是祭祀时要跳舞唱歌来娱乐神灵，歌词很俚俗。屈原栖居在玉笥山，便根据其风格形式作了《九歌》，借以讽谏楚王。当《山鬼》篇写成后，忽听四周的山岭发出啾啾的声音，好像啼叫一样，传到十多里外，草木无不枯萎而死。

据唐代沈亚之《屈原外传》译写

从《天问》到"天问"

屈原有一首震铄古今的奇诵诗篇——《天问》，竟一口气问了一百五六十个问题！据汉代人说，屈原忧国忧民，正言直谏，遭到放逐。有一天他心情沉重，徬徨山泽，路过楚王之庙和公卿祠堂，看到墙壁上有关于天地、日月、神灵、古圣昔贤等的绘画与文字，便"呵壁问天"，写下这首诗。

是的，《天问》旨在"问天"。屈原说的"天"包括自然现象和社会现象，与现在不尽相同。单说前者，他问到了开天辟地、阴阳变化、日月星辰等许多神秘奇观，如："九天之际，安放安属？""日月安属？列星安陈？"意思是说：天地的尽头，又属于什么地方？日月附属于哪里？群星陈设在何处？真如他自己所说："路漫漫其修远兮，吾将上下而求索。"

这种对宇宙奥秘的求索精神，作为一种民族文化基因传续下来。从最近我国研制成功的首个火星探测器"天问一号"，可以看出，其命名正是来自屈原的光辉诗篇。它于2020年7月23日12时41分乘长征五号火箭升空，进入预定轨道，将经过七个月的飞行抵达火星，开展对其表面形貌、土壤特性、物质成分、大气、磁场等的科学探测。

从《天问》到"天问"，漫漫两千多年来，中华民族对科学真理的执着探索，就这样一脉相承。

山鬼 朗诵

归园田居[①]

陶渊明

学习提示

1. 《归园田居》作于陶渊明辞官归耕之后。共有五首,课文所选是其中的第二、三首。诗作表现了作者参加农业劳动的情景,反映了作者对农事的关心、田间劳作的艰辛与内心的祈盼,也表现了与农人的淳朴交往以及对官场世俗应酬的厌倦。

2. 二诗均写日常之事,语言浅易,语调平缓,然诗人心性的淳朴、志行的高洁,却得到了充分的体现。

3. 作者运用虚实结合的表现手法,叙事、写景与抒情三者水乳交融,浑然一体。意境淡泊而情韵悠远,使人回味无穷。

一

野外罕人事[②],穷巷寡轮鞅[③]。
白日掩荆扉,虚室绝尘想[④]。
时复墟曲中[⑤],披草共来往[⑥]。
相见无杂言,但道桑麻长。
桑麻日已长,我土日已广。
常恐霜霰至[⑦],零落同草莽。

> 既叙事、写景,又写抱贫守志心境。"罕""寡""掩""绝"四字,为各句的句眼。
>
> 照应"绝尘想",逼真农家气息。
>
> 上联写喜,下联道忧,惟耕耘者方能道此言。

[①] 选自龚斌校笺《陶渊明集校笺》,上海古籍出版社2018年版。陶渊明于晋安帝义熙元年(405)11月辞官归里,本诗当作于次年。陶渊明(365或372或376—427),字元亮。一说,名潜,字渊明,号五柳先生。私谥靖节先生。浔阳柴桑(今江西九江)人。早年曾任江州祭酒、镇军参军等职。义熙元年(405)出任彭泽县令,在官八十余日即挂冠而去,从此过着躬耕隐居的生活。陶渊明写了不少田园诗,风格平易自然,和谐优美,对后代诗人的创作产生了很大的影响。有《陶渊明集》传世。 [②] 人事:指与人的交结往来 [③] 轮鞅:代指车马。鞅,马颈上的皮带。 [④] 尘想:世俗的念头。 [⑤] 墟曲:村落,乡野。 [⑥] 披草:拨草。披,分开 [⑦] 霰(xiàn):小冰粒。

二

种豆南山下,草盛豆苗稀。
晨兴理荒秽①,带月荷锄归。
道狭草木长,夕露沾我衣。
衣沾不足惜,但使愿无违。

> 农事不易,不无自惭自嘲之意。
> 四句写尽终日劳作之艰辛。
> 愿既无违,衣不足惜,自解自叹。

思考与练习

1. 在中国古代诗歌中,吟咏与赞美农耕生活闲适安逸的诗作,可谓不胜枚举,诗人也多为旁观者,而像陶渊明一样身为诗人却时常躬耕自给者,实不多见。请结合课文,谈谈你对此现象的认识与评价。

2. 第一首诗反映了作者怎样的心理?又是如何表现的?

3. "但使愿无违"的"愿",历来有哪些不同的解释?你认为"愿"指什么?

4. 清人方东树在《昭昧詹言》卷四中评价陶诗:"读陶公诗,专取其真:事真景真,情真理真,不烦绳削而自合。"你认同这样的评价吗?

5. 有人认为这两首诗表现了陶渊明参加农业生产的愉快心情和乡居乐趣,你认同这样的解读吗?请加以说明。

明·仇英 桃源仙境图

归园田居 朗诵

① 晨兴:早上起来。兴,起。理荒秽:整治耕地,清除杂草。

五柳先生

陶渊明在《五柳先生传》中介绍自己说：陶渊明不知自己到底是什么样的人，名字也不大清楚，因为房子旁边有五棵柳树，就叫自己"五柳先生"。平时少言寡语，不羡慕荣华富贵。喜欢读书，但只是了解个大概；有时读到会心处，快乐得连饭也忘了吃。

渊明好酒

陶渊明好酒是出了名的。《晋书·陶潜传》记载，陶渊明因为家里贫穷，孩子众多，不得已才做了彭泽县的知县。他曾令人在公家的田里全部种上用于酿酒的秫谷，说："让我常常醉在酒中，我就满足了。"妻子坚持请求种些稻谷，作为全家人的口粮。陶渊明没办法，就让人种上五十亩秫谷，五十亩稻谷。沈约《宋书·陶潜传》也记载，有一年九月九日重阳节，陶渊明却没酒喝，只好出门，坐在菊花丛中。恰巧江州刺史王弘派人送来了酒，陶渊明马上喝了起来，喝醉了才回家。陶渊明不论来客身份高低，只要有酒就一定会拿出来招待。自己如果先喝醉了，就会对客人说："我醉了，要睡觉了，您可以回家了。"他的性格就是如此的直率。

不为五斗米折腰

陶渊明向来高洁自尊，不愿巴结上司。郡里派督邮到彭泽县视察，小吏告诉陶渊明，应当把官服穿得整整齐齐地去拜见。陶渊明叹了一口气，说："我不能为了五斗米的俸禄，向乡里的小人低头弯腰！"于是交出官印，离开县衙回家，并写下了著名的《归去来兮辞》。

相关链接

明·李在 归去来兮图卷之云无心以出岫

西洲曲①

南朝乐府

学习提示

1. 《西洲曲》是一首情歌,抒写了一位女子对久别情人四季相思的绵绵深情,是南朝民歌的代表作。
2. 全诗大致可分为五个层次:西洲折梅、门中等候、采莲相思、高楼望郎及南风吹梦,完整而生动地传达了女子对情人婉转缠绵的情意。诗中女子表达的情感,与季节物候相契合,是通过对自然景物变化的描写而充分表现的。
3. 本诗还善于通过动作描写来传达女子的内心活动,表现人物微妙的感情变化,把深沉的相思之情通过一连串的动作,形象而生动地传达出来。
4. 大量运用谐音、双关、顶真等修辞手法,是本诗的一大特点。

"梅"字点明时令为冬或春初。
"忆""折""寄",以连续性动作,传达女子的一往情深。

"单衫"二句,写女子的装饰与容颜,取眼前之自然景致为譬喻,生动而奇特,显示出民歌的风格;"单衫""杏子""鸦雏"又点明暮春。

"伯劳飞""乌白树"花开,暗示夏天的到来。

忆梅下西洲②,
折梅寄江北③。
单衫杏子红④,
双鬓鸦雏色⑤。
西洲在何处?
两桨桥头渡。
日暮伯劳飞⑥,
风吹乌白树⑦。
树下即门前,

汉画像砖《采莲图》拓本

---

① 选自郭茂倩辑《乐府诗集》,上海古籍出版社1993年版。本篇在郭茂倩编《乐府诗集》中收入"杂曲歌辞"类,题作"古辞"。西洲:长江中小洲名。据唐代温庭筠《西洲曲》:"西洲风色好,遥见武昌楼"句,地点可能在今湖北武昌附近。南朝徐陵《玉台新咏》题为江淹所作,明朝陈胤倩、王士贞《古诗选》认为是晋辞,清代沈德潜《古诗源》题为梁武帝萧衍所作,目前很难定论。从词句的工巧与语言风格来看,应是经过文人加工、润色的南朝民歌。南朝乐府民歌,包括东晋及宋、齐、梁、陈四朝的民歌,现存四百多首。其中有"舞曲""清商曲"和"杂曲"三类,而以清商曲为主。清商曲又有"神弦歌""吴声歌"和"西曲歌"之分,前者是产生在建业(今南京市)一带的民间祭神歌,后两类主要是产生于长江中下流域的民间歌曲。 ② 下:往,到。也可解释为"飘落"的意思。 ③ 江北:长江北岸,当指男子所居住的地方。 ④ 单衫:春夏之交所穿的衣服。杏子红:杏红色。 ⑤ 鸦雏:幼小的乌鸦。这里是形容女子头发像小乌鸦的羽毛一样乌黑发亮。 ⑥ 伯劳:鸟名。据古人观察,伯劳性好单栖,仲夏始鸣。这里用来表示仲夏的节候,同时也暗喻女子的孤单。 ⑦ 乌臼(jiù)树:又作乌桕。落叶乔木,高约二丈,夏季开小黄花。

门中露翠钿①。
开门郎不至,
出门采红莲②。
采莲南塘秋,
莲花过人头。
低头弄莲子,
莲子青如水③。
置莲怀袖中,
莲心彻底红④。
忆郎郎不至,
仰首望飞鸿⑤。
鸿飞满西洲,
望郎上青楼⑥。
楼高望不见,
尽日栏干头。
栏干十二曲,
垂手明如玉⑦。
卷帘天自高,
海水摇空绿⑧。
海水梦悠悠⑨,
君愁我亦愁。
南风知我意,
吹梦到西洲。

  写出女子日日开门望郎归、日日郎不至的失落心态。

  "采莲"暗示秋季。

  "采莲""弄莲""置莲"三个动作,写出女子对情人爱怜、爱抚、珍惜等感情变化。

  运用谐音、双关、顶真,含蓄委婉,情调缠绵动人。

  "飞鸿"暗示深秋季节。

  "忆郎郎不至"以下六句,从"忆梅"到"忆郎",从"低头"到"仰首",从"望飞鸿"到"望郎",摹写女子动作特点,刻画其柔情郁结之情态。

  寄希望于梦,慰藉现实中的相思之苦。

思考与练习

1. 本诗有哪些描写涉及季节的变化?
2. 本诗哪些地方描写了女子的动作?这些动作表现了女子怎样的思想感情?
3. 举例说明本诗是如何以景写情、达到情景交融的艺术效果的。
4. 本诗中哪些修辞手法的使用,让你感到特别巧妙?
5. 你对古代普通男女间的这种纯真、细腻的爱情,有何评议?

---

  ① 翠钿(diàn):用翠玉制成或镶嵌的首饰。　② 莲:谐音"怜"。江南民歌中常用"莲"比喻自己所爱(怜)。　③ 莲子:"怜子"的谐音,即怜爱你的意思。青如水:比喻爱情如清水般纯洁。　④ 莲心:谐音"怜心",即爱怜之心的意思。彻底红:比喻爱情的成熟、真挚、热烈。　⑤ 望飞鸿:盼望情人来信。古人有鸿雁传书的说法,鸿雁南飞,也点明时已秋天。　⑥ 青楼:涂饰青漆的楼房,古代谓妇女居住的地方。魏晋南北朝诗中多指美人所居,唐以后多指妓院。　⑦ 垂手:形容女子之手洁白温润如玉;一说"垂手"可能指栏杆的扶手,谓女子尽日凭栏远眺,石质栏杆的扶手竟被磨得像玉一样光滑。　⑧ 海水:这里指江水。摇空绿:碧绿的江水空自摇荡。　⑨ 海水梦悠悠:意为思梦如同海水般悠悠不断。悠悠,邈远的意思。

相关链接

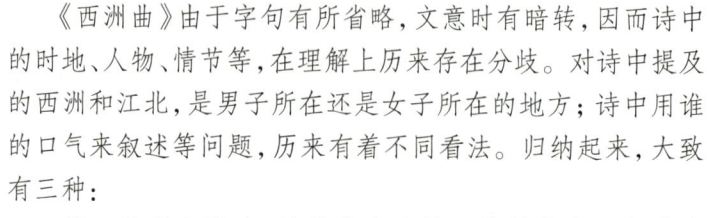

到底谁在思念谁？

　　《西洲曲》由于字句有所省略，文意时有暗转，因而诗中的时地、人物、情节等，在理解上历来存在分歧。对诗中提及的西洲和江北，是男子所在还是女子所在的地方；诗中用谁的口气来叙述等问题，历来有着不同看法。归纳起来，大致有三种：

　　第一种观点认为，诗的主人公是一位居住在江南的女子，她所思念的男子在江北的西洲，两人不能见面，这首诗就是女子用来表达对情人一年四季的相思之情的。这是人们接受较多的一种观点。第二种观点认为，这首诗是男子对女子的思念，从诗的开头到"江水摇空绿"，都是男子的口气，只是末四句改用女子的口气，自道心事。西洲在江南，是女子的居处。第三种观点认为，前二十八句是第三者的叙述，后面四句改用女子口气，西洲是另一处，既不是男子也不是女子居住的地方。

西洲曲 朗诵

明·吴伟　长江万里图（局部）

汉江临泛[①]

王　维

学习提示

1. 这是一首融画入诗的力作。诗人描绘了泛舟汉江时所观赏的壮丽景色，抒发了陶醉于美景的盎然意兴，表达了寄情山水、适意自足的精神旨趣。
2. 此诗与《辋川集》中充满阴柔之美的小诗不同，显示了王维山水诗的另一侧面，即画面壮阔，气势雄浑，极富刚之美。
3. 作者的构思充满画意，构图布局以简驭繁，意象颇有象外之趣。诗中动静相衬，虚实相生，气韵生动。状难写之景如在目前，含不尽之意犹在言外，艺术效果甚佳。

楚塞三湘接[②]，荆门九派通[③]。

江流天地外，山色有无中。

郡邑浮前浦[④]，波澜动远空。

襄阳好风日[⑤]，留醉与山翁[⑥]。

此联着重描绘汉江及其周围的山光水色。虚实结合、动静相衬。雄放和缥缈相结合，故气韵生动。

表达了诗人对襄阳美景的赞美。

从汉江的地理背景着笔，大笔勾勒汉江的奔涌和壮阔。为全诗渲染了雄浑壮丽的氛围。

此联意在表现汉江波涛汹涌和水势起伏。但不言波涛中小舟的浮荡，而言城郭随波漂浮；不言大浪滔天，而言远空因浪摇动。

[①] 选自赵殿成笺注《王右丞集笺注》，上海古籍出版社1984年版。汉江临泛：或作"汉江临眺"。汉江，即汉水，源出陕西省，流经湖北省，在武汉市汉口与长江会合。王维（约701—761）：字摩诘，原籍太原祁州（今山西祁县），寄籍蒲州（今山西永济）。唐玄宗开元九年（721）进士，曾任右拾遗、监察御史。安史之乱时，为叛军所俘，被迫担任伪职。两京收复后，以罪责授太子中允。最后官尚书右丞，世称王右丞。王维是盛唐时期杰出诗人，工诗善画，兼通音律。他的山水田园诗，用白描手法，细致入微地描绘大自然的美，充溢着诗情画意，有独特的艺术成就。他与孟浩然同为唐朝山水田园诗派的代表作家，并称"王孟"。有《王右丞集》。　[②] 楚塞：指楚地的边界。这里指的是汉水流域。三湘：漓湘、潇湘、蒸湘的总称，在今湖南省境内。　[③] 荆门：山名，在湖北省宜都县北长江南岸。九派：派，指水的支流。传说大禹治水，凿江流，通九派。其实乃有九条水流入长江。此指长江。　[④] 浦：水滨。　[⑤] 襄阳：位于汉江南岸，今属湖北襄阳市。　[⑥] 山翁：指晋代竹林七贤中的山涛之子山简，他曾任征南将军，镇守襄阳，有政绩，好饮酒，常去郡中豪族习氏园池宴饮，每饮必醉。这里可能借古代的山简喻指襄阳当时的地方官。留醉：意谓如此良辰美景，正好留下与山翁饮酒游乐。

思考与练习

1. 请举例说明汉江景色描写中"虚实结合"的艺术特点。
2. 请对"江流天地外,山色有无中"句作鉴赏分析。

相关链接

天宝末年,王维任给事中,安禄山谋反,很快攻陷洛阳、长安。唐玄宗带着亲信向四川方向仓皇逃奔,王维来不及跟上玄宗的车驾,当了叛军的俘虏。王维服药装病,但仍被署以伪职。曾作《凝碧池》诗表达对朝廷的思念之情。安史之乱平定以后,王维因此诗和弟弟愿削官为其赎罪,仅降为太子中允。终仕尚书右丞。

据《新唐书》卷二〇二《文艺传·王维传》译写

王维诗入妙品上上,画也同样。至于山水平远,云势石色,皆为天机所到,不是学习而能达到的境界。王维自己写诗说"当代谬词客,前身应画师"。后人评王维"诗中有画,画中有诗"是很确切的。曾有人以《按乐图》示王维,王维说:"此《霓裳》第三叠最初拍也。"后请乐工按图形弹奏,果不出所料。

据元辛文房《唐才子传》卷二译写

辑评-王维及其诗歌

汉江临泛朗诵

陪侍郎叔游洞庭醉后（其三）①

李 白

学习提示

1. 这首诗作于唐肃宗乾元二年（759）。晚年的诗人虽历经磨难，但并没有被生活所压垮。诗中抒发醉后的逸兴豪情，仍气势逼人。
2. 诗人赞美洞庭的山水，设想奇特新异，充满了浪漫气息。

刬却君山好②，

平铺湘水流。

巴陵无限酒③，

醉杀洞庭秋。

诗人醉后竟想把君山削去，好让湘水一无遮拦地流泻，借以发挥他奔放的豪情。

三句先点"酒"字，四句落到"醉"字，三句有了"无限"二字，四句"醉杀"二字如瓜熟蒂落，自然之至，用字前后呼应。

思考与练习

1. 为什么说此诗可见李白胸中放旷豪迈？
2. 此诗在用字上有什么特点？
3. 人们论李白的诗往往称其具有浪漫主义特色，结合此诗谈谈你的体会。

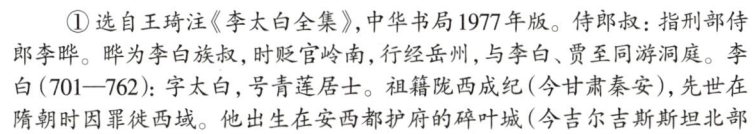

清·苏六朋　李白醉酒图

---

① 选自王琦注《李太白全集》，中华书局1977年版。侍郎叔：指刑部侍郎李晔。晔为李白族叔，时贬官岭南，行经岳州，与李白、贾至同游洞庭。李白（701—762）：字太白，号青莲居士。祖籍陇西成纪（今甘肃秦安），先世在隋朝时因罪徙西域。他出生在安西都护府的碎叶城（今吉尔吉斯斯坦北部托克马克附近），年幼时迁居绵州昌隆（今四川江油）青莲乡。唐玄宗天宝元年（742）应诏赴长安，供奉翰林，但不久即遭谗去职。安史之乱时，因参加永王李璘幕府，被牵连，流放夜郎，后在途中遇赦。唐代宗宝应元年（762）在当涂去世。诗风雄奇豪放，想象丰富，语言流转自然，音律和谐多变，富有浪漫主义精神。有《李太白集》。
② 刬（chǎn）：削。君山：又名湘山，在洞庭湖中。　③ 巴陵：山名，一名巴丘，在今湖南省岳阳市，下临洞庭湖。

相关链接

李白，字太白，陇西成纪人，凉武昭王暠九世孙。其先世当隋末时远谪西域，居于碎叶。至中宗神龙初，李白之父才携家迁入四川。李白之母生其前夜梦见长庚星，故生而名白，以太白为字。

李白的诗作，其言多似天仙之辞。自三代以来，《风》《骚》之后，可与屈原、宋玉并驾齐驱，成就超越扬雄、司马相如。千年以来，独步诗坛，唯李白一人。

据李阳冰《草堂集序》译写

李白，年少时就精通诗书。喜好纵横学，还习剑术，有任侠之风。在东鲁生活期间，与孔巢父、韩准、裴政等人交游，号为"竹溪六逸"。

天宝初入京，与贺知章相见，贺见其文，称其为谪仙人。唐玄宗也很赏识他，将他安置在翰林院，做了翰林供奉。玄宗以七宝床赐食，御手调羹以饭之。李白在侍从之暇，则在长安市上饮酒作乐，过着豪纵的生活。一次，唐玄宗召李白撰写乐章，而其已醉，左右以水泼面，稍醒，便提笔成文，写得婉丽清切，颇得玄宗青睐。曾于醉后使太监高力士脱靴，遭忌恨，于是谗言屡及，被玄宗赐金放还。

安史之乱爆发后，受永王李璘之聘，为其幕僚，永王因违抗回蜀的诏令，兵败被杀。李白则以附逆罪入浔阳狱，后被流放夜郎。途中遇赦，寓居豫章。族叔李阳冰为当涂令，李白往依之。代宗即位，诏命李白为左拾遗，而李白已病逝于当涂。

据《新唐书》卷二〇二《文艺传·李白》译写

辑评-李白及其诗歌

陪侍郎叔游洞庭醉后（其三）朗诵

清·改琦　李白斗酒诗百篇

又呈吴郎[1]

杜 甫

学习提示

1. 这首诗主要写杜甫劝诫亲戚吴郎，不要禁止西邻的孤寡老妇来草堂前打枣。诗歌充分体现了作者对底层百姓的关怀和同情，诗中提出他们的贫穷缘于官吏的剥削和累年的战乱，反映了杜甫思想的深刻性。

2. 诗歌分两个部分：第一部分是前四句，诗人自叙前事，启发吴郎延续己意。第二部分是后四句，委婉批评吴郎禁邻扑枣，指出是官府和战乱造成了底层百姓的贫穷。

3. 此诗在艺术表现上特别善于驾驭语言：一是劝告措辞委婉，入情入理；二是善用虚字作诗意的转接。故诗歌语言比较活泼，具有散文化的灵活性。

堂前扑枣任西邻[2]，

无食无儿一妇人。

不为困穷宁有此[3]，

只缘恐惧转须亲[4]。

即防远客虽多事[5]，

便插疏篱却甚真[6]。

诗歌开门见山，从自己过去听任邻妇扑枣说起，循循善诱，便于吴郎接受自己的观点。可怜可悲。

诗人多用虚字作为转接，如"不为""只缘""已诉""正思""即""便""虽""却"等，化呆板为活泼，既有格律诗的音乐美，又有散文的灵活性，读之抑扬顿挫。

为吴郎开脱，但开脱中有劝告，须细细体会。

---

[1] 选自清浦起龙《读杜心解》，中华书局1961年版。代宗大历二年（767）秋，杜甫从夔州的瀼西迁居东屯，把瀼西草堂让给新任夔州司法参军的亲戚吴郎居住。吴郎搬进草堂后，在房屋周围插上篱笆以防外人进入。杜甫就写了这诗，劝他不要禁止西邻的孤寡老妇来草堂前打枣。又呈：因在这以前杜甫已有一首《简吴郎司法》，这是又一首，故云。郎：对年轻人的称呼。 [2] 扑枣：打枣。任：听任。 [3] 不为：不是因为。 [4] 缘：只因。恐惧：指妇人心里害怕。转须亲：反而更应该表示亲切。 [5] 即防：意谓你一来她就防备你。远客：指吴郎。多事：多余的顾虑。 [6] 却甚真：却真像你是防范她呢。

大有言外之意,含蓄批评时政,层层追究百姓贫困之根由。

已诉征求贫到骨①,

正思戎马泪盈巾②!

思考与练习

1. 这首诗从哪些地方体现了杜甫深厚的人文精神?请作具体的分析。
2. 这首诗在语言表现上是怎样做到化呆板为活泼,既有律诗的形式美、音乐美,又有散文的灵活性的?并请举例说明。

相关链接

　　此诗是直写性情,唐人无此格调。然语淡而意厚,蔼然仁者痌瘝一体之心,真得《三百篇》神理者。

　　　　　　　　清·仇兆鳌《杜诗详注》

　　公向居此堂,熟知邻妇之苦,听其窃枣以活。吴郎新到,不知其由,将插篱护园,公于东屯闻之,吃紧以止之,非既插而责之也。首句提破,次句指出可矜之人,下皆反复推明所以然。三、四,德水所云出脱邻妇,又煦育邻妇者。著"恐惧"字,体贴深至,盖窃食者,其情必恧而怯也。五、六,更曲,妇防远客,几以吴为刻薄人,固属多心也。妇见插篱,将疑吴特为我设,其迹似真也。此又德水所谓回护吴郎,又开示吴郎者。末又借邻妇平日之诉,发为远慨,盖民贫由于"征求","征求"由于"戎马",推究病根,直欲为有民社者告焉,而恤邻之义,自悠然言外,与成都《题桃树》,同一神味。卢云:"百种千层,无非仁音",知言哉!若只观字句,如嚼蜡耳,须味于无味之表。

　　　　　　　　清·浦起龙《读杜心解》卷四

辑评-杜甫及其诗歌

又呈吴郎朗诵

---

① 已诉:是说老妇人向杜甫诉说过自己的不幸遭遇。征求:指官府征收的苛捐杂税。　② 戎马:指当时唐朝正在与吐蕃作战,四川发生崔旰作乱,各处兵荒马乱。

长 恨 歌[①]

白居易

学习提示

1. 这是一首长篇叙事诗。全诗对李杨爱情故事的描述,虽依据一定的历史事实和民间传说,但已融进了作者的艺术想象和思想感情,因而此诗具有浪漫的传奇色彩和浓郁的抒情气氛。
2. 此诗的主题比较复杂,既有对唐玄宗荒淫误国的讽刺,也有对李、杨生死不渝感情的同情。
3. 诗歌的情节曲折生动,这既归因于李、杨情事本身的离奇,也缘自诗人的精心构撰。
4. 此诗叙事有致,抒情深挚细腻,章法上下贯通,前后勾连。语言优美流畅,运用对偶、排比、顶真等修辞手法,娴熟圆美。
5. 此诗原不分段,为了便于阅读理解,编者以场景内容的转换大致分为四段,见旁批。此仅供参考。

汉皇重色思倾国[②],御宇多年求不得[③]。
杨家有女初长成,养在深闺人未识[④]。
天生丽质难自弃[⑤],一朝选在君王侧。
回眸一笑百媚生[⑥],六宫粉黛无颜色[⑦]。
春寒赐浴华清池[⑧],温泉水滑洗凝脂[⑨]。

> 首句是全篇的纲领,它既揭示了故事的悲剧因素,也表达了作者对唐玄宗荒淫的谴责。

[①] 选自顾学颉校点《白居易集》,中华书局1979年版。个别字取自别本。唐宪宗元和元年(806)冬天,当时任盩厔(今陕西周至)县尉的白居易,与友人陈鸿、王质夫到马嵬驿附近的游仙寺游览,谈及唐玄宗李隆基与贵妃杨玉环的婚姻爱情故事,极为感慨。王质夫希望既善于写诗,又极多情的诗人白居易把这件事写成诗歌,传之后世,于是,白居易写成了这篇《长恨歌》。白居易(772—846):字乐天,号香山居士。他和元稹一起倡导新乐府运动,创作了大量指斥时弊的作品。白居易诗风以平易通俗著称,时称"元(稹)白体"。有《白氏长庆集》。 [②] 汉皇:指汉武帝刘彻,此处借指唐玄宗李隆基。倾国:美貌的女子。《汉书·外戚传》载,乐工李延年歌:"北方有佳人,绝世而独立。一顾倾人城,再顾倾人国。宁不知倾城与倾国,佳人难再得!"后世就以"倾城""倾国"形容绝色女子。 [③] 御宇:御临宇内,统治天下。 [④] 杨家有女:杨贵妃,乳名玉环,弘农华阴(今属陕西)人,徙居蒲州永乐(今山西永济)。因其父蜀州司户杨玄琰早亡,寄养于叔父杨玄珪家。唐玄宗开元二十三年(735)册封为寿王(唐玄宗之子李瑁)妃。开元二十八年(740),唐玄宗将她度为女道士,道号太真。天宝四载(745)召她入宫,册封为贵妃。"养在深闺人未识",是为唐玄宗掩盖事实真相的曲笔。 [⑤] 丽质:美丽的姿质。难自弃:意思是难于被埋没在民间,弃,舍弃。 [⑥] 回眸(móu):即回首顾盼的意思。眸,眼珠。百媚:种种媚态。 [⑦]"六宫"句:是说与杨贵妃的美貌相比,宫里所有的妃嫔都黯然失色。六宫,古代皇帝立六宫,为后妃居住的地方。粉黛(dài),妇女的代称。粉,指脂粉;黛,妇女画眉用的青黑色颜料。 [⑧] 华清池:唐玄宗所建的华清宫的温泉浴池,在今西安临潼区骊山上。 [⑨] 凝脂:古代形容女性皮肤白嫩滑润。《诗经·卫风·硕人》:"肤如凝脂。"

> 侍儿扶起娇无力,始是新承恩泽时①。
> 云鬓花颜金步摇②,芙蓉帐暖度春宵③。
> 春宵苦短日高起,从此君王不早朝。
> 承欢侍宴无闲暇,春从春游夜专夜④。
> 后宫佳丽三千人⑤,三千宠爱在一身。
> 金屋妆成娇侍夜⑥,玉楼宴罢醉和春。
> 姊妹弟兄皆列土⑦,可怜光彩生门户⑧。
> 遂令天下父母心,不重生男重生女⑨。
> 骊宫高处入青云⑩,仙乐风飘处处闻。
> 缓歌慢舞凝丝竹⑪,尽日君王看不足。

以上十二句,诗人以极精练的语言写出了杨玉环的美貌和娇媚。

诗的第一部分写杨玉环的入宫和唐玄宗对她的专宠。同时也寄寓了诗人对唐玄宗纵情误国的批评。

> 渔阳鼙鼓动地来⑫,惊破《霓裳羽衣曲》⑬。
> 九重城阙烟尘生⑭,千乘万骑西南行⑮。

这两句用形象的语言概括了安史之乱的爆发。

清·李育　出浴图

---

①承恩泽:指得到皇帝的恩宠。　②云鬓:如云的鬓发,形容头发浓密。花颜:如花的容貌。金步摇:古代妇女的一种金首饰,上有金花,下有垂珠,走动时会自然摆动,所以叫作"步摇"。　③芙蓉帐:绣有并蒂莲花图案的帐幔。　④夜专夜:意思是每夜都得到宠爱。　⑤佳丽:美人。此指皇后、贵妃、才人等宫中女子。三千:据说唐玄宗后宫有嫔妃数万,这里说佳丽三千,当指其中最美貌的女子。　⑥金屋:装饰华丽的房屋。《汉武故事》载:汉武帝刘彻幼年时,他的姑母长公主问他长大后要不要娶她的女儿阿娇为妻。汉武帝回答说:"若得阿娇作妇,当作金屋贮之也。"后世就以"金屋"指男人宠爱的女子居住的地方。　⑦列土:即"裂土"。皇帝把土地分封给王侯。杨贵妃得宠后,姊妹兄弟都分封了土地。　⑧可怜:可美的意思。　⑨"不重"句:据唐陈鸿《长恨歌传》记载,当时谣咏有云:"生女勿悲酸,生男勿喜欢。"又云:"男不封侯女作妃,看女却为门上楣。"其为人美慕如此!　⑩骊宫:骊山上的华清宫。　⑪缓歌:悠扬的歌声。慢舞:即曼舞,轻盈美妙的舞姿。凝丝竹:管弦乐奏出徐缓的音乐。丝,指弦乐器。竹,指管乐器。　⑫渔阳鼙(pí)鼓:指天宝十四载(755)十一月,平卢、范阳、河东三镇节度使安禄山从范阳起兵叛唐。渔阳,郡名,治所在今天津市蓟州区,唐时为范阳节度使所辖八郡之一。此指安禄山起兵之地。诗中暗用东汉彭宠据渔阳起兵反汉的典故(事见《后汉书·彭宠传》)。鼙鼓,骑兵用的小鼓。　⑬《霓裳羽衣曲》:唐代大型舞曲名,相传是唐玄宗游月宫时暗暗记住了这个曲子,回来谱出来的。其实这支乐曲是当时西凉节度使杨敬述所献,本名《婆罗门曲》,系由印度传入。　⑭九重城阙:指皇帝居住的地方。宋玉《九辩》:"君之门以九重。"这里指京城长安。烟尘生:指发生战事。烟尘,弥漫的战云。　⑮西南行:天宝十五载(756)六月,安禄山破潼关,唐玄宗李隆基与贵妃杨玉环向西南方的蜀中逃避。

翠华摇摇行复止①,西出都门百余里②。
六军不发无奈何③,宛转蛾眉马前死④。
花钿委地无人收⑤,翠翘金雀玉搔头⑥。
君王掩面救不得,回看血泪相和流。
黄埃散漫风萧索,云栈萦纡登剑阁⑦⑧。
峨嵋山下少人行⑨,旌旗无光日色薄。
蜀江水碧蜀山青,圣主朝朝暮暮情⑩。
行宫见月伤心色⑪,夜雨闻铃肠断声⑫。
天旋地转回龙驭⑬,到此踌躇不能去⑭。
马嵬坡下泥土中,不见玉颜空死处⑮。

君臣相顾尽沾衣⑯,东望都门信马归⑰。
归来池苑皆依旧,太液芙蓉未央柳⑱。
芙蓉如面柳如眉,对此如何不泪垂⑲。
春风桃李花开夜,秋雨梧桐叶落时。
西宫南内多秋草⑳,落叶满阶红不扫。
梨园弟子白发新㉑,椒房阿监青娥老㉒。
夕殿萤飞思悄然㉓,孤灯挑尽未成眠㉔。

> 此六句写马嵬兵变和杨妃之死。兵变这一重大历史事件,写得简洁含蓄。而杨妃之死的场面却刻画得十分细腻,把唐玄宗不忍割爱又欲救不得的内心矛盾和痛苦表现得具体而形象。
>
> 此八句叙事、写景、抒情相结合。先写萧索、孤凄、暗淡的景象,用以烘托人物的悲思。再借月色、铃声进一步表达内心的愁苦。诗人层层渲染,层层深入,恰如其分地表达了人物的感情。
>
> 诗的第二部分写安史之乱爆发,马嵬兵变,杨妃被赐死。唐玄宗由蜀还都,又见马嵬坡,但已物是人非。这段写出了唐玄宗痛失杨妃的感伤。
>
> 由此写唐玄宗回宫后睹物思人,从春到秋,从早到晚都是不尽的思念。

---

①翠华:指皇帝仪仗中用翠鸟羽毛装饰的旗子。 ②百余里:指马嵬坡,在今陕西省兴平市西二十里,离西安百余里。也叫马嵬驿,今称马嵬镇。 ③六军:周代制度,天子有六军,这里指皇帝的护卫军。不发:不再前进。指右龙武将军陈玄礼带领的军队发生哗变,不肯前进。 ④"宛转"句:指陈玄礼的部下要求杀死杨国忠和杨玉环。唐玄宗无奈只得先杀死杨国忠,然后命杨玉环自尽。宛转,缠绵悱恻的样子。蛾眉,美女的代称,《诗·卫风·硕人》:"螓首蛾眉。"这里指杨玉环。 ⑤花钿(diàn):古代贵族妇女戴的镶嵌珠宝的金花状首饰。委地:丢弃在地上。 ⑥翠翘:一种形状像翠鸟尾羽的首饰。金雀:雀形的金钗。玉搔头:玉簪。 ⑦埃:尘土。 ⑧云栈:高入云霄的栈道。在悬崖峭壁上凿石架木修筑的通道为栈道。萦(yíng)纡(yū):蜿蜒曲折。剑阁:即剑门关,在今四川省剑阁县北。 ⑨峨嵋山:在四川峨眉山市境内。唐玄宗入蜀只到成都,没有经过峨嵋山,这里泛指蜀中高山。 ⑩圣主:指唐玄宗。 ⑪行宫:皇帝出行时的住处。 ⑫夜雨闻铃:传说唐玄宗去四川时,经过斜谷,遇到十多天的阴雨,在栈道上听到雨中铃声隔山相应,十分凄凉,便更想念杨贵妃,因而谱成《雨霖铃》曲以寄恨。 ⑬天旋地转:指局势有所好转,不久收复了长安。回龙驭:皇帝的车驾从蜀中返回长安。 ⑭踌躇:徘徊不前的样子。 ⑮"不见"句:唐肃宗至德二载(757)十二月,唐玄宗由蜀郡回长安,经马嵬坡派人以礼改葬杨贵妃,掘土,杨贵妃的香囊犹在,不胜悲戚。空死处,只见她死的地方。 ⑯沾衣:泪湿衣襟。 ⑰东望都门:向东望着京城长安。信马:听任马随意往前进。意即完全沉浸在悲伤之中。 ⑱太液、未央:在这里均代指唐代的池苑宫殿。太液,汉代宫廷中的池名,在建章宫北。唐代的太液池在长安城东北的大明宫内。未央,汉代的未央宫。 ⑲"芙蓉"两句:写唐玄宗回到长安后,看见池中的荷花像杨贵妃的脸,宫里的柳叶像杨贵妃的眉,触景生情,禁不住伤心落泪。芙蓉,荷花。 ⑳西宫南内:指太极宫和兴庆宫。唐玄宗李隆基从四川回长安时已让位给肃宗李亨。李亨不让李隆基再过问国事,把他从兴庆宫迁至西边的太极宫。皇宫称大内。兴庆宫在南,称南内。太极宫在西,称西内。 ㉑梨园弟子:唐玄宗亲自调教的乐工声伎。据宋程大昌《雍录》载,开元二年(714),置教坊于蓬莱宫,上(指唐玄宗)自教法曲,谓之"梨园弟子"。至天宝中,即东宫置宜春北苑,命宫女数百人为梨园弟子,即是。"梨园"者,按乐之地;而预教者,名为"弟子"耳。 ㉒椒房:古代后妃居住的宫殿。因用花椒和泥涂壁以取其香暖,而且象征多子,故名椒房。阿监:唐代宫中女官。青娥:年轻美貌的女子。 ㉓悄然:忧伤愁闷的样子。 ㉔"孤灯"句:古时用油灯照明,为使灯火明亮,过一会儿就要把灯草挑一挑。按,唐时宫廷夜间燃蜡烛而不点油灯,此处意在形容唐玄宗晚年生活环境的凄苦。

> 诗的第三部分写唐玄宗回宫后触景伤情，勾起对杨玉环的思念。

迟迟钟鼓初长夜①，耿耿星河欲曙天②。
鸳鸯瓦冷霜华重③，翡翠衾寒谁与共④。
悠悠生死别经年，魂魄不曾来入梦⑤。

> 诗人用浪漫主义手法写道士帮助唐玄宗上天入地寻觅杨玉环，突出了唐玄宗对杨玉环的一往情深。此为过渡。

临邛道士鸿都客⑥，能以精诚致魂魄⑦。
为感君王展转思⑧，遂教方士殷勤觅⑨。
排空驭气奔如电⑩，升天入地求之遍。
上穷碧落下黄泉⑪，两处茫茫皆不见。
忽闻海上有仙山，山在虚无缥缈间。
楼阁玲珑五云起⑫，其中绰约多仙子⑬。
中有一人字太真⑭，雪肤花貌参差是⑮。
金阙西厢叩玉扃⑯，转教小玉报双成⑰。

> 此六句写杨玉环闻知玄宗使节的寻访时，先是吃惊，随后半信半疑，最后急急欲与使节相见的心理过程。

闻道汉家天子使⑱，九华帐里梦魂惊⑲。
揽衣推枕起徘徊⑳，珠箔银屏迤逦开㉑。
云鬓半偏新睡觉㉒，花冠不整下堂来。
风吹仙袂飘飘举㉓，犹似《霓裳羽衣舞》。

> 这两句传神地写出了杨玉环美丽、深情而又哀怨的形象。

玉容寂寞泪阑干㉔，梨花一枝春带雨。
含情凝睇谢君王㉕，一别音容两渺茫。
昭阳殿里恩爱绝㉖，蓬莱宫中日月长㉗。
回头下望人寰处㉘，不见长安见尘雾。
惟将旧物表深情，钿合金钗寄将去㉙。

> 杨玉环托物寄词，重申前誓，照应唐玄宗对她的思念。

钗留一股合一扇㉚，钗擘黄金合分钿㉛。
但教心似金钿坚，天上人间会相见。
临别殷勤重寄词，词中有誓两心知㉜。

白居易

① 钟鼓：指宫中报时的钟鼓声。初长夜：指秋夜。秋天夜开始变长。　② 耿耿：明亮的样子。星河：银河。欲曙天：天快要亮的时候。　③ 鸳鸯瓦：屋上一俯一仰扣合在一起的瓦片。霜华重：指积在瓦上的霜花很重。　④ 翡翠衾(qīn)：绣有翡翠鸟图案的被子。翡翠，鸟名，雌雄双栖，形影不离。　⑤ 魂魄：指杨玉环的魂魄。　⑥ 临邛(qióng)：县名，唐时属剑南道。今四川邛崃。鸿都：东汉洛阳宫门名。此处借指长安。　⑦ 致魂魄：把杨贵妃的亡魂招来。　⑧ 展转思：反复思念。　⑨ 教：使，令。方士：有法术的人，指巫师一类人。　⑩ 排空驭气：即腾云驾雾。　⑪ 穷：穷极，找遍。碧落：古代道家认为，东方第一层天有碧霞遍布，叫碧落。黄泉：指地下。　⑫ 五云：五彩云霞。　⑬ 绰约：风姿轻盈美好。　⑭ 太真：即杨贵妃。　⑮ 参差：这里是差不多、仿佛的意思。　⑯ 金阙：指仙山上金碧辉煌的宫殿。叩：敲。玉扃(jiōng)：玉做的门户。　⑰ 小玉：传说是吴王夫差的女儿，死后成仙。双成：传说中西王母的侍女，姓董。这里借指杨贵妃在仙山上的侍女。　⑱ 天子使：皇帝的使者。　⑲ 九华帐：图案花纹极其华丽的帐幔。　⑳ 揽衣：披衣。　㉑ 珠箔：即珠帘。银屏：银制的屏风。迤(yǐ)逦(lǐ)：接连不断。　㉒ 新睡觉：刚睡醒。　㉓ 袂(mèi)：衣袖。　㉔ 阑干：指泪水纵横流淌的样子。　㉕ 凝睇(dì)：凝视，注视。　㉖ 昭阳殿：汉代宫殿名，在未央宫里，赵飞燕在这里住过。此处指杨贵妃生前住的寝宫。　㉗ 蓬莱宫：传说中海上仙山上的宫殿。此指杨贵妃在仙境中居住的宫殿。　㉘ 人寰：人间。　㉙ 钿合：镶嵌有金花的盒子。合，通"盒"。寄将去：托道士捎去。　㉚ "钗留"句：钗由两股结成，捎去一股，留下一股；盒由底盖合成，捎去一半，留下一半，钗和盒都分开。　㉛ 擘(bò)：分剖，分裂。合分钿：钿盒上的金花图案分为两半。　㉜ 两心：指唐玄宗和杨贵妃。

大学语文

七月七日长生殿①,夜半无人私语时。
在天愿作比翼鸟②,在地愿为连理枝③。
天长地久有时尽,此恨绵绵无绝期④!

> 点明题旨,首尾呼应,给人以联想和回味。
>
> 诗的第四部分写身在仙境的杨玉环对唐玄宗忠贞不渝的爱情。

思考与练习

1. 对《长恨歌》的主题思想,历来有不同认识。有认为是歌颂李杨爱情的,有认为是讽刺唐玄宗荒淫误国的,也有认为是双重主题的,试以作品本身为据,谈谈你的理解。
2. 第四段对刻画杨玉环的形象及表现"长恨"的主旨起了何种作用?
3. 联系诗中的句子说说诗人用了哪些修辞手法。

相关链接

诗人在编辑诗集时言:"一篇长恨有风情,十首秦吟近正声",自许为压卷之作。

据《编集拙诗成一十五卷,因题卷末,戏赠元九、李二十》编写

白居易五六岁便学写诗,九岁便懂得辨别声韵,十五六岁便刻苦自励读书。二十岁以后,以学作赋为日课,以学书法为夜课,间或学作诗歌,没有空闲的时间,以至于口舌成疮,手肘生茧。

据白居易《与元九书》译写

白居易应举初到长安,拿着自己所写的一卷诗拜见当时的名士顾况,顾况一眼看到诗卷上白居易的姓名,便开玩笑地说:"长安米贵,居也不易。"等他看到"野火烧不尽,春风吹又生"二句之后,便感叹说:"能写出这样的好诗,居亦不难了!"

据王谠《唐语林》卷三《赏誉》译写

---

① 长生殿:唐朝宫殿名,天宝元年建,在骊山华清宫内。据陈鸿《长恨歌传》中说,唐明皇和杨贵妃天宝十载(751)七月七日曾在长生殿"密相誓心,愿世世为夫妇"。 ② 比翼鸟:《尔雅·释地》载,南方有比翼鸟,名叫鹣鹣,一定要雌雄并排在一起才飞。 ③ 连理枝:不同根的两棵树其枝干连生在一起。 ④ 恨:遗憾。

辑评-白居易诗歌

长恨歌 朗诵

雪落在中国的土地上[①]

艾 青

> **学习提示**
>
> 1. 艾青在武汉写作此诗时,还从未到过中国北方。
> 2. 这首诗运用了"反复"这一修辞手法,形成全诗沉重、忧郁的抒情基调。
> 3. 强烈的爱国主义激情,具有写实倾向与艺术美的画面感,是本诗的创作特色。
> 4. 农夫、少妇、母亲的形象富有指向中国民众的象征意味。

这是全诗的主旋律,象征性地写出了当时日本侵华的背景与情势。	雪落在中国的土地上, 寒冷在封锁着中国呀……
用一连串的动词,将"风"的拟人化描写铺展开来。	风, 像一个太悲哀了的老妇, 紧紧地跟随着 伸出寒冷的指爪 拉扯着行人的衣襟, 用着像土地一样古老的话 一刻也不停地絮聒着……
这一节诗很有画面感:景物、人物、远景、近景。	那从林间出现的, 赶着马车的 你中国的农夫

[①] 选自《艾青诗选》(增订本),人民文学出版社1998年版。艾青(1910—1996):浙江金华人,原名蒋海澄,笔名莪伽等,现代诗人。1928年考入杭州西湖艺术学院绘画系,次年赴法留学。1932年回国,在上海加入中国左翼美术家联盟。同年7月被捕入狱,狱中创作《大堰河——我的保姆》一诗成名。抗日战争初期辗转于武汉、山西、西安、重庆等地,写有诗集《北方》《向太阳》等。1941年到延安,创作《黎明的通知》等诗作。中华人民共和国成立后在中国文学艺术界联合会等单位任职。1957年被错划为右派,下放北大荒、新疆等地劳动。1979年平反后任中国作协副主席,著有《光的赞歌》《归来的歌》《雪莲》等作品。

戴着皮帽
冒着大雪
你要到哪儿去呢?

告诉你
我也是农人的后裔——
由于你们的
刻满了痛苦的皱纹的脸
我能如此深深地
知道了
生活在草原上的人们的
岁月的艰辛。

而我
也并不比你们快乐啊
——躺在时间的河流上
苦难的浪涛
曾经几次把我吞没而又卷起——
流浪与监禁
已失去了我的青春的
最可贵的日子,
我的生命
也像你们的生命
一样的憔悴呀!

雪落在中国的土地上,
寒冷在封锁着中国呀……

沿着雪夜的河流,
一盏小油灯在徐缓地移行,
那破烂的乌篷船里
映着灯光,垂着头
坐着的是谁呀?

——啊,你
蓬发垢面的少妇,
是不是
你的家
——那幸福与温暖的巢穴——
已被暴戾的敌人

> 散文化的句式,不讲究押韵,但有诗的节奏和旋律,情感是真诚的。

> 因为诗人的出身、经历、生命是与农人所象征的广大人民连在一起的,所以才有情感与命运的共鸣。

> 诗人转换了镜头,又是一幅动感的画面。

> 写少妇,突出家的毁灭与敌人的暴戾,突出幸福与恐怖的前后对比。

雪落在中国的土地上

烧毁了么?
是不是
也像这样的夜间,
失去了男人的保护,
在死亡的恐怖里
你已经受尽敌人刺刀的戏弄?

咳,就在如此寒冷的今夜,
无数的
我们的年老的母亲,
都蜷伏在不是自己的家里,
就像异邦人
不知明天的车轮
要滚上怎样的路程……
——而且
中国的路
是如此的崎岖
是如此的泥泞呀。

雪落在中国的土地上,
寒冷在封锁着中国呀……

透过雪夜的草原
那些被烽火所啮啃着的地域,
无数的,土地的垦殖者
失去了他们所饲养的家畜
失去了他们肥沃的田地
拥挤在
生活的绝望的污巷里:
饥馑的大地
朝向阴暗的天
伸出乞援的
颤抖着的两臂。

中国的苦痛与灾难
像这雪夜一样广阔而又漫长呀!
雪落在中国的土地上,
寒冷在封锁着中国呀……

> 由一位少妇而联想到无数年老的母亲,由母亲的逃难而联想到中国的命运。

> 诗人并未到过北方草原,这里是他情感与想象交织的画面。

中国
我的在没有灯光的晚上
所写的无力的诗句
能给你些许的温暖么？

一九三七年十二月二十八日夜间

> 农人、少妇、中国，在诗中都被称为"你"，是诗人对话的一方，是诗人情感投入的对象，是爱与希望的所在。

思考与练习

1. "雪落在中国的土地上，寒冷在封锁着中国呀……"具有什么象征内涵？"雪""寒冷""封锁"这几个词在象征中有什么艺术效果？

2. 作者为什么要在诗作中描绘普通的农夫、少妇和年老的母亲？这样描写具有何种艺术特征和审美效果？

3. 诗歌中哪些诗句体现了作者的个人情感？这些情感是怎样与普遍性的爱国主义情感融合在一起的？

4. 找出具有画面感的段落，谈谈你对"诗画同源"的看法。

5. 本诗的语言句式是散文化的，你对此有何评价。

相关链接

从这一幅幅画面里，我们可以看到，艾青对人民的痛苦和哀怨了解得越真切越具体，他的牧歌也唱得更深沉更有力。他唱的也不仅是受凌辱受奴役的土地，他用诗作为一面镜子，让人们正视这惨淡的人生，从胸中迸发出一种愤火。他把个人的悲欢融合在时代和民族的悲欢里，使自己与人民群众的感情有了更深刻、真挚、广阔的联系。

杨匡汉、杨匡满《艾青传论》

艾青的诗有着执着的现实意识和包括从现代诗派借鉴来的表现力。因而他的诗一方面具有活生生的现实画面与生活形象，另一方面，诗的形象又具有极宽泛的概括层面和深邃的暗示性。

洪子诚《〈雪落在中国的土地上〉赏析》

辑评-艾青　　**雪落在中国的土地上 朗诵**

悼念一棵枫树①

牛 汉

> **学习提示**
>
> 1. 这首诗写于1973年秋天，诗人在湖北咸宁文化部五七干校"劳动赎罪"。
> 2. 诗人以树喻人，寄寓着自己的人生体验与诚挚情感。
> 3. 语言平白而散文化，却情境鲜明，充满悲剧性的崇高感。

> **我**想写几叶小诗，把你最后
> 的绿叶保留下几片来
> ——摘自日记

诗的开头像新闻：地点、时间、事件三要素都具备了。

湖边山丘上
那棵最高大的枫树
被伐倒了……
在秋天的一个早晨

诗意在这一节升腾。村庄与山野都拟人化了，能听能感觉。

几个村庄
和这一片山野
都听到了，感觉到了
枫树倒下的声响

诗人将拟人化进一步扩大到周围的一切，却独独不写人。

家家的门窗和屋瓦
每棵树，每根草
每一朵野花
树上的鸟，花上的蜂

---

① 选自《牛汉诗选》，人民文学出版社1998年版。牛汉（1923—2013）：山西定襄人。1941年开始发表诗作，为"七月派"代表诗人之一。20世纪50年代初出版诗集多本，1955年因胡风事件一度被囚。80年代"复出"后出版诗集《温泉》《海上蝴蝶》《沉默的悬崖》等。

湖边停泊的小船
都颤颤地哆嗦起来……

是由于悲哀吗?
这一天
整个村庄
和这一片山野上
飘着浓郁的清香

清香
落在人的心灵上
比秋雨还要阴冷

想不到
一棵枫树
表皮灰暗而粗犷
发着苦涩气息
但它的生命内部
却贮蓄了这么多的芬芳

芬芳
使人悲伤

枫树直挺挺的
躺在草丛和荆棘上
那么庞大,那么青翠
看上去比它站立的时候
还要雄伟和美丽

伐倒三天之后
枝叶还在微风中
簌簌地摇动
叶片上还挂着明亮的露水
仿佛亿万只含泪的眼睛
向大自然告别

哦,湖边的白鹤
哦,远方来的老鹰

> 注意上节诗尾的"清香"与本节诗首的"清香"。这是"顶真"的修辞手法,使诗意衔接紧密,余音绕梁。

> 这是真正的悲剧。树的芬芳被强烈感知,却是因为它的被伐倒。

> 枫树命运的进一步的悲剧化与枫树形象的细致的拟人化。

> 还朝着枫树这里飞翔呢
>
> 枫树
> 被解成宽阔的木板
> 一圈圈年轮
> 涌出了一圈圈的
> 凝固的泪珠
> 泪珠
> 也发着芬芳
>
> 不是泪珠吧
> 它是枫树的生命
> 还没有死亡的血球
>
> 村边的山丘
> 缩小了许多
> 仿佛低下了头颅
>
> 伐倒了
> 一棵枫树
> 伐倒了
> 一个与大地相连的生命

1973年秋

"含泪的眼睛""凝固的泪珠",构成了全诗悲痛、伤感的基调。

诗人的情感通过想象融入了所描写的自然物。

这是对生命被践踏的控诉。但诗人的愤激是被压抑的,体现在被压缩的短短诗行里。

思考与练习

1. 找出诗中以树喻人的句子,分析它与一般的以树喻人手法有何不同。
2. 诗人是怎样将所描写的自然景物充分拟人化的?
3. 这首诗表现了诗人怎样的人生体验与生命情感?
4. 枫树命运的悲剧性体现在哪些方面?
5. 这首诗在语言与结构上有什么特点?

相关链接

牛汉的这首诗写在"文化大革命"期间被遣送到云梦泽"劳动赎罪"的时候。在乡村，他从大自然那里得到抚慰，但大自然也有创伤和痛苦，这使诗人想到自己的不幸的命运，于是，他以大自然的事象，作为诗的取材对象，来寄寓自己的人生体验。牛汉把这些作品称为"情境诗"。

洪子诚《〈悼念一棵枫树〉鉴赏》

牛汉40年代的诗歌充满了一种反抗的火力，而写于1970年到1976年的几十首诗歌，如名诗《华南虎》《悼念一棵枫树》《半棵树》《巨大的根块》等，则大部分属于他所谓的"情景诗"，这些诗歌相对他早期的诗来说语调比较平静，但在内里则仍充满了坚韧的反抗精神。这些诗歌更加突出了生命意识，他借助不同的意象，表达了陷于逆境的生命不屈地抗争与坚韧地生存的精神，也高扬了"五四"新文化运动以来知识分子的抗争与现实战斗的传统。

陈思和等《中国当代文学史教程》

悼念一棵枫树
朗诵

相信未来[①]

食 指

> **学习提示**
>
> 1. 本诗写于"文革"时期,表现了诗人在那个特殊年代中坚守的信念和希望。
> 2. 本诗具有政治抒情诗的风格,发自内心,基调高昂。
> 3. 比喻隽永,结构与句式平实,运用反复的修辞手法,适于朗诵。

这一节集中了诸多感性意象,又都具有象征性内涵,使之诗意盎然。

当蜘蛛网无情地查封了我的炉台,
当灰烬的余烟叹息着贫困的悲哀,
我依然固执地铺平失望的灰烬,
用美丽的雪花写下:相信未来。

注意意象之间的相关性及其整体性的美感。

当我的紫葡萄化为深秋的露水,
当我的鲜花依偎在别人的情怀,
我依然固执地用凝露的枯藤,
在凄凉的大地上写下:相信未来。

"指"与"掌"都作动词用,借以体现出诗情的浪漫。

我要用手指那涌向天边的排浪,
我要用手掌那托住太阳的大海,
摇曳着曙光那枝温暖漂亮的笔杆,
用孩子的笔体写下:相信未来。

我之所以坚定地相信未来,

[①] 选自《食指的诗》,人民文学出版社2000年版,有改动。《相信未来》作于1968年,原刊于《诗刊》1981年1月号。食指(1948—):原名郭路生,山东省鱼台县人。15岁开始诗歌创作,1979年在《诗刊》上发表诗歌作品,1988年出版诗集《相信未来》。

是我相信未来人们的眼睛——
她有拨开历史风尘的睫毛,
她有看透岁月篇章的瞳孔。

不管人们对于我们腐烂的皮肉,
那些迷途的惆怅,失败的苦痛,
是寄予感动的热泪,深切的同情,
还是给以轻蔑的微笑,辛辣的嘲讽。

我坚信人们对于我们的脊骨,
那无数次的探索、迷途、失败和成功,
一定会给予热情、客观、公正的评定。
是的,我焦急地等待着他们的评定。

朋友,坚定地相信未来吧,
相信不屈不挠的努力,
相信战胜死亡的年青,
相信未来,热爱生命。

1968年

> "眼睛""睫毛"与"瞳孔"相关联,"未来""历史"与"岁月"又相关联。

> 这一节每一句都有"相信"一词,形成"相信"的主旋律。本诗有四节诗的末句都有"相信未来",亦同此理。

思考与练习

1. 通过阅读相关书籍或与前辈交谈,了解"文革"这一背景与当时人们的心态。

2. 诗人为什么反复劝导"朋友"与读者要"坚定地相信未来"?这首诗在当时的针对性何在?诗人的"相信未来"建立在怎样的思考基础之上?他的预言为什么会实现?

3. 找出诗中反复出现的语句与词语,谈谈"反复"这一修辞手法在本诗中的运用及其艺术效果。

相信未来

相关链接

他的诗的体制和艺术方法，与五六十年代的当代抒情诗并无很大差别：四行一段的"半格律体"，是他用得最多的。但是，拒绝按照统一的意识形态指令写作，而回到真实的情感和体验，表达在脚下土地发生飘移时的困惑、惊恐、抗争的情绪和心理，这在"文革"初始的诗歌写作中，无疑具有强烈的叛逆性质。……《相信未来》中，对"未来"的理想主义的确信，是出于对现实生活的悲剧性质的体认：这是诗的批判力量所在。

洪子诚《中国当代文学史》

《相信未来》是诗人发自深心中的呼唤，字里行间所流露的是诗人高傲灵魂中质朴的希望。无论是"美丽的雪花""失望的灰烬"，无论是"凝露的枯藤""凄凉的大地"，还是"摇曳着曙光""孩子的笔体"，都为那个特殊的时代镌刻着墓碑、昭示着希望。……《相信未来》是一篇预言性的诗歌力作，当"文革"的迷雾使人们陷入迷茫与混乱中，人们为命运哀叹之时，食指以一个充满希望的光辉命题照亮了前途未卜的命运。

林莽《并未被埋葬的诗人》

相信未来 朗诵

祖国土[①]

[苏] 阿赫玛托娃

> **学习提示**
>
> 1. 阿赫玛托娃一生命运多舛，但始终热爱祖国。
> 2. 祖国土是全诗的核心意象，人民与土地的关系构成了深沉而浓烈的情感主题。
> 3. 感性意象与理性思考的交融是本诗的一大特色。
> 4. 本诗是一首十四行诗，结构是四、四、四、二。

我们不用护身香囊把它带在胸口，
也不用激情的诗为它放声痛哭，
它不给我们苦味的梦增添苦楚，
它也不像是上帝许给的天国乐土。
我们心中不知它的价值何在，
我们也没想拿它来进行买卖，
我们在它上面默默地受难、遭灾，
我们甚至从不记起它的存在。
　　是的，对我们，这是套鞋上的污泥，
　　是的，对我们，这是牙齿间的沙砾，
　　我们把它践踏蹂躏，磨成齑粉[②]，——
　　这多余的，哪儿都用不着的灰尘！

＊ 激情、痛哭、苦味、苦楚，情感真切。

＊ 价值、买卖、存在，又是超越情感的理性思考。

＊ 这两句排比，以个别指代整体，以特殊象征普遍，使祖国土具象化。

[①] 选自乌兰汗编选《苏联当代诗选》。俄文原诗在诗题下还有两句题词："世界上没人像我们欲哭无泪，没人比我们更高傲、更单纯。1922"。阿赫玛托娃（1889—1966）：苏联著名女诗人，被誉为"俄罗斯诗歌的月亮"。出生于敖德萨，曾在基辅女子高等学校法律系学习。1910年移居彼得堡，加入阿克梅派诗人小组。1912年出版第一部诗集《黄昏》，1914年发表成名作《念珠》，后写有诗集《车前草》《白色的鸟群》《安魂曲》等。1946年受到批判，1950年代后期恢复名誉，1964年在意大利获国际诗歌奖。　[②] 齑粉（jī fěn）：细碎的粉屑。

> 结句是高潮,升华了我们与祖国、土地融为一体的主题。

但我们都躺进它怀里,和它化为一体,
因此才不拘礼节地称呼它:"自己的土地。"

1961年
飞白译

思考与练习

1. 细析诗中的"我们"与"它"(即祖国土)的多重复杂的情感关系。
2. 这首诗的末尾两句具有点题的意义,请分析"和它化为一体"在诗人爱国主义情感中的象征性意义。
3. 找出本诗的象征意象,阐释其内涵及艺术特色。
4. 朗诵本诗,体会其情感节奏、诗词韵律及音乐性。

相关链接

阿赫玛托娃是一位悲剧笔调的抒情诗人。她的诗感情炽热、真挚,忧伤中揉杂欢乐,绝望中闪现光明;曲折的思想、矛盾的心理和细腻的感情,总是通过清晰的、富有"物质感"的形象被凝在短得不能再短的诗里。所以,读她的诗,就好像手里捧着一个多棱面的晶体,无论从哪个角度看都是透明的,也无论从哪个角度看都不能够一览无余。

陈耀球译《苏联三女诗人选集》"译本前言"

阿赫玛托娃是二十世纪这个复杂的时代的一位苏联诗人。她的一生是不幸的,但又是幸运的。她活了七十七岁。她对多灾多难的祖国的赤诚眷恋得到了报偿。晚年,她的名誉得到恢复,她的作品一再出版,她还有机会出国重访她心爱的诗人但丁与莎士比亚的故乡,她还获得了意大利授予的"埃特内·塔奥尔敏"国际诗歌奖和英国牛津大学授予的名誉博士学位。

乌兰汗《苏联女诗人抒情诗选》"苏联女诗人"

祖国土 朗诵

望海潮[1]

柳 永

学习提示

1. 此词虽为投赠之作，但主要描绘了杭州自然环境的美丽和都市经济的繁荣，反映了北宋的承平气象。
2. 理解此词的铺叙手法。
3. 弄懂"异日图将好景，归去凤池夸"的含义。

东南形胜[2]，
江吴都会[3]，
钱塘自古繁华[4]。
烟柳画桥[5]，
风帘翠幕，
参差十万人家[6]。
云树绕堤沙[7]。
怒涛卷霜雪，
天堑无涯[8]。

> 描绘杭州的全貌：杭州的位置重要——空间，杭州的历史悠久——时间。
>
> 以下的描绘扣住形胜和繁华：街巷河桥雅丽，民居住宅富丽，都市人口繁庶。
>
> 笔致从市内转到郊外，描绘江堤与著名的钱江潮。

---

[1] 选自陶然、姚逸超校笺《乐章集校笺》，上海古籍出版社2016年版。望海潮：词牌名。这首词为此词牌首作，其咏钱塘胜景与钱塘潮，调名取其意。柳永（约987—约1053），初名三变，字景庄，后改名永，字耆卿，排行第七，人称"柳七"，崇安（今属福建）人。早年屡试不第，流连坊曲，为乐工歌女撰写歌词，被达官贵人所不齿。仁宗景祐元年（1034）才考取进士，官至屯田员外郎，故又称"柳屯田"。其一生仕途失意，独以词著称于世。词作反映了北宋都市的繁华、中下层市民的生活以及自己穷愁漂泊的身世之感。柳永精通音律，又善于铺叙，使用俚词俗语，创作了大量适合歌唱的慢词，推动了词的发展，影响广泛："凡有井水处，即能歌柳词"。著有《乐章集》。 [2] 形胜：地理形势优越的地方。杭州在北宋时为两浙路治所，下辖十二州府，当东南要冲。 [3] 江吴都会：五代吴越建都于杭州，故谓江吴都会。江吴，一作"三吴"，古称吴兴郡、吴郡、会稽郡为"三吴"，这里泛指江浙一带。 [4] 钱塘：古县名，此从俗称杭州。 [5] 烟柳画桥：杭州西湖多饰有雕画的桥梁，堤岸植有连绵不断的柳树。 [6] 参（cēn）差（cī）：差不多。 [7] 云树：形容树木茂密如云。堤：指钱塘江大堤。 [8] 天堑（qiàn）：天然的壕沟，此指钱塘江。

再转描绘繁富的市场,奢侈的富豪市民生活。上阕的描写秩序井然,环环相扣。	市列珠玑①, 户盈罗绮②竞豪奢。
下阕专咏西湖:湖山之美,风物之美,乐歌之美。写法上着眼于"好景",尤其突出"好景"中的人物。	重湖叠巘清嘉③。 有三秋桂子④, 十里荷花。 羌管弄晴⑤, 菱歌泛夜⑥, 嬉嬉钓叟莲娃⑦。
归美郡守,寓指政绩。	千骑拥高牙⑧。 乘醉听箫鼓, 吟赏烟霞⑨。
祝孙何他日内召升职。	异日图将好景⑩, 归去凤池夸⑪。

思考与练习

1. 作者为什么要以"东南形胜,江吴都会,钱塘自古繁华"作为开端?起什么作用?
2. 请诠释"异日图将好景,归去凤池夸"的含义。
3. 举例说明此词是如何运用铺叙手法来描绘杭州和西湖的?

---

① 珠玑:这里泛指珍宝。　② 罗绮:丝织品。　③ 重湖:西湖被白堤分隔为里湖、外湖,故称重湖。叠巘(yǎn):重叠的山峰。清嘉:清秀美丽。　④ 三秋:指农历九月。桂子:桂花。　⑤ 羌管弄晴:晴空下吹奏笛子。羌管,笛子。　⑥ 菱歌泛夜:夜晚传来采菱姑娘的歌声。　⑦ 嬉嬉:快乐的样子。莲娃:采莲姑娘。　⑧ 千骑:形容州郡长官出行时随从众多。骑,一人一马的合称。高牙:高高的牙旗。原指将军的大旗,此指州郡长官出行时的仪仗旗帜。　⑨ 烟霞:借指山光水色。　⑩ 异日:他日。图:描绘。将:助词。　⑪ 归去凤池夸:意谓地方长官孙何奉调回朝廷时可向同僚夸耀杭州的美景。凤池,即凤凰池,本是皇帝禁苑的池沼,后为最高行政机关中书省的代称,此指朝廷。

相关链接

柳三变字景庄，一名永，字耆卿。常出入于歌楼妓馆，喜作小词。当时有人在宋仁宗面前推荐他，仁宗说："得非填词柳三变乎。"并说："且去填词。"由是不得志，生活放荡不羁，自称"奉圣旨填词柳三变"。
据胡仔《苕溪渔隐丛话后集》卷三十九引《艺苑雌黄》译写

孙何帅钱塘，柳耆卿作《望海潮》词赠之。此词流播，金主亮闻歌，欣然有慕于"三秋桂子，十里荷花"，遂起投鞭渡江之志。近时谢处厚诗云："谁把杭州曲子讴，荷花十里桂三秋。那知草木无情物，牵动长江万里愁。"
罗大经《鹤林玉露》丙编卷一

至柳耆卿始铺叙展衍，备足无余。形容盛明，千载如逢当日。
李之仪《姑溪题跋》卷一《跋吴思道小词》

辑评-柳永　　望海潮 朗诵

卜 算 子

黄州定惠院寓居作[①]

苏 轼

> **学习提示**
>
> 1. 这是一首借咏雁抒发怀抱的咏物词,表面是写物,实际是写人。
> 2. 理解词中"孤鸿""幽人"这两个核心意象,思考它们对表现作者处境、心态、品格和态度,突出自我人格的作用。
> 3. 物、人合写,运笔空灵,是这首词在艺术上的显著特征,体会词所包含的象征意蕴。

两句写景,展现了物(孤雁)与人(作者)活动的真实环境。先从视觉写,再从听觉写。	缺月挂疏桐, 漏断人初静[②]。 谁见幽人独往来[③]? 缥缈孤鸿影。
幽人的特点是"独往来",形单影只。孤鸿的特点是"缥缈",若隐若现。	
有动态,有神情,似是写孤鸿,实是写人的内心怨恨。	惊起却回头, 有恨无人省[④]。 拣尽寒枝不肯栖, 寂寞沙洲冷。
"寒""寂寞""冷",用词有强烈主观色彩,兼写对自然界的生理感受和对政治的心理感受。	

苏 轼

[①] 选自王水照选注《苏轼选集》,上海古籍出版社1984年版。这首词作于宋神宗元丰三年(1080)。黄州:今湖北黄冈市,在长江北岸。定惠院:在黄州东南,苏轼初到黄州时暂居于此。 苏轼(1037—1101):字子瞻,号东坡居士,眉州眉山(今属四川)人。宋仁宗嘉祐二年(1057)进士。历任地方官,官至中书舍人、翰林学士。一生宦海浮沉,因乌台诗案贬为黄州团练副使,又因党争远谪广东、海南岛,卒于常州。唐宋八大家之一,词开豪放一派,诗、书、画皆有很高造诣。有《苏东坡集》《东坡乐府》。 [②] 漏断:计时的滴漏已断,意思是深夜。 [③] 幽人:《易·履》:"履道坦坦,幽人贞吉。"这里指隐居的人。 [④] 省(xǐng):省察,了解。

思考与练习

1. 词中出现了两个关键的意象,即"孤鸿"和"幽人",你认为这两者之间有怎样的关系?
2. 从这首词分析苏轼初到黄州时的心态。
3. 清代陈廷焯评论苏轼词"寓意高远,运笔空灵",你同意这个观点吗?读了这首词,你自己对苏轼词有什么新的感悟?
4. 关于这首词,历史上有很多争论。请根据下面提供的资料,选择其中一个问题,谈谈你的看法。

关于这首词的传说

据说广东惠州温都监的女儿十分美丽,年十六,不肯嫁人。听到自己仰慕的大文豪苏东坡来到了这里,她喜不自禁地对人说:"这才是我钟情的男人。"她每夜徘徊在东坡居室的窗外,听东坡讽咏诗文,东坡发觉有人,推窗察看,温氏女子就越墙而去。不久,东坡又被贬海南,离开惠州南下,而温氏女遂卒,葬于沙滩之侧。过了好几年,东坡终于遇赦北上,又经过惠州,知晓此女已死,怅然若失,写作了这首《卜算子》词。有人说,词中"拣尽寒枝不肯栖"一句,是说温氏女择偶不嫁;"寂寞沙洲冷"一句,是指她安葬的地方。

关于这首词的主旨

如何理解这首词的主旨,历来有多种说法。如宋代鲖阳居士说:"缺月,刺明微也。漏断,暗时也。幽人,不得志也。独往来,无助也。惊鸿,贤人不安也。回头,爱君不忘也。无人省,君不察也。拣尽寒枝不肯栖,不偷安于高位也。寂寞沙洲冷,非所安也。"(黄昇《唐宋诸贤绝妙词选》引)不免有断章取义、刻舟求剑之嫌。近代王国维则持另一看法:"飞卿(温庭筠)《菩萨蛮》、永叔(欧阳修)《蝶恋花》、子瞻《卜算子》,皆兴到之作,有何命意?"(王国维《人间词话删稿》)认为词中并无比兴寄托的意思。清代学者黄苏的观点比较公允:"按此词乃东坡自写在黄州之寂寞耳。初从人说起,言如孤鸿之冷落。第二阕,专就鸿说,语语双关。格奇而语隽,斯为超诣神品。"(黄苏《蓼园词选》)

永 遇 乐

元 宵[①]

李清照

> **学习提示**
>
> 1. 这是一首节序词,体会本词感慨昔盛今衰的情感内涵。
> 2. 体会这首词运用今昔对比深化主题的表现手法。
> 3. 通过诵读,欣赏本词"以寻常语度入音律"的语言特点。

用工整的对偶句起,绘暮景如画。 想一想:自己明明在临安,为什么要设问"人在何处"? 点明元宵。 明明是"融和天气",却偏要落笔在"风雨"。 上片描绘今日元宵灯节的凄凉心境。	落日熔金[②], 暮云合璧[③], 人在何处? 染柳烟浓, 吹梅笛怨[④], 春意知几许。 元宵佳节, 融和天气, 次第岂无风雨[⑤]。 来相召, 香车宝马, 谢他酒朋诗侣。

---

① 选自徐培均《李清照集笺注》,上海古籍出版社2002年版。这首词可能作于绍兴九年元宵节,当时李清照流落在临安(今浙江杭州)。李清照(1084—约1151):号易安居士,齐州章丘(今属济南)人。父亲李格非是著名学者,丈夫赵明诚是宰相赵挺之子,曾担任地方知府。北宋灭亡,赵明诚病逝后,她漂泊江南,晚年在孤寂凄凉的境况中去世。她是宋代著名女词人,有《李清照集》。 ② 熔金:熔化的金子。 ③ 合璧:连成一片的璧玉。 ④ 吹梅笛怨:笛曲有《梅花落》,曲调哀怨。 ⑤ 次第岂无风雨:转眼间就有风雨。

中州盛日①,
闺门多暇,
记得偏重三五②。
铺翠冠儿③,
撚金雪柳④,
簇带争济楚⑤。
如今憔悴,
风鬟霜鬓,
怕见夜间出去。
不如向,
帘儿底下,
听人笑语。

> 下片铺写昔日汴京元宵节的热闹。
>
> "如今",又折回当前境况,物是人非。"憔悴",人老,心更老。
>
> 头发凌乱,两鬓斑白,这就是晚年李清照形象。
>
> 在他人的欢笑热闹中独处,长歌之哀,过于恸哭,倍见凄凉!

思考与练习

1. 根据李清照晚年漂泊生活的有关资料,体会她写这首词时的心境。
2. 词人是如何以"元宵"为题切入,通过今昔对比的手法来抒发盛衰之感的?
3. 品味以下句子,具体说明这首词通俗浅显又不伤雅致的语言特点。
(1)元宵佳节,融和天气,次第岂无风雨。
(2)铺翠冠儿,撚金雪柳,簇带争济楚。
(3)如今憔悴,风鬟霜鬓,怕见夜间出去。
(4)不如向,帘儿底下,听人笑语。

李清照

---

① 中州:今河南一带,这里指北宋都城汴京(今河南开封)。 ② 三五:阴历十五日,这里专指正月十五元宵节。 ③ 铺翠冠儿:装饰翠鸟羽毛的女式帽子。 ④ 撚(niǎn)金雪柳:用金线捻成、白绢(或白纸)包扎的柳枝。 ⑤ 簇带:插戴满头。济楚:整洁。

关于北宋元宵节的记载

宋代孟元老《东京梦华录》、吴自牧《梦粱录》等书,都详细记载了北宋时正月十五日元宵节的盛况。宫中从岁前的冬至日后就开始扎缚山棚灯彩,画群仙故事,结文殊、普贤跨狮子、白象,又以草缚成龙,用青幕遮草上,密置灯烛万盏,望之蜿蜒如双龙飞走之状。元宵节宋徽宗也驾临宣德楼观灯,有牌曰"与民同乐"。百姓观瞻,皆称"万岁"。游人聚集御街两廊下面,观看各种奇术异能、歌舞百戏表演,乐声嘈杂传十余里。妇女首饰穿戴一新,髻鬓插满蛾蝉、蜂蝶、雪柳、玉梅、灯球等应时饰物,成为元宵一景观。

李清照、赵明诚夫妇斗词趣事

赵明诚屏居乡里十年,生活安定,衣食有余。李清照博闻强记,夫妻常常在饭后坐在归来堂烹茶,互相玩斗智的游戏,如指堆积在一边的史书,说某事在某书某卷、第几页第几行,以是否正确比赛胜负,谁输了先饮一口茶。中即举杯大笑,常常笑得把茶倾覆在怀中,反而不得饮。有一次,李清照以重阳《醉花阴》词函致赵明诚,明诚极为叹赏,自愧不如,务欲胜之。于是他闭门谢客,废寝忘食构思了三天三夜,创作了五十首词,把李清照的《醉花阴》也杂在其中,给友人陆德夫看。陆德夫玩赏再三,说道"只有三句绝佳"。赵明诚忙问他是哪三句,陆德夫答道:"莫道不销魂,帘卷西风,人比黄花瘦。"正是李清照所作。

元宵节风情

辑评-李清照及其词

永遇乐·落日熔金 朗诵

念奴娇

过洞庭①

张孝祥

学习提示

1. 这是一首中秋词,通过描绘自然景象的浩渺开阔,表现自我人格的超拔高洁。
2. 理解此词物境与心境高度融合,自然美与人格美浑然一体的艺术特色。
3. 品味此词的典雅风格,理解词中所用典故、融化前人诗文的含义。

洞庭青草②,
近中秋、
更无一点风色。
玉鉴琼田三万顷③,
著我扁舟一叶。
素月分辉,
明河共影④,
表里俱澄澈⑤。
悠然心会,
妙处难与君说。

应念岭海经年⑥,
孤光自照⑦,
肝肺皆冰雪⑧。

> 在大自然的怀抱里,作者感到多么逍遥自在!
>
> 既是写自然界的物境,也是写作者当时的心境。
>
> 心物交融,天人同化,你能体悟其中的"妙处"吗?
>
> 突出了作者的精神风貌和人格魅力。

---

① 选自唐圭璋编纂《全宋词》(第三册),中华书局1994年版。宋孝宗乾道二年(1166),张孝祥在知静江府(今广西桂林)兼广南西路安抚使任上,因谗言被罢官,从桂林北归,路经洞庭湖时,作了这首词。张孝祥(1132—1170):字安国,号于湖居士,历阳乌江(今安徽和县东北)人。南宋著名词人,力主抗金。有《于湖先生长短句》。 ② 洞庭:洞庭湖,在今湖南境内。青草:青草湖,与洞庭湖相连。 ③ 玉鉴琼田:形容湖中月光皎洁。鉴,一作"界";琼,美玉。 ④ 明河:银河。 ⑤ 表里:从外到内。表指外界,里指内心。 ⑥ 岭海:岭是五岭,海是南海,指今广东、广西一带。经年:一年。作者在广西做官一年多。 ⑦ 孤光:月光。 ⑧ 肝肺:一作"肝胆"。

短发萧骚襟袖冷①,
稳泛沧浪空阔②。
尽吸西江③,
细斟北斗④,
万象为宾客⑤。
扣舷独笑⑥,
不知今夕何夕⑦。

要体会其中含有赞叹的语气。

思考与练习

1. 这首词中作者的人格魅力表现在哪些方面?
2. 分别就上片与下片的内容,说说这首词物境与心境相互交融的艺术特色。
3. 请根据写作的背景和作者当时的心情,比较苏轼的《水调歌头》(明月几时有)与这首词的异同。
4. 有人说词中"表里俱澄澈"一句贯通了物境与心境两个方面,你同意这个观点吗?说说你同意或不同意的理由。

相关链接

张孝祥游洞庭湖的诗文

在写这首词的同时,张孝祥还写了其他诗文记载经游洞庭湖的情景和感受,可以作为理解这首词的参考。《金沙堆赋》写道:

洞庭之野,吞楚七泽,乘秋而霁,天水一色。登高桅以挂席兮,插余舟之两翼;凌长风以破浪兮,骇掀舞于一叶。横中流而北望兮,何黄金之突兀?触白日以腾耀兮,疑波神之泛宅。舟人告余曰:"此金沙堆也。"

另一篇《观月记》专写洞庭湖月夜景色:

盖余以八月之望过洞庭,天无纤云,月白如昼。沙当洞庭、青草之中,其高十仞,四环之水,近者犹数百里。余系舟工其下,尽却童隶而登焉。沙之色正黄,与月相夺。水如玉盘,沙如金积,光彩激射,体寒目眩,阆风、瑶台、广寒之宫,虽未尝身至其地,当亦如是而止耳。

① 萧骚:萧疏,稀少。 ② 沧浪:指青苍色的湖水。《孟子·离娄上》有《孺子歌》:"沧浪之水清兮,可以濯我缨;沧浪之水浊兮,可以濯我足。" ③ 吸,一作"把"。西江:指长江中下游。据说唐朝有一个居士叫庞蕴的问禅宗高僧马祖:"不与万法为侣者是什么人?"马祖答道:"待汝一口把尽西江水,即向汝道。"庞蕴马上领悟了玄机。这是表明为人处世心胸开阔的话头。 ④ 细斟北斗:用北斗星当酒杯来饮长江水。北斗,星座名,七颗星相连,形状像长柄勺。《诗经·小雅·大东》:"维北有斗,不可以把酒浆。"这里却说北斗可以用来当酒杯斟酒,是反用《诗经》之意。 ⑤ 万象:天地万物。 ⑥ 笑:一作"啸"。 ⑦ 今夕何夕:今夜是怎样的夜晚啊。《诗经·唐风·绸缪》:"今夕何夕,见此良人。"

念奴娇·洞庭青草 朗诵

贺新郎

同父见和，再用韵答之[1]

辛弃疾

学习提示

1. 领悟这首词中辛弃疾的一腔忠愤之志、报国之意，体会词中所表现的英雄气概。
2. 理解本词即事叙景的艺术特点。
3. 弄懂词中所用典故的含义，在吟诵中感受该词用韵和节奏对表达情感所起的作用。

老大那堪说[2]。
似而今元龙臭味[3]，
孟公瓜葛[4]。
我病君来高歌饮，
惊散楼头飞雪。
笑富贵千钧如发。
硬语盘空谁来听[5]？
记当时只有西窗月。
重进酒，换鸣瑟。

事无两样人心别。

> 开头就写出心境的沉郁苍凉。
>
> 既是赞许陈亮，又是自我期许。
>
> 英雄相对，何等豪纵！令人神往。
>
> 清寂的环境，与英雄豪气相映衬。

---

[1] 选自邓广铭《稼轩词编年笺注》，上海古籍出版社2016年版。这首词作于淳熙十六年（1189）春。上一年冬，辛弃疾在上饶家居，陈亮来访，同游鹅湖，在瓢泉共饮，谈论时事，长歌互答，居十日方分别。这首词是分别后赠答之作。同父：陈亮（1143—1194），字同父（也作同甫），婺州永康（今属浙江金华）人，辛弃疾好友，著名词人。辛弃疾（1140—1207）：原字坦夫，改字幼安，号稼轩居士，历城（今山东济南）人。南宋伟大的爱国词人，为苏轼之后的豪放词代表作家。早年参加耿京抗金义军，奉表归宋。宋孝宗时上《美芹十论》《九议》，力主抗金。遭投降派排挤，落职闲居江西上饶十余年。晚年又被起用，积极准备北伐，最终抑郁而死。有《稼轩长短句》。
[2] 老大：意思是年老。此年辛弃疾50岁。　[3] 元龙：陈登字元龙，三国时人，是不愿求田问舍、志存高远的豪杰之士。臭（xiù）味：气味。意思是与对方意气相投。　[4] 孟公：陈遵字孟公，西汉时著名游侠，喜欢与豪杰相交。瓜葛：比喻关系相连。　[5] 硬语盘空：出于韩愈《荐士》，这里借用来形容陈亮议论慷慨。

面对国事朝政，无可奈何，才会发此一问。抗金主题隐含其内。	问渠侬神州毕竟①， 几番离合？ 汗血盐车无人顾②，
连用汗血盐车、千金买骨、闻鸡起舞、女娲补天等典故，可体会其含义和表达作用。	千里空收骏骨③。 正目断关河路绝。 我最怜君中宵舞④，
以上几句，用"无""空""怜"等字眼，写出英雄失路的内心悲怆，细细品味。	道"男儿到死心如铁"。 看试手，补天裂⑤。
泣血的誓言！	

山东济南大明湖辛弃疾纪念祠

---

①渠侬：古代吴地方言，意思是他、他们。　②汗血：传说古代大宛出产一种骏马，出汗如血，一日千里。盐车：《战国策·楚策》记载，良马拉盐车上太行山，困顿不堪，伯乐见了攀辕而哭，良马因遇到知己而仰天嘶鸣。　③千里空收骏骨：《战国策·燕策》记载，燕昭王即位后欲招贤天下，谋士郭隗对他说：古代有国君用千金求千里马，结果得到的千里马已死，天下人认为他能用重金求马，于是不到一年，得到了好几匹真的千里马。燕昭王重用了郭隗，后来得到大将乐毅。　④中宵舞：东晋时，祖逖立志北伐，在半夜闻鸡起舞。　⑤补天裂：传说上古时共工与祝融大战，共工怒触不周山，山崩地裂，女娲炼五色石补天。

思考与练习

1. 根据有关资料，了解和体验辛弃疾当时的创作心境，说说这首词的情感特征及其形成原因。
2. 有人说稼轩词的一大特点是"即事叙景"，试分析这首《贺新郎》词所用的这一艺术手法。
3. 词的开头说"老大那堪说"似乎很无奈，结尾却又表示要"看试手，补天裂"，又豪情满怀，你觉得这两者矛盾吗？为什么？
4. 反复诵读这首词，体会其用韵、句式和节奏对表达情感所起的作用。

辛弃疾与陈亮的情谊

相关链接

辛弃疾与陈亮是同怀抗金志向、肝胆相照的朋友。有一次，陈亮从浙江东阳到江西上饶辛弃疾隐居地来探访，同游鹅湖，逗留了十日之久，陈亮方才飘然东归。这次会面给辛弃疾留下深刻印象，陈亮去世后他回忆说："与同父憩鹅湖之清阴，酌瓢泉而共饮，长歌相答，极论世事，可复得耶？"（《祭陈同父》）

在鹅湖之会以后，辛、陈两人多有唱和，表达殷切情意。写这首词之前，先有陈亮和辛弃疾词一首，即《贺新郎·寄辛幼安和见怀韵》：

老去凭谁说？看几番、神奇臭腐，夏裘冬葛。父老长安今余几？后死无仇可雪。犹未燥、当时生发。二十五弦多少恨，算世间、那有平分月。胡妇弄，汉宫瑟。　树犹如此堪重别。只使君、从来与我，话头多合。行矣置之无足问，谁换妍皮痴骨？但莫使、伯牙弦绝。九转丹砂牢拾取，管精金、只是寻常铁。龙共虎，应声裂。

词中表达了两人对时事的共同认识，立志恢复中原的主张，以对方为同声相应、同气相求的知音。

辑评-辛弃疾及其词

贺新郎·老大那堪说 朗诵

金缕曲[1]

赠梁汾

纳兰性德

学习提示

1. 领会这首词所表现的朋友之间肝胆相照的云天高义。
2. 体会这首词抒情主人公形象突出，情感奔放，气势充沛的特点。
3. 通过品读，理解这首词用典贴切、含蕴丰富的特色。

一个"狂"字，为自我写照。"狂生"形象，跃然纸上。	德也狂生耳[2]。
想一想：作者为什么急于否定自己的高贵门第？	偶然间、缁尘京国[3]，乌衣门第[4]。
用战国平原君典故。	有酒惟浇赵州土[5]，谁会成生此意[6]。
用晋代阮籍典故。	不信道、竟逢知己[7]。青眼高歌俱未老[8]，向尊前、拭尽英雄泪[9]。
宕开一笔，不言情，转而写景，笔法跌宕有致。	君不见，月如水。

---

[1] 选自《纳兰词笺注》，(清)纳兰性德著，张草纫笺注，上海古籍出版社2017年版。金缕曲：词调名，又名《贺新郎》《贺新凉》等。这首词作于清康熙十五年(1676)。梁汾：顾贞观(1637—1714)，字华峰，号梁汾，无锡(今属江苏)人。也是清代著名词人。作者初识顾贞观时，顾为他题自画像，作者写了这首词，时年二十二岁。纳兰性德(1655—1685)：原名成德，字容若，号楞伽山人，满洲正黄旗人。升一等侍卫，经常随从康熙皇帝巡游，英年早逝。清初著名词人。　[2] 德：作者名成德，这是自指。　[3] 缁(zī)尘：黑色尘土，比喻名利的肮脏。京国：京城。　[4] 乌衣门第：贵族门第。东晋时，王、谢等大族世家聚居在京城建康(今江苏南京)乌衣巷。　[5] "有酒"句：这是唐代诗人李贺《浩歌》中的诗句。赵州土，赵国平原君赵胜的坟墓。赵胜，战国四公子之一，有礼贤下士的美名。　[6] 成生：作者名成德，这是自称。　[7] 竟逢：一作"遂成"。　[8] 青眼：用黑眼珠正视，表示对对方的尊敬。三国时阮籍对鄙俗的人用白眼相对，对投合的人用青眼相对。　[9] 尊：一作"樽"。

共君此夜须沉醉。
且由他、蛾眉谣诼①,
古今同忌。
身世悠悠何足问,
冷笑置之而已。
寻思起、从头翻悔。
一日心期千劫在②,
后身缘、恐结他生里③。
然诺重④,
君须记。

> 用屈原典故。想一想:这些古人,与作者和顾贞观有什么共同点?

> 体会一下:这里把"一日"与"千劫"对举,强调了什么意思?

思考与练习

1. 分析一下,在这首词中,作者的"狂"表现在哪些方面?
2. 这首词的情感表达比较直露,但读来却不觉得浅薄,你认为原因是什么?
3. 说说词中以下典故的含义和表达作用:
(1)偶然间、缁尘京国,乌衣门第。
(2)有酒惟浇赵州土,谁会成生此意。
(3)青眼高歌俱未老,向尊前、拭尽英雄泪。
(4)且由他、蛾眉谣诼,古今同忌。

纳兰性德

---

① 蛾眉谣诼:出自屈原《离骚》:"众女嫉余之蛾眉兮,谣诼谓余以善淫。"蛾眉,形容美女的细长眉毛。谣诼,恶意中伤。 ② 心期:彼此心中相期许。千劫:佛教极言时间长、变化大。 ③ 后身句:佛教称前世、今世、来世为"三世",后身就是来世。 ④ 然诺:许诺。

纳兰性德与顾贞观的深厚情谊

　　纳兰性德喜欢与当时士大夫交游,名流严绳孙、顾贞观、陈维崧、姜宸英等人都是其忘年交。尤其被传为佳话的是纳兰营救吴兆骞一事。吴兆骞,字汉槎,吴江人,顺治十四年(1657)举人,罹当年科场案被流放宁古塔。顾贞观是吴兆骞的好友,写了两首《金缕曲》词安慰他,纳兰读了大为感动,顾贞观乘机请求纳兰营救吴兆骞。纳兰去请求父亲、当朝权臣明珠,终于把吴兆骞从贬所赎回。

　　纳兰与顾贞观在康熙十五年相识,两人大有相见恨晚之感,所以没过几天,欣然为顾贞观的自画像题了这首词。纳兰去世后,顾贞观回忆其秉性和两人的深厚情谊说:"吾哥胸中浩浩落落,其于世味也甚淡,直视勋名如糟粕,势利如尘埃。其于道谊也甚真,特以风雅为性命,朋友为肺腑。"(《祭纳兰容若文》)顾贞观为这首词写的答词《金缕曲·酬容若见赠次原韵》,也十分感人:

　　且住为佳耳。任相猜、驰笺紫阁,曳裾朱第。不是世人皆欲杀,争显怜才真意。容易得、一人知己。惭愧王孙图报薄,只千金、当洒平生泪。曾不直,一杯水。　　歌残击筑心逾醉。忆当年、侯生垂老,始逢无忌。亲在许身犹未得,侠烈今生已已。但结记、来生休悔。俄顷重投胶在漆,似旧曾、相识屠沽里。名预籍,石函记。

金缕曲·德也
狂生耳 朗诵

[中吕]卖花声·怀古①

张可久

学习提示

1.《怀古》是一支咏史曲。作者概括了秦汉时代的几个历史事件，揭示出战争所造成的"生民涂炭"的残酷事实，表达了对百姓苦难的同情和无法改变现实的无奈，体现了可贵的民本思想。

2. 本曲咏史与抒怀、怀古与讽今紧密结合，抒情色彩浓郁。在艺术表现上，前三句除了使用典故之外，还构成了鼎足对，整饬而雅丽。

美人自刎乌江岸②。 战火曾烧赤壁山③。 将军空老玉门关④。	总述史事。
伤心秦汉。 生民涂炭⑤。	抒发感慨。"伤心"二字承上启下，连接现象与本质。
读书人一声长叹。	愤怒、怜悯、自责与无奈。

思考与练习

1. 本曲所述的三组历史事件，其共同点是什么？作者是如何通过历史事件的陈述，发掘出"生民涂炭"的历史本质的？
2. 曲中表达了作者什么样的思想感情？
3. 本曲的语言有何特点？

卖花声·怀古朗诵

---

① 选自隋树森编《全元散曲》，中华书局2018年版。卖花声：又名升平乐，曲牌名。张可久（1280—约1352）：字小山，一说名伯远，字可久，号小山。其名、字、号，各家说法不一。庆元（今浙江宁波）人。平生仕途不得志，只做过路吏、典史之类的小官。晚年寓居杭州，以西湖山水自娱。毕生从事散曲创作，现存小令八百五十五首，套数九篇，为元人留存散曲最多的作家。 ② "美人"句：楚汉相争时，项羽在垓下被汉军围困，突围前与爱妾虞姬悲歌诀别，传说虞姬自刎。项羽突围至乌江也自刎而死。 ③ "战火"句：指三国时赤壁之战。公元208年，吴蜀联军在赤壁用火攻击败曹操百万大军。 ④ 将军空老玉门关：东汉名将班超曾投笔从戎，因通西域之功被任命为西域都护，封定远侯。他在西域生活了三十一年，晚年思念家乡，上疏请求回去，有"臣不敢望到酒泉郡（在今甘肃），但愿生入玉门关"的话，"空老玉门关"即指此。见《后汉书·班超传》。玉门关，在今甘肃敦煌西，是历史上内地与西域的交通要道。 ⑤ 涂炭：比喻受灾受难。涂，泥涂；炭，炭火。

孔孟语录①

> **学习提示**
>
> 1. 本篇所选孔孟语录，侧重于有关以民为本及社会和谐的论述。要在弄清本意的基础上，联系实际，领会其现实借鉴意义。
> 2. 这些语录在形式上犹如格言，言简意赅，精警明快，应尽力背诵。

<small>众多小星，围绕一颗大星，比喻形象生动。</small>

子曰②："为政以德，譬如北辰③，居其所而众星共之④。"（《论语·为政》）

子贡曰⑤："如有博施于民，而能济众⑥，何如？可谓仁乎？"子曰："何事于仁⑦，必也圣乎！尧舜其犹病诸⑧。夫仁者，己欲立而立人，己欲达而达人。能近取譬⑨，可谓仁之方也已。"（《论语·雍也》）

<small>孔子</small>

<small>今人说"上梁不正下梁歪"，同理。</small>

子曰："其身正，不令而行；其身不正，虽令不从⑩。"（《论语·子路》）

子曰："君子和而不同⑪，小人同而不和⑫。"（《论语·子路》）

---

① 孔子、孟子的这些语录，分别选自《论语》《孟子》。孔子（前551—前479）：名丘，字仲尼，春秋时鲁国人，儒家学派的开创者。《论语》主要记载孔子及其弟子的言行，由孔子弟子和再传弟子记录编纂而成。孟子（约前372—前289）：名轲，字子舆，战国中期邹国人，孔子之后儒家学派的主要代表，有"亚圣"之称。《孟子》主要记载孟子的言行，一般认为是孟子与其弟子万章等共同编著的。　②子：古代对男子的尊称，这里及以下《论语》各条中皆指孔子。　③北辰：北极星。　④共：同"拱"，环抱、围绕。　⑤子贡：即端木赐，孔子弟子。　⑥济：救助。　⑦何事于：即何止于。　⑧尧、舜：传说中的两位圣君。其：副词，表示推测，大概、恐怕。病：为难，不足。诸："之乎"的合音。　⑨近：就近，指自身。取譬：即引譬连类，由己及人。　⑩虽：即使。　⑪和：和谐、协调。同：这里指单一、一律。"和而不同"意谓既能和衷共济，又不强求一律，承认和容许个体的独立、自由。　⑫同而不和：指表面一致而实际上钩心斗角。

54　大学语文

有子曰①:"礼之用②,和为贵。先王之道③,斯为美④,小大由之⑤。有所不行⑥,知和而和⑦,不以礼节之⑧,亦不可行也。"(《论语·学而》)

老吾老以及人之老,幼吾幼以及人之幼⑨,天下可运于掌。(《孟子·梁惠王上》)

乐民之乐者,民亦乐其乐;忧民之忧者,民亦忧其忧。乐以天下,忧以天下,然而不王者⑩,未之有也。(《孟子·梁惠王下》)

天时不如地利⑪,地利不如人和⑫。三里之城,七里之郭⑬,环而攻之而不胜⑭。夫环而攻之,必有得天时者矣。然而不胜者,是天时不如地利也。城非不高也,池非不深也⑮,兵革非不坚利也⑯,米粟非不多也⑰,委而去之⑱,是地利不如人和也。(《孟子·公孙丑下》)

桀纣之失天下也,失其民也;失其民者,失其心也。得天下有道,得其民,斯得天下矣;得其民有道,得其心,斯得民矣;得其心有道,所欲与之聚之,所恶勿施⑲,尔也⑳。(《孟子·离娄上》)

民为贵,社稷次之㉑,君为轻。是故得乎丘民而为天子㉒,得乎天子为诸侯,得乎诸侯为大夫。诸侯危社稷,则变置㉓。(《孟子·尽心下》)

"和"虽"贵",但要有原则,这个原则便是"礼"。讲得何等辩证!

孟子以"善辩"著称。这里的几段语录,多用排比句式,一气直下,累累如贯珠,令人不容置疑,岂非善辩?

孟 子

---

① 有子:即有若,孔子弟子。　② 礼:儒家的社会道德伦理规范和生活准则。　③ 先王:指儒家所推崇的尧、舜、禹、商汤、周文王、周武王等贤明君主。　④ 斯:这,指"和为贵"。　⑤ 小大由之:小事大事都照此去做。　⑥ 有所不行:指对"和为贵"的原则有所偏离。　⑦ 知和而和:即"为和而和",一味讲"和",所谓"和稀泥"。　⑧ 节:节制,调节。　⑨ 老吾老以及人之老:供养我的老人并进而推及别人的老人。前一个"老"是动词,养老;后两个"老"是名词,老人。下句的句法相同,前一个"幼"是动词,抚养;后两个"幼"是名词,指孩子。　⑩ 然:这样。王(wàng):用作动词,以仁政治理天下。　⑪ 天时:这里大约指与作战有关的阴晴寒暑等天气条件。地利:指下文所说的城高、池深等地理条件。　⑫ 人和:人们内部的团结、和谐。　⑬ "三里"两句:城是内城,郭是外城,也有人认为应作"三里之城,五里之郭"。　⑭ 环:包围。　⑮ 池:城外的壕沟。　⑯ 兵革:兵器和甲胄。坚利:坚固锋利。　⑰ 米粟:粮食。　⑱ 委:弃,指守者弃城而去。　⑲ 所恶勿施:所憎恶的事不要施加给他们。恶(wù):憎恶,不喜欢。　⑳ 尔也:如此而已。　㉑ 社稷:指代国家。社,土神;稷,谷神。　㉒ 丘民:指老百姓。丘,古代的土地单位,一丘等于十六井。　㉓ 变置:废旧立新。

思考与练习

1. 你认为"为政以德"的意义何在?
2. "其身正,不令而行"二句在文中是针对什么人讲的?有什么现实意义?
3. 联系孟子的有关论述,说说范仲淹的"先天下之忧而忧,后天下之乐而乐"是怎样继承和发展传统儒家思想的。
4. 孟子认为怎样才能够"得民心"?你怎样评价孟子的这些看法?

相关链接

孔子之死

孔子病了,子贡(即端木赐)前往拜见。孔子正扶杖在门前散步,说:"赐呀,你来得为何这么迟呵?"孔子叹息着,唱道:"泰山崩溃了!栋梁摧折了!哲人衰萎了!"眼泪随即流下来,对子贡说:"天下无道已经太久了,没有人信奉我的学说……"七天后便去世了。

据《史记·孔子世家》译写

孟子作《孟子》

孟子学通了儒家之道后,游说齐宣王,宣王不能用。来到梁国,梁惠王违背事先的许诺,认为他太迂腐,不合事宜。当时,秦用商鞅,富国强兵;楚、魏用吴起,战胜弱敌;齐威王、宣王用孙子、田忌这类人,诸侯都去朝拜齐国。天下正忙着合纵连横,以攻战为上策,而孟轲却阐述尧、舜、禹的德政,所以所到之处便不受欢迎。于是他退而与万章等学生讲论《诗》《书》,阐述孔子的思想,作《孟子》七篇。

据《史记·孟子荀卿列传》译写

孔孟语录 朗读

痀偻承蜩[1]

庄　子

学习提示

1. 成功来自不断努力地学习，需要专心致志、持之以恒。经验多了，熟能生巧，掌握到了某种工作的规律，就能成功。体会本文中所说的"道"蕴含着一种科学精神。
2. 这则寓言阐述做事求得成功的道理，生动形象，趣味盎然，有艺术感染力。

仲尼适楚[2]，出于林中，见痀偻者承蜩，犹掇之也[3]。仲尼曰："子巧乎！有道邪[4]？"曰："我有道也。五六月[5]累丸二而不坠[6]，则失者锱铢[7]；累三而不坠，则失者十一[8]；累五而不坠，犹掇之也。吾处身也[9]，若厥株拘[10]；吾执臂也[11]，若槁木之枝[12]。虽天地之大，万物之多，而唯蜩翼之知[13]。吾不反不侧[14]，不以万物易蜩之翼，何为而不得！"孔子顾谓弟子曰："用志不分[15]，乃凝于神[16]，其痀偻丈人之谓乎[17]！"

> 驼背者捕蝉轻易之至，原因何在？
>
> 用比喻极言专心之至。
>
> "用志不分，乃凝于神"，我们做任何事都应具备这种专心用力的科学态度，这也是从事任何职业的基础。

庄子

---

[1] 选自《庄子·达生》。痀偻(jū lóu，又读 gōu lóu)：驼背。承：用长竿取物。蜩(tiáo)：蝉。庄子(约前369—前286)：名周，战国时宋国蒙(今河南商丘东北)人，曾做过蒙国漆园吏。他是老子以后道家的代表人物，后世把他与老子并称为"老庄"。庄子家贫，鄙视富贵利禄，拒绝与统治者合作，一生过着清苦的生活。他对当时不合理的生活现实有所揭露、抨击。他认为一切事物无不在变化之中，应顺应自然，追求无为而无所不为。文章纵横恣肆，想象丰富，辞藻瑰奇，机智飞动，富有浪漫主义色彩。　[2] 仲尼：孔子的字。适：往，去到。　[3] 掇(duō)：拾取。　[4] 道：方法。　[5] 五六月：指夏季五六两个月，这时正是捕蝉时节。一说是学习捕蝉经五六个月的时间。　[6] 累丸二而不坠：在竿顶上摞两个小弹丸而不会掉下来。累，累叠。摞。　[7] 锱(zī)铢(zhū)：古代重量单位，六铢为一锱，四锱为一两。比喻数量的微小。　[8] 十一：十分之一。　[9] 处：安置。身：身体。　[10] 厥：同"橛"，小木桩。也有解释为"竖"的。株拘：也作"株枸"，斫残的树桩。　[11] 执：举。　[12] 槁：枯干。　[13] 唯蜩翼之知：即唯知蜩翼，这是宾语前置。意思是心目中只知蝉翼。　[14] 不反不侧：指身体一动也不动。　[15] 用志不分：用心专一。　[16] 凝于神：精神高度集中。　[17] 其痀偻丈人之谓乎：大概就是说的痀偻老人吧。

思考与练习

1. 请将这篇短文译成白话文。
2. 文末孔子对弟子讲了三句话,对你有什么启示?你能从中悟出现代人应具有的科学态度吗?

相关链接

试把下列《庄子·秋水》中的一则寓言《惠子相梁》加上标点,并把这篇寓言的用意写出来。

惠子相梁庄子往见之或谓惠子曰庄子来欲代子相于是惠子恐搜于国中三日三夜庄子往见之曰南方有鸟其名为鹓鶵子知之乎夫鹓鶵发于南海而飞于北海非梧桐不止非练实不食非醴泉不饮于是鸱得腐鼠鹓鶵过之仰而视之曰吓今子欲以子之梁国而吓我邪

佝偻承蜩 朗读

召公谏厉王弭谤[1]

《国 语》

> **学习提示**
>
> 1. 本文通过周厉王压制舆论("弭谤")的下场和召公的谏词,说明执政者广开言路、多方听取意见的重要性,这在今天仍具有借鉴意义。
> 2. 本文叙述、议论相结合。召公的谏词(议论)是全文的重心,可分三层:①压制舆论的危害;②广开言论的途径;③广开言论的益处。
> 3. 谏词前后叙述周厉王"弭谤"的过程和下场,形成因果关系,首尾呼应。

厉王虐[2],国人谤王。召公告王曰[3]:"民不堪命矣[4]。"王怒。得卫巫[5],使监谤者[6]。以告,则杀之[7]。国人莫敢言,道路以目[8]。王喜。告召公曰:"吾能弭谤矣[9],乃不敢言!"

召公曰:"是障之也[10]。防民之口,甚于防川。川壅而溃[11],伤人必多;民亦如之。是故为川者决之使导[12],为民者宣之使言[13]。故天子听政,使公卿至于列士献诗[14],瞽献曲[15],史献书[16],师箴[17],

> 周厉王由"虐"而"怒",由"怒"而"杀",由"杀"而"喜",几个动词,一段过程,何等简省!其今日之"喜",正伏他日之祸。巧用比喻。正意、喻意,相合成文。

---

[1] 选自《国语·周语上》,上海古籍出版社2015年版,有改动,题目是另加的。《国语》:国别体史书,记载先秦周穆王至周定王时期周、鲁、齐、晋等八国史实,共二十一卷,七万多字。作者大约是战国初期的一位史学家。 [2] 厉王:即周厉王,公元前877年即位,前841年被放逐到彘(今山西霍州)。虐:残暴狠毒。 [3] 召(shào)公:即召穆公,名虎,周的卿士。"召"一作"邵"。 [4] 民不堪命:人民受不了您的政令了。命,指周厉王暴虐的政令。 [5] 卫巫:卫国的巫者。 [6] 监:监视。 [7] 以告,则杀之:只要把谤者报告给周厉王,便将那人杀掉。 [8] 道路以目:意谓人们在路上不敢互相讲话,只能以目光示意。 [9] 弭(mǐ):消除,制止。 [10] 障:防水堤。这里用作动词,堵。 [11] 川壅而溃:河道堵塞了,就会溃决泛滥。壅,堵塞。 [12] 为川者:治水的人。决:排除。导:疏通。 [13] 为民者:治理人民的人。宣之:开导他们。 [14] 公卿:指朝廷高官。列士:周时士有上、中、下三等,总称"列士"。献诗:进献讽谏的诗。 [15] 瞽献曲:乐师进献(反映民情的)歌曲。瞽(gǔ),盲人。古代乐师多用盲人,他们采集民间的歌曲。 [16] 史:史官。书:指史籍,其中包含历史上兴衰得失的经验教训,可资借鉴。 [17] 师:少师,一种乐官。箴(zhēn):箴言,一种含有劝诫意义的类似格言的文词。这里用作动词,指进献箴言,使君王引以为鉴。

> "献诗""献曲"云云，无非极言广开言路，乃铺陈之法，不必细究。
>
> "国人莫敢出言"与开头"国人莫敢言"遥相呼应。但这回是"在沉默中爆发"了。看他周厉王还"喜"否？

瞍赋①，矇诵②，百工谏③，庶人传语④，近臣尽规⑤，亲戚补察⑥，瞽、史教诲⑦，耆艾修之⑧：而后王斟酌焉⑨。是以事行而不悖⑩。民之有口，犹土之有山川也，财用于是乎出⑪。犹其有原隰衍沃也⑫，衣食于是乎生。口之宣言也⑬，善败于是乎兴⑭。行善而备败⑮，所以阜财用衣食者也⑯。夫民虑之于心而宣之于口，成而行之⑰，胡可壅也⑱？若壅其口，其与能几何⑲？"

王弗听。于是国人莫敢出言。三年乃流王于彘⑳。

思考与练习

1. 什么是"弭谤"？周厉王"弭谤"的实质是什么？结果如何？说说本文的现实借鉴意义。
2. 召公的谏词可分为几个层次？各层的大意是什么？
3. 说说召公谏词中运用的几组比喻及其喻意。
4. 召公认为"天子听政"应该是怎样广泛听取意见批评的？这是一种什么表现手法？
5. 本文是怎样首尾呼应的？

---

① 瞍(sǒu)：盲人。眼里没瞳仁的盲人叫"瞍"。赋：一种朗诵方式，这里指向君王朗诵公卿列士所献的诗。　② 矇：也是一种盲人，有瞳仁而看不见东西者。"矇诵"与"瞍赋"意义相近。　③ 百工：各种工匠。谏：批评，提意见。　④ 庶人：平民。传语：指将他们对时政的意见通过各级官吏传告给君王。　⑤ 近臣：君王左右的大臣。尽规：尽力规谏。　⑥ 亲戚：指与君王同宗的大臣。补：补救君王的过失。察：监察君王的行为。　⑦ 瞽、史教诲：指前述"瞽献曲，史献书"以对君王进行教诲。　⑧ 耆、艾：指朝廷元老。六十岁叫耆(qí)，五十岁叫艾。修之：将瞽、史的教诲加以修饰整理。　⑨ 斟酌：考虑，这里指君王考虑去取并付之实行。　⑩ 悖(bèi)：违背。这里指违背情理。　⑪ 财用：财富、用度。是：这，这里，指山川。　⑫ 其：指土地。原：宽阔平坦的土地。隰(xí)：低下潮湿的土地。衍：低下平坦的土地。沃：有河流灌溉的土地。　⑬ 口之宣言：指人民用口发表意见。宣：表达。　⑭ 善败于是乎兴：国家政事的好坏便由此体现出来。兴：起，出来。　⑮ 行善而备败：推行人民认为好的，防止人民认为坏的。　⑯ 所以：用来。阜：增多。　⑰ 成而行之：指老百姓的话考虑成熟就自然流露出来。　⑱ 胡：疑问代词，怎么。　⑲ 其与能几何：能有什么帮助呢？与：助。　⑳ 三年：指过了三年，也指过了几年。三，古汉语中常表示多数。流：流放，放逐。彘(zhì)：晋地，在今山西省霍州市。

60　大学语文

相关链接

厉王被逐之后

厉王的太子静躲在召公家里,国人听说后,就把这里围了起来。召公说:"以前我极力劝谏大王,大王不听,以至落到这般困境。现在如果杀了太子,大王岂不要把我当成仇人而痛恨我吗?事奉诸侯的人,艰险而不怨恨,埋怨而不愤怒,何况事奉大王呢!"于是便以他自己的儿子代替王太子,太子终得脱险。

召公、周公二位国相摄政,号为"共和"。共和十四年,厉王死于彘。太子静在召公家长大,二位国相一起立他为王,便是宣王。

据《史记·周本纪》译写

召公谏厉王弭谤 朗读

项羽本纪赞①

司马迁

学习提示

1. 评论人物每以成功或失败来评判,成王败寇。这种方法不足为训。
2. 司马迁对项羽不是简单、轻率立论。他实事求是地对项羽一生事迹具体分析,热情赞赏他反抗暴秦的战绩,同时也对他的失败表示惋惜。
3. 楚汉之争中,项羽不用贤能之士,刚愎自用,迷信武力,缺乏自知之明,造成许多过失,却将失败归于天意。司马迁对项羽败亡原因分析入理,颇有见地,对后人有很大启发。

"吾闻""又闻",皆乃听说之言,显然作者并不相信。

因太残暴,终必失败。

灭秦之功,终究可嘉。
写项羽接连失策。

太史公曰:吾闻之周生曰②"舜目盖重瞳子"③,又闻项羽亦重瞳子。羽岂其苗裔邪④?何兴之暴也⑤!夫秦失其政,陈涉首难,豪杰蜂起,相与并争,不可胜数。然羽非有尺寸⑥,乘势起陇亩之中⑦,三年,遂将五诸侯灭秦⑧,分裂天下,而封王侯,政由羽出⑨,号为"霸王",位虽不终⑩,近古以来未尝有也。及羽背关怀楚⑪,放

司马迁

---

① 选自《史记·项羽本纪》,中华书局2013年版。"赞"略等于一个总评,放在列传、本纪结尾,一般用于颂扬,也可有所评议、责问。是司马迁的首创,后来史书多有仿制。司马迁(约前145或前135—?):字子长,夏阳(今陕西韩城)人,西汉史学家,《史记》的作者。《史记》是我国最早的一部纪传体通史。 ② 周生:汉代一个不知其名的儒家学者。 ③ 重瞳子:一个眼睛里有两个瞳仁(眸子)。 ④ 苗裔:后代子孙。 ⑤ 暴:突然。 ⑥ 非有尺寸:没有一点极小的封地、权势可凭借。 ⑦ 陇亩:田间,这里指民间。 ⑧ "遂将"句:就率领齐、赵、韩、魏、燕五诸侯国的起义部队消灭秦国。 ⑨ 政:政令。 ⑩ 不终:最终没有取得好结果。指项羽的权势地位未能保持终久。 ⑪ 背关怀楚:背弃关中,怀念楚地。这是指项羽反秦胜利后,竟失策没有据守关中,却是回到原来的楚地,在彭城(今江苏徐州)建都。

逐义帝而自立①,怨王侯叛己,难矣。自矜功伐②,奋其私智而不师古③,谓霸王之业,欲以力征经营天下④,五年卒亡其国,身死东城⑤,尚不觉寤而不自责⑥,过矣⑦。乃引"天亡我,非用兵之罪也"⑧,岂不谬哉!

> 不觉悟、不自责已是大过,委过于天,更显荒谬。

思考与练习

1. 为什么简单、轻率地"以成败论英雄"不足为训?
2. 指出本文中赞扬、惋惜项羽,以及严肃批评项羽终于失败的实际原因的文句。
3. 读完本文后,是否感到有一种很强的艺术感染力?

霸王别姬

相关链接

马迁行文,深得累叠之妙,如本篇末写项羽"自度不能脱",一则曰"此天之亡我,非战之罪也",再则曰:"令诸君知天亡我,非战之罪也",三则曰:"天之亡我,我何渡为!"心已死而意犹未平,认输而不服气,故言之不足,再三言之也。

钱锺书《管锥编》第一册第273页

"言语呕呕"与"喑噁叱咤","恭敬慈爱"与"剽悍滑贼","爱人礼士"与"妒贤嫉能","妇人之仁"与"屠阬残灭","分食推饮"与"玩印不予",皆若相反相违;而既具在羽一人之身,有似两手分书、一喉异曲,则又莫不同条共贯,科以心学性理,犁然有当。《史记》写人物性格,无复综如此者。谈士每以"虞兮"之歌,谓羽风云之气而兼儿女之情,尚粗浅乎言之也。

钱锺书《管锥编》第一册第275页

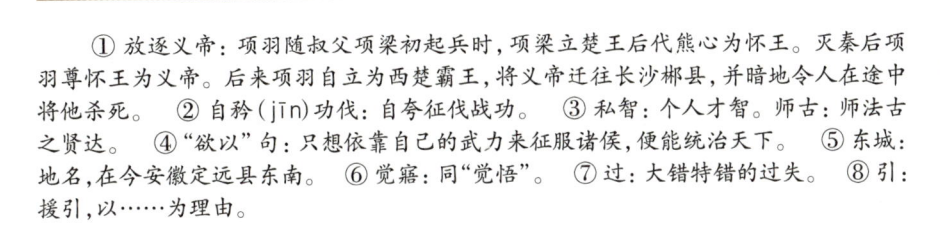

---

① 放逐义帝:项羽随叔父项梁初起兵时,项梁立楚王后代熊心为怀王。灭秦后项羽尊怀王为义帝。后来项羽自立为西楚霸王,将义帝迁往长沙郴县,并暗地令人在途中将他杀死。 ② 自矜(jīn)功伐:自夸征伐战功。 ③ 私智:个人才智。师古:师法古之贤达。 ④ "欲以"句:只想依靠自己的武力来征服诸侯,便能统治天下。 ⑤ 东城:地名,在今安徽定远县东南。 ⑥ 觉寤:同"觉悟"。 ⑦ 过:大错特错的过失。 ⑧ 引:援引,以……为理由。

项羽本纪赞朗读

曾国藩家书

谕纪鸿[1]

曾国藩

学习提示

1. 在这封家书中，曾国藩晓以修身齐家、读书做人之理，告诫儿子勤俭自持，保持寒素家风，不要沾染官宦气息；养成勤奋的习惯，不必看重功名富贵，重要的是把自己培养成读书明理的君子。
2. 曾国藩教育孩子，是在点滴的学问商讨中，在日常生活的琐事中，不忘督促其上进，教给他们做人和治学的道理。情意真挚，倾注了一片慈父之心。
3. 曾国藩勇于承认缺点，在子女面前不遮丑，是严谨做人的典范。全文语气切实中肯，语重心长，读后令人感慨。

读书，只为做明理之君子。
勤俭，乃居家长久之计。

身教重于言教。

以勤、苦、俭、约养家，去骄、奢、懒、息之心。

勤俭自持，习劳习苦，莫坠家风。
字谕纪鸿儿：
家中人来营者，多称尔举止大方，余为少慰。凡人多望子孙为大官，余不愿为大官，但愿为读书明理之君子。勤俭自持，习劳习苦，可以处乐，可以处约，此君子也。余服官二十年，不敢稍染官宦气习，饮食起居，尚守寒素家风，极俭也可，略丰也可，太丰则吾不敢也。

凡仕宦之家，由俭入奢易，由奢返俭难。尔年尚幼，切不可贪爱奢华，不可惯习懒惰。无论大家小家，士农工商，勤苦俭约，未有不兴，骄奢倦息，未有不败。尔读书写字，不可间断，早晨要

---

[1] 选自《曾国藩全集·家书（一）》，岳麓书社1985年版。纪鸿：即曾纪鸿，曾国藩之子，在数学领域颇有成就，有相关专著数种传世。曾国藩（1811—1872）：字伯涵，号涤生，湖南湘乡人。曾任翰林院检讨、礼部右侍郎署吏部左侍郎，四川、江西乡试正考官等职。咸丰三年（1853）奉旨在湘办团练，组织湘军，镇压太平军起义。官至两江总督、体仁阁大学士、武英殿大学士、直隶总督等。曾国藩是儒家正统道学家，论学主张义理、经济、考证、辞章并重，继承桐城派并将其发展形成为"湘乡派"。著有《曾文正公全集》。

早起,莫坠高曾祖考以来相传之家风。吾父吾叔,皆黎明即起,尔之所知也。

凡富贵功名,皆有命定,半由人力,半由天事。惟学作圣贤,全由自己作主,不与天命相干涉。吾有志学为圣贤,少时欠居敬工夫,至今犹不免偶有戏言戏动。尔宜举止端庄,言不妄发,则入德之基也。手谕。时在江西抚州门外

　　　　　　咸丰六年九月二十九夜

立志为圣贤。

坦言亮短,意在率范。

思考与练习

1. 怎样理解"学作圣贤,全由自己作主,不与天命相干涉"的含义?

2. 儒家将"修身齐家治国平天下"作为人生的追求目标。根据这封信,谈谈你对"修身齐家"与"治国平天下"关系的认识。

3. 结合自己的实际,谈谈阅读本文的体会。

曾国藩

居家之道

相关链接

　　曾国藩治家,以恪守祖训为要务。曾氏先世原为半耕半读的家庭,故其遗留的家训有"书蔬鱼猪早扫考宝"等八项规定。曾国藩为了使家人不忘祖训,曾将它编成家规,称为"八字诀",教导后人。他在给四弟的信中解释说:早,即早起;扫,即打扫房屋;考,即祭祀祖先;宝,即善待亲族邻里,时时周旋,贺喜吊丧,问病济贫;书,即读书;蔬、鱼、猪,则是要求子弟们参加农副业劳动。

相关链接

勤 俭 持 家

  作为晚清重臣,曾国藩虽然权绾四省,位列三公,但他一直谨守勤俭家风,治家力崇节俭。他每天吃饭,皆以蔬菜为主,荤菜只限一道,有客人时则稍微增加一点,故时人戏称他为"一品"宰相。他的房子里除了书和衣服之外,就是从老家带去的几个竹箱子,所有的衣物不值三百金。相传他三十岁时,曾缝制了一件天青色绸马褂,平常一般不穿,只是遇到喜庆或过年才偶尔穿几回,因此,尽管三十多年过去了,这件衣服看上去还像新的一样。曾氏兄弟皆为高官,家中客人比较多,子孙也逐渐增多,原来的住房不够用,他的九弟便花了三千串钱,新建了一所房子。曾国藩知道后勃然大怒,马上写信责骂其弟,并说:"新房子住进去容易,想搬出来可就难了!我这一辈子都不会住此新屋的!"曾国藩说到做到,他一生果然没有跨进这所新屋子。

中国人失掉自信力了吗[①]

鲁　迅

学习提示

1. 写作背景：1934年，日本帝国主义已侵占东北三省和河北省，直逼北平、天津。
2. 这是一篇驳论文，针对"中国人失掉自信力了"的错误观点进行批驳。
3. 本文体现了鲁迅杂文短小精练、观点鲜明、分析透彻的特色。

从公开的文字上看起来：两年以前，我们总自夸着"地大物博"，是事实；不久就不再自夸了，只希望着国联[②]，也是事实；现在是既不夸自己，也不信国联，改为一味求神拜佛[③]，怀古伤今了——却也是事实。

于是有人慨叹曰：中国人失掉自信力了。

如果单据这一点现象而论，自信其实是早就失掉的。先前信"地"，信"物"，后来信"国联"，都没有相信过"自己"。假使这也算一种"信"，那也只能说中国人曾经有过"他信力"，自从对国联失望之后，便把这他信力都失掉了。

失掉了他信力，就会疑，一个转身，也许能够只相信了自己，倒是一条新生路，但不幸的是逐渐玄虚起来了。信"地"和"物"，还是切实的东西，国联就渺茫，不过这还可以令人不久就省悟到依赖它的不可靠。一到求神拜佛，可就玄虚之至了，有益或是有害，一时就找不出分明的结果来，它可以令人更长久的麻醉

> 列举三个"事实"，本文批驳的观点就是以这些事实为依据的。

鲁　迅

[①] 选自《且介亭杂文》，人民文学出版社1973年版。本文最初发表于1934年10月20日《太白》半月刊第1卷第3期，署名公汗。后由作者编入《且介亭杂文》。　[②] 国联：国际联盟的简称。它是第一次世界大战之后成立的国际组织，从名义上说，它的职责之一是在于调解国际纠纷，但在实际上则是在所谓"调解"的名义掩盖之下，维护帝国主义国家对殖民地半殖民地国家的侵略。1932年4月国际联盟派李顿率领国联调查团，到中国东北调查"九一八"事变，在10月2日发表的所谓国际联盟调查团报告书（也称李顿报告书）中竟说日本侵入东北，是由于中国社会的"混乱"以及中国民众经常的"排外"所致，等于承认了日本在中国东北有特殊的地位。　[③] 指1934年4月间在杭州举行的"时轮金刚法会"。它是佛教密宗中的一种仪式。

着自己。

中国人现在是在发展着"自欺力"。

"自欺"也并非现在的新东西,现在只不过日见其明显,笼罩了一切罢了。然而,在这笼罩之下,我们有并不失掉自信力的中国人在。

我们从古以来,就有埋头苦干的人,有拚命硬干的人,有为民请命的人,有舍身求法的人,……虽是等于为帝王将相作家谱的所谓"正史",也往往掩不住他们的光耀,这就是中国的脊梁。

这一类的人们,就是现在也何尝少呢?他们有确信,不自欺;他们在前仆后继的战斗,不过一面总在被摧残,被抹杀,消灭于黑暗中,不能为大家所知道罢了。说中国人失掉了自信力,用以指一部分人则可,倘若加于全体,那简直是诬蔑。

要论中国人,必须不被搽在表面的自欺欺人的脂粉所诓骗,却看看他的筋骨和脊梁。自信力的有无,状元宰相的文章是不足为据的,要自己去看地底下。

九月二十五日

> 三个"力"的概括十分鞭辟入里。

> 对方的错误在于把部分当整体,将"中国人"视为铁板一块,不加区分。

思考与练习

1. 分析"中国人失掉自信力了"的观点是怎样产生的。
2. 为什么鲁迅要说"状元宰相的文章是不足为据的,要自己去看地底下"?
3. 本文的主要观点是什么?
4. 找出本文中的论据,说说它们在论证中起到的作用。
5. 对于本文的历史价值与现实意义,你有何认识与感想?

鲁迅三味书屋

相关链接

　　与思想的天马行空相适应,鲁迅杂文的语言也是自由无拘而极富创造力的。……鲁迅是那样自如地驱遣着中国汉语的各种句式:或口语与文言句式交杂;或排比、重复句式的交叉运用;或长句与短句、陈述句与反问句的相互交错,混合着散文的朴实与骈文的华美与气势,真可谓"声情并茂"。鲁迅的杂文可以说把汉语的表意、抒情功能发挥到了极致。

　　　　　　　　钱理群等《中国现代文学三十年》

　　论辩性是鲁迅杂文最突出的特点。他曾经说过:"战斗的作者应该注重于'论争'。"(《南腔北调集·辱骂和恐吓决不是战斗》)实际上,他自己的绝大多数杂文,都是论争的产物。论辩要有令人信服的力量,这首先来自事实。所以,鲁迅十分注重事实。他在获取事实之后,又总是努力去发现这种事实的历史渊源,在现实与历史比照中,去寻找论辩的有力依据。

　　　　　　　　唐金海等《20世纪中国文学通史》

容忍与自由[①]

胡 适

> **学习提示**
>
> 1. 在封建专制和法西斯主义制度下,毫无民主可言,真理的声音遭到禁锢,许多人因言获罪,这样的社会终会失尽民心而崩溃。本文就是对这一现象的批判。
> 2. 学术领域常有不同见解存在,如果一律禁止,不许讨论、分辨,科学便不能进步、发展。
> 3. 胡适在经过四十多年的深切体验后,重提旧事,告诫我们千万再不要重蹈过去偏激思想的覆辙,只有允许各抒所见,互相尊重,共建和谐社会的目标才能达到。

标明题旨,引导读者急切想知道为什么没有容忍就没有自由。

十七八年前,我最后一次会见了母校康耐尔大学的史学大师布尔先生(George Lincoln Burr)。我们谈到英国史学大师阿克顿(Lord Acton)一生准备要著作一部"自由之史"没有完成他就死了。布尔先生那天谈话很多,有一句话我至今没有忘记。他说,"我年纪越大,越感觉到容忍(tolerance)比自由还更重要"。

布尔先生死了十多年了,他这句话我越想越觉得是一句不

[①] 原载于台湾省出版的《自由中国》1959年3月16日第20卷第6期。已被选入《中国新文学大系》(1949—1976)《杂文卷》,上海文艺出版社1997年版。胡适(1891—1962):现代文、史、哲著名学者,思想家,教育家。青年时代留学美国,攻读哲学、文学。1917年回国后,任北京大学教授,宣扬民主、科学,倡导反封建的新文化运动,发表《文学改良刍议》《文学进化观念与戏剧改良》等文章,率先从事白话新诗与文学史的写作,成为五四新文学运动的一位主要代表人物。他在我国哲学史、文学史、古典小说和古籍整理等多个领域的研究工作中,都有重要成果。主要著作有《尝试集》《白话文学史》《中国哲学史大纲》《中国章回小说考证》《胡适文存》(共三集)等。

可磨灭的格言。我自己也有"年纪越大,越觉得容忍比自由还更重要"的感想。有时我竟觉得容忍是一切自由的根本;没有容忍,就没有自由。

我十七岁的时候(一九〇八)曾在《竞业旬报》上发表几条"无鬼丛话",其中有一条是痛骂小说《西游记》和《封神榜》的,我说:

> "王制"有之①:"假于鬼神时日卜筮以疑众②,杀。"吾独怪夫数千年来之掌治权者,之以济世明道自期者③,乃懵然不之注意④,惑世诬民之学说得以大行,遂举我神州民族投诸极黑暗之世界!……

敢于以自己过去很不容忍的态度为例,坦率、亲切。

这是一个小孩子很不容忍的"卫道"态度⑤。我那时候已是一个无鬼论者,所以发出那样摧除迷信的狂论,要实行"王制"(《礼记》的一篇)的"假于鬼神时日卜筮以疑众,杀"的一条经典。

我在那时候当然没有梦想到说这话的小孩子在十五年后(一九二三)会很热心的给《西游记》作两万字的考证!我在那时候当然更没有想到那个小孩子在二三十年后还时时留心搜求可以考证《封神榜》的作者的材料!我在那时候也完全没有想想"王制"那句话的历史意义。那一段"王制"的全文是这样的:

> 析言破律,乱名改作,执左道以乱政⑥,杀。作淫声异服奇技异器以疑众⑦,杀。行伪而坚,言伪而辩,学非而博,顺非而泽以疑众⑧,杀。假于鬼神时日卜筮以疑众,杀。此四诛者⑨,不以听⑩。

胡 适

我在五十年前,完全没有懂得这一段说的"诛"正是中国专制体制下禁止新思想、新学术、新信仰、新艺术的经典的根据。

---

①"王制":儒家经典《礼记》中的一篇。《礼记》亦称《小戴记》或《小戴礼记》,是秦汉以前各种礼仪论著的选集。相传是西汉戴胜所编纂。有49篇,包括著名的《礼运》《学记》《乐记》《大学》《中庸》《王制》等篇在内。是研究中国古代社会情况、儒家学说、典章文物制度的要籍。 ②假于鬼神时日卜筮(shì)以疑众:意谓假借鬼神的名义,经常用蓍草占卜的迷信举动来疑惑群众。 ③以济世明道自期者:意谓期望自己能够成为禆补时艰、阐明大道理的人,即有心于关怀世事的志士仁人。 ④懵(měng)然:糊里糊涂、不明事理的样子。 ⑤卫道:保卫自己所信其实未必都对的道理。用时一般含有贬义。 ⑥"析言破律"句:意谓这种剖析言辞,破坏法律,实际是舞文弄法;变乱名物,擅改制度,诸如此类,都是持其不合正道的思想,用来搞乱政治。左道,左道旁门的思想道路。 ⑦"淫声异服奇技异器"句:意谓倡导放荡的音乐、奇异的服装和怪诞的技法与器物借以疑惑群众。因此都不合"先王之道"。 ⑧"行伪而坚"句:意谓行为虚伪却坚执不改,言论虚伪却能说会道,学识不正却大肆夸口,顺从错误却文过饰非,如此疑惑群众。 ⑨诛:原意谓把罪人杀掉。这里指《王制》中所举四种该杀无赦、不必再审的理由。 ⑩"此四诛者,不以听"句:意谓对凡犯了这四种该杀之罪的人,应决然杀掉,不必再审问、听取什么意见。

容忍与自由

  我在那时候抱着"破除迷信"的热心,所以拥护那"四诛"之中的第四诛,"假于鬼神时日卜筮以疑众,杀"。我当时完全没有想到第四诛的"假于鬼神……以疑众"和第一诛的"执左道以乱政"的两条罪名都可以用来摧残宗教信仰的自由。我当时也完全没有注意到郑玄注里用了公输般作"奇技异器"的例子①,更没有注意到孔颖达"正义"里举了"孔子为鲁司寇七日而诛少正卯"的例子来解释"行伪而坚,言伪而辩,学非而博,顺非而泽以疑众,杀"②。故第二诛可以用来禁绝艺术创作的自由,也可以用来"杀"许多发明"奇技异器"的科学家。故第三诛可以用来摧残思想的自由,言论的自由,著作出版的自由。

> 自责当时的无知、狂言、迷信"经典"会摧残宗教信仰等应有的自由。

  我在五十年前引用了"王制"第四诛,要"杀"《西游记》《封神榜》的作者。那时候我当然没有梦想到十年之后我在北京大学教书时就有一些同样"卫道"的正人君子也想引用"王制"的第三诛,要"杀"我和我的朋友,当年我要"杀"人,后来人要"杀"我,动机是一样的:都是因为动了一点正义的火气,就失掉容忍的度量了。

> 自己年少无知,自以为是,光有一点正义的火气,失掉容忍不同意见的度量。

  我自己叙述五十年前主张"假于鬼神时日卜筮以疑众,杀"的故事,为的是要说明我年纪越大,越觉得"容忍"比"自由"还更重要。

  我到今天还是一个无神论者,我不信有一个有意志的神,我也不信灵魂不朽的说法。

  我自己总觉得,这个国家、这个社会、这个世界,绝大多数人信神的,居然能有这雅量,能容忍我的无神论,能容忍我这个不信神不信灵魂不灭的人,能容忍我在国内和国外自由发表我的无神论的思想,从没有人因此用石头掷我,把我关在监狱里,或把我捆在柴堆上用火烧死。我在这个世界里居然享受了四十多年的容忍与自由。我觉得这个国家,这个社会,这个世界对我的容忍态度是可爱的,是可以感激的。

> 年长后知识多些后,生活经验多些后,才能全面些、深入些。这是过来人的经验教训,值得深思。

  所以我自己总觉得我应该用容忍的态度来报答社会对我的

---

  ①"郑玄注里用了"句:汉代郑玄有《礼记注》一书,注里用了公输般这个例子作为解释。公输般,春秋时鲁国人,公输氏,名般,亦作班、盘,通称鲁班。古代建筑大匠,被后代奉为木工的祖师。曾创造攻城的云梯、磨粉的碾。传说创造过多种非常奇巧的木制工具。　②"孔颖达'正义'里举了"句:唐代孔颖达有《礼记正义》一书,举了传说孔子杀少正卯的例子作为解释。少正卯相传是孔子同时代的人。《荀子·宥坐》最早载有这件事,说孔子为鲁国摄政,朝七日而杀少正卯,因少正卯兼有上述《王制》里的四诛等罪恶,不可不杀。清代学者考证,多否定孔子诛少正卯其人其事,认为《论语》《春秋》《左传》重要"经传"中都未留下传记痕迹,与孔子一贯思想也完全不合,非孔子所能为,也非孔子所需为。胡适当时似尚以为有此事。但主要意思在以"四诛"之类的理由为根据杀人,是极错误的。

容忍。所以我自己不信神，但我能诚心的谅解一切信神的人，也能诚心的容忍并且敬重一切信仰有神的宗教。

我要用容忍的态度来报答社会对我的容忍，因为我年纪越大，我越觉得容忍的重要意义。若社会没有这点容忍的气度，我决不能享受四十多年的大胆怀疑的自由，公开主张无神论的自由了。

在宗教自由史上，在思想自由史上，在政治自由史上，我们都可以看见容忍的态度是最难得、最稀有的态度。人类的习惯是喜同而恶异的，总不喜欢和自己不同的信仰、思想、行为。这就是不容忍的根源。不容忍只是不能容忍和我自己不同的新思想和新信仰。一个宗教团体总相信自己的宗教信仰是对的，是不会错的，所以它总相信那些和自己不同的宗教信仰必定是错的，必定是异端、邪教①。一个政治团体总相信自己的政治主张是对的，是不会错的，所以它总相信那些和自己不同的政治见解必定是错的，必定是敌人。

> 如果彼此都不能容忍不同的见解、信仰、行为，认为自己一定完全正确，不许别人的自由与创新，甚至还要打击、残杀，社会怎能进步呢？

一切对异端的迫害，一切对"异己"的摧残，一切宗教自由的禁止，一切思想言论的被压迫，都由于这一点深信自己是不会错的心理。因为深信自己是不会错的，所以不能容忍任何和自己不同的思想信仰了。

试看欧洲的宗教革新运动的历史②。马丁路德（Martin Luther）和约翰高尔文（John Calvin）等人起来革新宗教③，本来是因为他们不满意于罗马旧教的种种不容忍，种种不自由。但是新教在中欧、北欧胜利之后，新教的领袖们又都渐渐走上了不容忍的路上去，也不容许别人起来批评他们的新教条了。高尔文在日内瓦掌握了宗教大权，居然会把一个敢独立思想、敢批评高尔文的教条的学者塞维图斯（Servetus）定了"异端邪说"的罪名，把他用铁链锁在木桩上，堆起柴来，慢慢的活烧死。这是一五五三年十月二十三日的事。

> 用具体例子来具体说明，用历史经验来论证。应该有思想的自由，应敢独立思考问题，没有这种容忍态度，许多弊病就不能纠正，进步就不能实现。

---

① 异端、邪教：自以为完全正确，贬称不同于自己的思想为异端，不同于自己所信仰的为邪教。"异端"与"邪教"，都寓有犯罪之意的评判。　② 欧洲的宗教革新运动：16世纪欧洲新兴资产阶级在宗教改革旗帜下发动的一次大规模、反封建的社会政治运动，对西欧封建制度的主要支柱——以教皇为首的天主教会发动猛烈冲击，一定程度上冲击了封建势力。　③ 马丁·路德和约翰·高尔文：1517年，德国人马丁·路德发表《95条论纲》，揭开宗教改革的序幕。反对教皇对各国教会的控制，要求建立适合君主专制的新的教会和教义，深得市民上层和一部分德国诸侯的支持。法国人高尔文（1509—1564）受马丁·路德影响，1533年改信新教，1541年后长期定居日内瓦，建立新教教会，废除主教制，代之以长老制，在日内瓦建成政教合一的神权体制，成为一个宗教独裁者，主张与信条适合资产阶级激进派的要求。后曾以异端罪名处死西班牙科学家塞维图斯（1511—1553）等多人。高尔文或译为加尔文，塞维图斯或译为塞尔维特。

容忍与自由　73

> 每一个人都会有错误，以为自己不会犯错，绝对是永远正确的，那是大言不惭，自欺欺人。神化自己或神化别人，只能害人害己，毫无例外。

胡　适

这个殉道者塞维图斯的惨史①，最值得人们的追念和反省。宗教革新运动原来的目标是要争取"基督教的人的自由"和"良心的自由"。何以高尔文和他的信徒们居然会把一位独立思想的新教徒用慢慢的火烧死呢？何以高尔文的门徒（后来继任高尔文为日内瓦的宗教独裁者）柏时（Beze）竟会宣言"良心的自由是魔鬼的教条"呢？

基本的原因还是那一点深信我自己是"不会错的"的心理。像高尔文那样虔诚的宗教改革家，他自己深信他的良心确是代表上帝的命令，他的口和他的笔确是代表上帝的意志，那末他的意见还会错吗？他还有错误的可能吗？在塞维图斯被烧死之后，高尔文曾受到不少人的批评，一五五四年，高尔文发表一篇文字为他自己辩护，他毫不迟疑地说："严厉惩治邪说者的权威是无可疑的，因为这就是上帝自己的说话。……这工作是为上帝的光荣的战斗。"

上帝自己的说话，还会错吗？为上帝的光荣作战，还会错吗？这一点"我不会错"的心理，就是一切不容忍的根苗。深信我自己的信念没有错误的可能（infallible），我的意见就是"正义"，反对我的人当然都是"邪说"了。我的意见代表上帝的意旨，反对我的人的意见当然都是"魔鬼的教条"了。

这是宗教自由史给我们的教训：容忍是一切自由的根本；没有容忍"异己"的雅量，就不会承认"异己"的宗教信仰可以享受自由。但因为不容忍的态度是基于"我们的信念不会错"的心理习惯，所以容忍"异己"是最难得、最不容易养成的雅量。

在政治思想上，在社会问题的讨论上，我们同样的感觉到不容忍是常见的，而容忍总是很稀有的。我试举一个死了的老朋友的故事作例子。四十多年前，我们在《新青年》杂志上开始提倡白话文学的运动，我曾从美国寄信给陈独秀②，我说：

> 此事之是非，非一朝一夕所能定，亦非一二人所能定。甚愿国中人士能平心静气与吾辈同力研究此问题。讨论既熟，是非自明。吾辈已张革命之旗，虽不容退缩，然亦决不敢以吾辈所主张为必是而不容他人之匡正也。

独秀在《新青年》上答我道：

---

① 殉（xùn）道者：不惜为维护自己所崇信的道理而牺牲自己生命的人。　② 陈独秀（1879—1942）：字仲甫，安徽怀宁（今属安庆）人。早年留学日本。1915年起主编《新青年》杂志，1917年任北京大学文科学长，积极提倡民主与科学、文学革命，反对封建主义，是五四新文化运动的主要代表人物之一。五四运动后，他接受和宣传马克思主义，1921年，被选为中国共产党中央局书记、总书记。大革命后期，被党内认为犯了右倾投降主义错误，1929年终被开除出党。1932年，被国民党政府逮捕，1937年出狱，1942年在四川江津（今属重庆）逝世。

> 鄙意容纳异议，自由讨论，固为学术发达之原则，独于改良中国文学当以白话为正宗之说，其是非甚明，必不容反对者有讨论之余地；必以吾辈所主张者为绝对之是，而不容他人之匡正也。……

我当时就觉得这是很武断的态度。现在四十多年之后，我还忘不了陈独秀这一句话，我还觉得这种"必以吾辈所主张者为绝对之是"的态度是很不容忍的态度，是最容易引起别人的恶感，是最容易引起反对的。

我曾说过，我应该用容忍的态度来报答社会对我的容忍。现在常常想，我们还得戒律自己[①]：我们若想别人容忍谅解我们的见解，我们必须先养成能够容忍谅解别人的见解的度量。至少至少我们应该戒约自己决不可"以吾辈所主张者为绝对之是"。我们受过实验主义的训练的人，本来就不承认有"绝对之是"，更不可以"以吾辈所主张者为绝对之是"。

思考与练习

1. 自由讨论，真理愈辩愈明，就能有所创新。贯彻"双百"方针，鼓励独立思考，容忍不同见解，交流互补，万虑就可一致，殊途可能同归。对我国优秀文化传统中的这种包容精神，现今该如何发扬光大？

2. 陈独秀当年宣称"改良中国文学当以白话为正宗"，而"必不容反对者有讨论之余地，必以吾辈所主张者为绝对之是，而不容他人之匡正也"。对此，请说说你自己的看法。

相关链接

胡适"胡说"

1917年7月，26岁的胡适完成七年的留美学业，于9月10日就任北京大学教授。胡适应邀到某大学讲演，他引用孔子、孟子、孙中山的话，在黑板上写："孔说""孟说""孙说"。最后，他发表自己的意见时，黑板上的几个字引得哄堂大笑，原来他写的是——"胡说"。

---

① 戒律：意谓应该严肃地警诫自己不要再违犯。

防身三味药

相关链接

1960年，胡适应邀去台南成功大学为毕业生作了一场题为《一个防身药方的三味药》的讲演，给学生开了"一个防身药方的三味药"：

一是"问题丹"。胡适认为它是每个即将进入社会的大学生的"第一要紧的救命宝丹"，"问题是一切知识学问的来源"，"只要你有问题跟着你"，你就会克服种种困难解决它。

二是"兴趣散"。他说"每个人进入社会，总得多发展一点专门职业以外的兴趣"，这种专业之外的玩意儿，可以使生活"更有趣，更快乐，更有意思"。

三是"信心汤"。胡适用"努力不会白费"来鼓励青年，人无信心，百事难成，这是放之四海而皆准的真理，也是任何想成功、想取胜、想成才、想出类拔萃者不可或缺的一味"药"，当然，这个信心必须是建立在方向正确、方法得当、努力奋斗基础之上的。

论读书

林语堂

> **学习提示**
>
> 1. 这是作者20世纪30年代初在复旦大学、大夏大学的演讲稿。
> 2. 本文围绕"读书",谈了关于读书的目的、读书的方法、读书的要求等重要问题的个人意见。作者的观点具有现代性、批判性与启发性。
> 3. 观点简洁易记,举例说理充分,语言生活化、口语化,拉近与听众的距离,是本文演讲技巧上的特点。

本篇演讲只是谈谈本人对于读书的意见,并不是要训勉青年,亦非敢指导青年。所以不敢训勉青年有两种理由:第一,因为近来常听见贪官污吏到学校致训词,叫学生须有志操,有气节,有廉耻;也有卖国官僚到大学演讲,劝学生要坚忍卓绝,做富贵不能淫威武不能屈的大丈夫。孟子曰,人之患在好为人师,料想战国的土豪劣绅亦必好训勉当时的青年,所以激起孟子这样不平的话。第二,读书没有什么可以训勉。世上会读书的人,都是书拿起来自己会读。不会读书的人,亦不曾因为指导而变为会读。譬如数学,出五个问题叫学生去做,会做的人是自己脑里做出来的,并非教员教他做出,不会做的人经教员指导,这一题虽然做出,下一题仍旧非指导不可,数学并不会因此高明起来。我所要讲的话于你们本会读书的人,没有什么补助!于你们不会读书的人,也不会使你们变为善读书。所以今日谈谈,亦只是谈谈而已。

> 演讲以开门见山为好。直奔论题,以便拉近与听众的距离。

> 直言自己的话无助于听众,只是"谈谈而已",是放低身段之一法。让听众的期待值降低,反有意外收获之效果。

---

① 选自《林语堂散文选集》,百花文艺出版社2009年版,有改动。林语堂(1895—1976):福建龙溪(今属漳州)人,中国现代散文家、小说家。出身于基督教牧师家庭,1912年入上海圣约翰大学,毕业后任北京清华大学英文教员。1919年出国留学,获哈佛大学文学硕士,莱比锡大学语言学博士,回国后在北京大学任教授。曾创办《论语》等刊物,为"论语派"主要代表。一生著作甚丰,著有散文集及小说多种。

读书本是一种心灵的活动，向来算为清高。"万般皆下品，惟有读书高。"所以读书向称为雅事乐事。但是现在雅事乐事已经不雅不乐了。今人读书，或为取资格，得学位，在男为娶美女，在女为嫁贤婿，或为做老爷，踢屁股；或为求爵禄，刮地皮①；或为做走狗，拟宣言；或为写讣闻，做贺联；或为当文牍，抄账簿；或为做相士，占八卦；或为做塾师，骗小孩……诸如此类，都是借读书之名，取利禄之实，皆非读书本旨。亦有人拿父母的钱，上大学，跑百米，拿一块大银盾回家，在我是看不起的，因为这似乎亦非读书的本旨。

> 列举生活中种种不良的读书现象，为正名读书开路，并易于与听众产生共鸣。

今日所谈，亦非指学堂中的读书，亦非指读教授所指定的功课。在学校读书有四不可。（一）所读非书　学校专读教科书，而教科书并不是真正的书。今日大学毕业的人所读的书极其有限。然而读一部小说概论，到底不如读《三国》《水浒》，读一部历史教科书，不如读《史记》。（二）无书可读　因为图书馆极有限。（三）不许读书　因为在课室看书，有犯校规，例所不许，倘是一人自晨至晚上课，则等于自晨至晚被监禁起来，不许读书。（四）书读不好　因为处处受注册部干涉，毛孔骨节，皆不爽快。且学校所教非慎思明辨之学，乃记问之学。记问之学不足为人师，《礼记》早已说过。书上怎样说，你便怎样答，一字不错，叫做记问之学。倘是你能猜中教员心中要你如何答法，照样答出，便得一百分，于是沾沾自喜，自以为西洋历史你知道一百分，其实西洋历史你何尝知道百分之一。学堂所以非注重记问之学不可，是因为便于考试。如拿破仑生卒年月，形容词共有几种，这些不必用头脑，只需强记，然学校考试极其便当，差一年可扣一分？然而事实上于学问无补，你们的教员，也都记不得。要用时自可在百科全书上去查。又如罗马帝国之亡，有三大原因，书上这样讲，你们照样记，然而事实上问题极复杂。有人说罗马帝国之亡，是亡于蚊子（传布寒热症）。这是书上所无的。

> 由社会而学校，由远及近，但演讲者的批判意识贯之。

今日所谈的是自由的看书读书：无论是在校，离校，做教员，做学生，做商人，做政客，闲时的读书。这种的读书，所以开茅塞，除鄙见，得新知，增学问，广识见，养性灵。人之初生，都是好学好问，及其长成，受种种的俗见俗闻所蔽，毛孔骨节，如有一层包膜，失了聪明，逐渐顽腐。读书便是将此层蔽塞聪明的包膜剥下。能将此层剥下，才是读书人。并且要时时读书，不然便会鄙吝复萌，顽见俗见生满身上，一人的落伍，迂腐，冬烘，就是不

林语堂

> 正面提出自己的观点，都是短语，易讲易记。且提倡读书与学问的真谛是求知求真，是提高自身素质，很有新意。

---

① 刮：搜括的意思。刮地皮，比喻搜括民财。

78　大学语文

肯时时读书所致。所以读书的意义,是使人较虚心,较通达,不固陋,不偏执。一人在世上,对于学问是这样的:幼时认为什么都不懂,大学时自认为什么都懂,毕业后才知道什么都不懂,中年又以为什么都懂,到晚年才觉悟一切都不懂。大学生自以为心理学他也念过,历史地理他亦念过,经济科学也都念过,世界文学艺术声光化电,他也念过,所以什么都懂。毕业以后,人家问他国际联盟在那里,他说"我书上未念过",人家又问法西斯蒂在意大利成绩如何,他也说"我书上未念过",所以觉得什么都不懂。到了中年,许多人娶妻生子,造洋楼,有身分,做名流,戴眼镜,留胡子,拿洋棍,沾沾自喜,那时他的世界已经固定了:读《马氏文通》①是反动,节制生育是亡种逆天,提倡白话是亡国之先兆,《孝经》是孔子写的,大禹必有其人——意见非常之多而且确定不移,所以又是什么都懂。其实是此种人久不读书,鄙吝复萌所致。此种人不可与深谈。但亦有常读书的人,老当益壮,其思想每每比青年急进,就是能时时读书,所以心灵不曾化石,变为古董。

　　读书的主旨在于排脱俗气。黄山谷谓人不读书便语言无味,面目可憎。须知世上语言无味面目可憎的人很多,不但商界政界如此,学府中亦颇多此种人。然语言无味,面目可憎,在官僚商贾则无妨,读书人是不合理的。所谓面目可憎,不可作面孔不漂亮解,因为并非不能奉承人家,排出笑脸,所以"可憎";胁肩谄笑,面孔漂亮,便是"可爱"。若欲求美男子小白脸,尽可于跑狗场,跳舞场,及政府衙门中求之。有漂亮脸孔,说漂亮话的政客,未必便面目不可憎。读书与面孔漂亮没有关系,因为书籍并不是雪花膏,读了便会增加你的容辉。所以面目可憎不可憎,在你如何看法。有人看美人专看脸蛋,凡有鹅脸柳眉皓齿朱唇都叫做美人。但是识趣的人若李笠翁看美人专看风韵,李笠翁所谓三分容貌有姿态等于六七分,六七分容貌乏姿态等于三四分。有人面目平常,然而谈起话来,使你觉得可爱;也有满脸脂粉的摩登伽②,洋囡囡③,做花瓶④,做客厅装饰甚好,但一与交谈,风韵全无,便觉得索然无味。黄山谷所谓面目可憎不可憎,亦只是指读书人之议论风采说法。若《浮生六记》⑤的芸,虽非西施面目,并且前齿微露,我却觉得是中国第一美人。男子也是如是看法。章太炎脸孔虽不漂亮,王国维虽有一条辫子,但是他们是有风韵

林语堂

善于举日常生活的例子或听众熟悉的例子,并用贴近生活的口语,是演讲能抓住听众心灵的通常技法。

---

　　①《马氏文通》:是汉语语法书,作者马建忠,1898年由商务印书馆出版,为中国第一部有系统的语法专著。　②摩登伽:梵文译音,古代印度对游民的通称。　③洋囡囡:即洋娃娃,一种儿童玩具。　④花瓶:旧上海对银行、机关等女职员的侮称。　⑤《浮生六记》:清代沈复著的一部自传体作品,记叙作者与其妻陈芸的日常生活与各地游历见闻。

的，不是语言无味面目可憎的。简直可认为可爱。亦有漂亮政客，做武人的兔子姨太太，说话虽然漂亮，听了却令人作呕三日。

至于语言无味（着重"味"字），那全看你所读是什么书及读书的方法。读书读出味来，语言自然有味，语言有味，做出文章亦必有味。有人读书读了半世，亦读不出什么味儿来，那是因为读不合的书，及不得其读法。读书须先知味。这味字，是读书的关键。所谓味，是不可捉摸的，一人有一人胃口，各不相同，所好的味亦异。所以必先知其所好，始能读出味来。有人自幼嚼书本，老大不能通一经，便是食古不化勉强读书所致。袁中郎所谓读所好之书，所不好之书可让他人读之，这是知味的读法。若必强读，消化不来，必生疳积胃滞诸病。

口之于味，不可强同，不能因我之所嗜好以强人。先生不能以其所好强学生去读，父亲亦不得以其所好强儿子去读。所以书不可强读，强读必无效，反而有害，这是读书之第一义。有愚人请人开一张必读书目，硬着头皮咬着牙根去读，殊不知读书须求气质相合。人之气质各有不同，英人俗语所谓"在一人吃来是补品，在他人吃来是毒质"。因为听说某书是名著，因为要做通人，硬着头皮去读，结果必毫无所得。过后思之，如作一场恶梦。甚且终身视读书为畏途，提起书名来便头痛。萧伯纳①说许多英国人终身不看"莎士比亚"，就是因为幼年塾师强迫背诵种下的果。许多人离校以后，终身不再看诗，不看历史，亦是旨趣未到学校迫其必修所致。

所以读书不可勉强，因为学问思想是慢慢胚胎滋长出来。其滋长自有滋长的道理，如草木之荣枯，河流之转向，各有其自然之势。逆势必无成就。树木的南枝遮荫，自会向北枝发展，否则枯槁以待毙。河流过了矶石悬崖，也会转向，不是硬冲，只要顺势流下，总有流入东海之一日。世上无人人必读之书，只有在某时某地某种心境不得不读之书。有你所应读，我所万不可读。有此时可读，彼时不可读。即使有必读之书，亦决非此时此刻所必读。见解未到，必不可读，思想发育程度未到，亦不可读。孔子说五十可以学《易》，便是说四十五岁时尚不可读《易》经。刘知几②少读古文《尚书》，挨打亦读不来，后听同学读《左传》，甚好之，求授《左传》，乃易成诵。《庄子》本是必读之书，然假使读《庄子》觉得索然无味，只好放弃，过了几年再读。对《庄子》感

"味"这一概念是因人而异的，带有主观性，难以客观量化，但它却是中国传统文化与古代文论的精髓。

此处说理之妙，在于运用自然之物，证明自然之势，契合紧密。

林语堂

---

① 萧伯纳（1856—1950）：英国戏剧家，1925年获诺贝尔文学奖，1933年曾来中国访问，一生创作了51部剧本，代表作有《鳏夫的房产》《伤心之家》等。　② 刘知几（661—721）：唐代史学家，徐州彭城（今江苏徐州）人，著《史通》20卷，是中国第一部系统的史学理论著作。

觉兴味然后读《庄子》，对《马克斯》感觉兴味，然后读《马克斯》。

且同一本书，同一读者，一时可读出一时之味道出来。其景况适如看一名人相片，或读名人文章，未见面时，是一种味道，见了面交谈之后，再看其相片，或读其文章，自有另外一层深切的理会。或是与其人绝交以后，看其照片，读读文章，亦另有一番味道。四十学《易》是一种味道，五十而学《易》，又是一种味道。所以凡是好书都值得重读的。自己见解愈深，学问愈进，愈读得出味道来。譬如我此时重读Lamb①的论文，比幼时所读全然不同，幼时虽觉其文章有趣，没有真正魂灵的接触，未深知其文之佳境所在。也许我们幼时未进小学，或进小学而未读过地理，或读地理而未觉兴味；然今日逢闽变时翻看闽浙边界地图，便觉津津有味。一人背痛，再去读范增的传，始觉趣味。或是叫许钦文在狱中读清初犯文字狱的文人传记，才别有一番滋味在心头。

由是可知读书有二方面，一是作者，一是读者。程子谓《论语》读者有此等人与彼等人，有读了全然无事者，亦有读了不知手之舞之足之蹈之者。所以读书必以气质相近，而凡人读书必找一位同调的先贤，一位气质与你相近的作家，作为老师。这是所谓读书必须得力一家。不可昏头昏脑，听人戏弄，庄子亦好，荀子亦好，苏东坡亦好，程伊川亦好。一人同时爱庄荀，或同时爱苏程，是不可能的事。找到思想相近之作家，找到文学上之情人，必胸中感觉万分痛快，而魂灵上发生猛烈影响，如春雷一鸣，蚕卵孵出，得一新生命，入一新世界。George Eliot②自叙读《卢骚自传》，如触电一般。尼采师叔本华，萧伯纳师易卜生，然皆非及门弟子，而思想相承，影响极大。当二子读叔本华易卜生时，思想上起了大影响，是其思想萌芽学问生根之始。因为气质性灵相近，所以乐此不疲，流连忘返，流连忘返，始可深入，深入后，然后如受春风化雨之赐，欣欣向荣，学业大进。

谁是气质与你相近的先贤，只有你知道，也无需人家指导，更无人能勉强，你找到这样一位作家，自会一见如故。苏东坡初读《庄子》，如有胸中久积的话，被他说出，袁中郎夜读徐文长诗，叫唤起来，叫复读，读复叫，便是此理。这与"一见倾心"（love at first sight）同一道理。你遇到这样作家，自会恨相见太晚。一人必有一人中意的作家，各人自己去找去。找到了文学上的爱人，他自会有魔力吸引你，而你也自乐为所吸，甚至声音相貌，一颦一笑，

> 在演讲时，举自己的例子往往能拉近与听众的距离，使听众产生亲切感和平等感，从而易于影响听众，唤起共鸣。

> 观点以简明为佳，举例以众多取胜，这也是符合面对面交流的演讲特点的。

---

① Lamb：兰姆（1775—1834），英国散文家，其随笔以风格清新著称，他的儿童文学创作影响很大。
② George Eliot：乔治·艾略特（1819—1880），英国女作家，代表作为长篇小说《织工马南传》。

亦渐与相似。这样浸润其中，自然获益不少，将来年事渐长，厌此情人，再找别的情人，到了经过两三个情人，或是四五个情人，大概你自己也已受了熏陶不浅，思想已经成熟，自己也就成了一位作家。若找不到情人，东览西阅，所读的未必能沁入魂灵深处，便是逢场作戏。逢场作戏，不会有心得，学问不会有成就。

  知道情人滋味，便知道苦学二字是骗人的话。学者每为"苦学"或"困学"二字所误。读书成名的人，只有乐，没有苦。据说古人读书有追月法，刺股法，及丫头监读法。其实都是很笨。读书无兴味，昏昏欲睡，始拿锥子在股上刺一下，这是愚不可当。一人书本排在面前，有中外贤人向你说极精采的话，尚且想睡觉，便应当去睡觉，刺股亦无益，叫丫头陪读，等打盹时唤醒你，已是下流，亦应去睡觉，不应读书。而且此法极不卫生。不睡觉，只有读坏身体，不会读出书的精采来。若已读出书的精采来，便不想睡觉，故无丫头唤醒之必要。刻苦耐劳，淬励奋勉是应该的，但不应视读书为苦。视读书为苦，第一着已走了错路。天下读书成名的人皆以读书为乐；汝以为苦，彼却沉湎以为至乐。必如一人打麻将，寝食俱废，始读出书来。以我所知国文好的学生，都是偷看几百万言的《三国》《水浒》而来，决不是一学年读五六十页文选，国文会读好的。试问在偷读《三国》《水浒》之人，读书有什么苦处？何尝算页数？好学的人，于书无所不窥，窥就是偷看。于书无所不偷看的人，大概学会成名。

  有人读书必装腔作势，或嫌板凳太硬，或嫌光线太弱，这都是读书未入门路，未觉兴味所致。有人做不出文章，怪房间冷，怪蚊子多，怪稿纸发光，怪马路上电车声音太嘈杂，其实都是因为文思不来，写一句，停一句。一人不好读书，总有种种理由。"春天不是读书天，夏日炎炎最好眠，等到秋来冬又至，不如等待到来年。"其实读书是四季咸宜。古所谓"书淫"之人，无论何时何地可读书皆手不释卷，这样才成读书人样子。顾千里裸体读经，便是一例，即使暑气炎热，至非裸体不可，亦要读经。欧阳修在马上厕上皆可做文章，因为文思一来，非做不可，非必正襟危坐明窗净几才可做文章。一人要读书则澡堂，马路，洋车上，厕上，图书馆，理发室，皆可读。而且必办到洋车上理发室都必读书，才可以读成书。

  读书须有胆识，有眼光，有毅力。胆识二字拆不开，要有识，必敢有一自己意见，即使一时与前人不同亦不妨。前人能说得我服，是前人是，前人不能服我，是前人非。人心之不同如其面，要脚踏实地，不可舍己耘人。诗或好李，或好杜，文或好苏，或好韩，各人要凭良知，读其所好，然后所谓好，说得好的道理出来。

或竟苏韩皆不好,亦不必惭愧,亦须说出不好的理由来。或某名人文集,众人所称而你独恶之,则或系汝自己学力见识未到,或果然汝是而人非。学力未到,等过几年再读,若学力已到而汝是人非,则将来必发现与汝同情之人。刘知几少时读《前后汉书》,怪前书不应有《古今人》表,后书宜为更始立纪。当时闻者责以童子轻议前哲,乃"赧然自失,无辞以对",后来偏偏发见张衡范晔等,持见与之相同。此乃刘知几之读书胆识。因其读书皆得之襟腑,非人云亦云,所以能著成《史通》一书。如此读书,处处有我的真知灼见,得一分见解是一分学问,除一种俗见,算一分进步,才不会落入圈套,满口烂调,一知半解,似是而非。

思考与练习

1. 列出本文有关读书的主要观点。
2. 联系自己的读书实践经验,评析林语堂在本文中的主要观点。
3. 林语堂关于读书的意见有何现实意义?
4. 本文批驳了哪些不良的读书现象及读书方法?
5. 本文在论述上有何特点?
6. 本文在拉近演讲者与听众之间的距离方面有什么技巧和方法?

> **相关链接**
>
> 循循善诱,感情真切,和蔼可亲而又不避锋芒,让听众感到很亲切,饶有兴致地听下去。即使谈及人生哲理,林语堂也从不讳莫高深,故弄玄虚。他总是把自己独特的见解,用最平实的话讲出来,谈到比较深的、难懂的东西,也尽量用浅显的例子打比方,不使你感到索然无味。
>
> 纪秀荣《林语堂散文选集·序言》
>
> 这种风格的秘诀,就是把读者引为知己,向他说真心话,就犹如对老朋友畅所欲言毫不避讳什么一样。
>
> 林语堂《八十自叙》

钱[①]

梁实秋

学习提示

1. 把握本文通过日常生活来玩索人生况味的总体特点。
2. 体会本文幽默风趣、简洁雅致的风格特色。
3. 思考本文对金钱问题的认识的现实意义。

<small>开头就有无限感触,所以这样说。

从钱的形制和历史说起。从小事物引出大题目。

以"雅"的和峤与"俗"的石崇对举,出笔自然。"钱无雅俗可辨",本文的主要观点即在此。</small>

钱这个东西,不可说,不可说。一说起阿堵物[②],就显着俗。其实钱本身是有用的东西,无所谓俗。或形如契刀[③],或外圆而孔方[④]。样子都不难看。若是带有斑斑绿锈,就更古朴可爱。稍晚的"交子"、"钞引"以至于近代的纸币[⑤],也无不力求精美雅观,何俗之有?钱财的进出取舍之间诚然大有道理,不过贪者自贪,廉者自廉,关键在于人,与钱本身无涉。像和峤那样的爱钱如命[⑥],只可说是钱癖,不能斥之曰俗;像石崇那样的挥金似土[⑦],只可说是奢汰[⑧],不能算得上雅。俗也好,雅也好,事在人为,钱无雅俗可辨。

有人喜集邮,也有人喜集火柴盒,也有人喜集戏报子[⑨],也有人喜集鼻烟壶[⑩];也有人喜集砚、集墨、集字画古董,甚至集眼镜、集围裙、集三角裤。各有所好,没有什么道理可讲。但是古今中外几乎人人都喜欢收集的却是通货[⑪]。钱不嫌多,愈多愈好。庄子曰:"钱财不积,则贪者忧[⑫]。"岂止贪者忧?不贪的人

<small>① 选自《雅舍小品》第四册,台湾正中书局1990年版。梁实秋(1902—1987):原名梁治华,字实秋。祖籍浙江余姚,生于北京。毕业于清华学校,赴美留学,回国后在各大学任教,兼任报刊编辑。1949年去台湾。著名现代作家,"新月派"成员。有《雅舍小品》等。 ② 阿堵物:魏晋时人对钱的别称。王衍自命高雅,口未尝言"钱"字。其妻试探他,令婢女以钱绕床,使不得行。王衍只得叫婢女:"拿掉阿堵物!"见刘义庆《世说新语·规箴》。阿堵,当时人口语,意思是"这个"。 ③ 契刀:中国古代铜币,铸于西汉王莽时。 ④ 外圆而孔方:旧时铜钱的形制,所以钱又称为"孔方兄"。 ⑤ 交子:中国最早的纸币,出现于宋初。钞引:宋代政府发给茶盐商人的运销证券。 ⑥ 和峤:西晋时人,家富性吝,人称"钱癖"。 ⑦ 石崇:西晋时富豪,生活极奢靡。 ⑧ 奢汰:奢侈无度。 ⑨ 戏报子:戏剧海报的旧称。 ⑩ 鼻烟壶:装鼻烟末的器具,形制精巧。鼻烟,一种不需点燃、由鼻孔吸入的粉末状烟。 ⑪ 通货:流通货币的简称。 ⑫ "庄子曰"句:见《庄子·徐无鬼》。</small>

也一样的想积财。

　　人在小的时候都玩过扑满①，这玩意儿历史悠久，《西京杂记》："扑满者，以土为器，以蓄钱，有入窍而无出窍，满则扑之。"②北平叫卖小贩③，有喊"小盆儿小罐儿"的，担子上就有大大小小的扑满，全是陶土烧成的，形状不雅，一碰就碎。虽然里面容不下多少钱，可是孩子们从小就知道储蓄的道理了。外国也有近似扑满的东西，不过通常不是颠扑得碎的，是用钥匙可以打开的，多半作猪形，名之为"猪银行"。不晓得为什么选择猪形，也许是取其大肚能容吧？

　　我们的平民大部份是穷苦的，靠天吃饭，就怕干旱水涝，所以养成一种饥荒心理，"常将有日思无日，莫待无时思有时。"储蓄的美德普遍存在于各阶层。我从前认识一位小学教员，别看她月薪只有区区三十余元，她省吃俭用，省俭到午餐常是一碗清汤挂面洒上几滴香油，二十年下来，她拥有两栋小房。（谁忍心说她是不劳而获的资产阶级？）我也知道一位人力车夫，劳其筋骨④，为人作马牛，苦熬了半辈子，携带一笔小小的资财，回籍买田娶妻生子做了一个自耕的小地主。这些可敬的人，他们的钱是一文一文积攒起来的⑤。而且他们常是量入为储，每有收入，不拘多寡，先扣一成两成作为储蓄，然后再安排支出。就这样，他们爬上了社会的阶梯。

　　"人无横财不富，马非青草不肥。"话虽如此，横财逼人而来，不是人人唾手可得，也不是全然可以泰然接受的。"腰缠十万贯，骑鹤上扬州"⑥，只是一厢情愿的想法，暴发之后，势难持久，君不见：显宦的孙子做了乞丐，巨商的儿子做了龟奴⑦？及身而验的现世报⑧，更是所在多有。钱财这个东西，真是难以捉摸，聚散无常。所以谚云："积财千万，不如薄技在身。"

　　钱多了就有麻烦，不知放在哪里好。枕头底下没有多少空间，破鞋窠里面也塞不进多少。眼看着财源滚滚，求田问舍怕招物议⑨，多财善贾又怕风波⑩，无可奈何只好送进银行。我在杂志上

> 妙在不从大处说，而从小物——扑满展开议论，说明人从小有储蓄钱财的爱好。

> 从中国说到外国，可见作者学识之博。

> 对普通劳动者而言，劳动成果是用自己的血汗换来的，来之不易，故更会珍惜。这是劳动者的优良品质。

> 对平民而言，喜欢储蓄、节俭发家是美德。

古钱币

---

①扑满：储蓄钱币的瓦罐，储满后敲碎取钱。扑，打碎。　②《西京杂记》：晋葛洪著，古代笔记。　③北平：今北京市。　④劳其筋骨：这话出自《孟子·告子下》。　⑤一文：古代钱币单位。因钱币的一面铸有文字，一枚钱称为一文。　⑥"腰缠"二句：南朝梁代殷芸所著《小说》中的话。　⑦龟奴：旧时在妓院里做杂务的男子。　⑧及身：在世时。验：应验。现世报：佛教用语，指做善恶之事在今生就得报应。　⑨求田问舍：添置土地房屋等家产。这是刘备批评许汜的话，见《三国志·陈登传》。物议：众人的批评。　⑩贾（gǔ）：经商。

> 信手拈来，又显见闻之广。

看到过一段趣谈：印第安人酋长某①，平素聚敛不少，有一天背了一大口袋钞票存入银行，定期一年，期满之日他要求全部提出，行员把钞票一叠一叠的堆在柜台上，有如山积。酋长看了一下，徐曰②："请再续存一年。"行员惊异，既要续存，何必提出？酋长说："不先提出，我怎么知道我的钱是否安然无恙的保存在这里？"这当然是笑话，不过我们从前也有金山银山之说，却是千真万确的。我们从前金融执牛耳的大部份是山西人③，票庄掌柜的几乎一律是老西儿④。据说他们家里就有金山银山。赚了金银运回老家，溶为液体，泼在内室地上，积年累月一勺一勺的泼上去，就成了一座座亮晶晶的金山银山。要用钱的时候凿下一块就行，不虞盗贼光顾⑤。没亲眼见过金山银山的人，至少总见过冥衣铺用纸糊成的金童玉女金山银山吧⑥？从前好像还没有近代恶性通货膨胀的怪事，然而如何维护既得的资财，也已经是颇费心机了。如今有些大户把钱弄到某些外国去，因为那里的银行有政府担保，没有倒闭之虞，而且还为存户保密，真是服务周到极了。

> 以上论述"钱多了也是麻烦"。

善居积的陶朱公⑦，人人羡慕，但是看他变姓名游江湖，其心理恐怕有几分像是挟巨资逃往国外作寓公⑧，离乡背井的，多少有一点不自在。所以一个人尽管贪财，不可无餍⑨。无冻馁之忧⑩，有安全之感，能罢手时且罢手，大可不必"人为财死"而后已，陶朱公还算是聪明的。

钱，要花出去，才发生作用。穷人手头不裕，为了住顾不得衣，为了衣顾不得食，为了食谈不到娱乐，有时候几个孩子同时需要买新鞋，会把父母急得冒冷汗！贫窭到这个地步⑪，一个钱也不能妄用，只有牛衣对泣的分⑫。小康之家用钱大有伸缩余地，最高明的是不求生活水准之全面提高，

梁实秋

---

①印第安人：美洲最古老的土著居民。酋长：部落首领。 ②徐：慢慢地。 ③执牛耳：古代称主盟者为执牛耳，后泛指在某一领域里居领先地位的人。 ④票庄：钱庄。老西儿：对山西人的俗称。明清时经营钱庄的多为山西籍商人。 ⑤虞：担忧。 ⑥冥衣铺：出售死人丧葬衣物的店铺。 ⑦陶朱公：春秋时，越国大夫范蠡佐越王勾践灭吴后，弃官经商致富，居住在陶这个地方，称朱公，所以叫陶朱公。 ⑧寓公：指闲居在客地的官僚等。 ⑨餍(yàn)：满足。 ⑩冻馁：受冻挨饿。 ⑪贫窭(jù)：贫寒。 ⑫牛衣对泣：西汉王章贫困时，卧牛衣中与妻子相对哀泣，见《汉书·王章传》。牛衣，给牛御寒的覆盖物，用草或麻编成。

而在几点上稍稍突破,自得其乐。有人爱买书,有人爱买衣裳,有人爱度周末,各随所好。把钱集中用在一点上,便可比较容易适度满足自己的欲望。至于豪富之家,挥金如土,未必是福,穷奢极欲,乐极生悲,如果我们举例说明,则近似幸灾乐祸,不提也罢。纪元前五世纪雅典的泰蒙①,享尽了人间的荣华富贵,也吃尽了世态炎凉的苦头,他最了解金钱的性质,他认识了金钱的本来面目,钱是人类的公娼!与其像泰蒙那样疯狂而死,不如早些疏散资财,作些有益之事,清清白白,赤裸裸来去无牵挂②。

> 人情世态,现于笔下。本文不少地方有此妙笔。

> 以上论述对金钱应持通达的态度。

梁实秋

思考与练习

1. 作者为什么说"钱无雅俗可辨"?你对此有什么看法?

2. 从文中看,作者认为对金钱的正确态度应该是什么?联系当今社会现实,你觉得我们应该如何对待金钱?

3. 说出以下历史典故、市井俚语的含义和在文中的表达作用:

(1)阿堵物。
(2)常将有日思无日,莫待无时思有时。
(3)人无横财不富,马非青草不肥。
(4)积财千万,不如薄技在身。
(5)牛衣对泣。

清代铜钱

---

① 雅典的泰蒙:莎士比亚悲剧《雅典的泰蒙》,写富商泰蒙慷慨好客,后钱财耗尽,亲友纷纷离他而去。雅典,古希腊城邦。 ② 赤裸裸句:见《红楼梦》第二十二回,原句是"赤条条来去无牵挂"。

石崇挥金如土

晋代的石崇,是著名富豪,他家产巨万,住的房屋和用的车马富丽堂皇,堪比王室;平时的膳食,都是山珍海味。他的后房蓄养着大批使女,穿金戴银,能歌善舞;花园里亭台楼阁,穷极工巧。石崇喜欢与别人比富,有一次,晋武帝的外甥王恺拿出皇帝赠送的两尺多高一枝珊瑚树向他炫耀,石崇看毕,拿起一柄铁如意把珊瑚树给敲碎了。王恺既惋惜又生气,石崇即命人拿出自己收藏的六七枝珊瑚树给他看,有的竟有三四尺长,枝枝光彩夺目,惊得王恺怅然若失。

和峤性喜节俭

晋代和峤是个节俭的人,家里有一株李树,结的李子十分味美,但他舍不得给别人吃,王武子问他讨,他只肯给几十个。有一次王武子趁和峤不在家,带着一帮年轻人,拿着斧头冲入他家园子,饱餐一顿之后,挥斧把李子树给砍掉了。然后装上一车树枝送给和峤,还开玩笑说:"这树枝与你的李子比味道怎么样?"和峤无奈,只得苦笑。

雅典的泰蒙

莎士比亚《雅典的泰蒙》中有一段台词,对金钱发了一通妙论:这是什么?金子!黄澄澄的,亮晶晶的,宝贵的金子!……这么多的这种东西将要把黑变成白,丑变成美,非变成是,卑贱变成高贵,老变成少,怯懦变成勇敢。……这东西会把你们的祭司和仆人从你们的身边拉走,把健壮大汉头下的枕头突然抽去;这黄色的奴才可以使人在宗教上团结或分离;使该诅咒的得福;让浑身长满白皮癣的人受人喜爱;使盗贼成为显要,给他们官衔,受人的跪拜和颂扬,和元老们同席而坐;就是这个东西使得憔悴的寡妇能够再嫁;她,住花柳病院的和生大麻风的人看了都要恶心,但是这东西能把她熏香成为四月那样的鲜艳……

傅雷家书①

傅 雷

学习提示

1. 体会作者期望儿子成为真正艺术家的殷切之情。
2. 领会本文关于做学问要有冷静、客观、谦虚的专业态度的论述。
3. 了解家书的特征,品味本文对儿子既严又爱、平等对话的姿态和语言。

一九五五年六月(?)日

你现在对杰老师的看法也很对②。"做人"是另外一个问题,与教学无关。对谁也不能苛求。你能继续跟杰老师上课,我很赞成,千万不要驼子摔跤,两头不着。有个博学的老师指点,总比自己摸索好,尽管他有些见解与你不同。但你还年轻,musical literature[音乐文献]的接触真是太有限了,乐理与曲体的知识又是几乎等于零,更需要虚心一些,多听听年长的,尤其是一个scholarship[学术成就,学问修养]很高的人的意见。

有一点,你得时时刻刻记住:你对音乐的理解,十分之九是凭你的审美直觉③;虽则靠了你的天赋与民族传统,这直觉大半是准确的,但究竟那是西洋的东西,除了直觉以外,仍需要理论方面的,逻辑方面的,史的发展方面的知识来充实;即使是你的直觉,也还要那些学识来加以证实,自己才能放心。所以便是以口味而论觉得格格不入的说法,也得采取保留态度,细细想一想,多辨别几时,再作断语。这不但对音乐为然,治一切学问都要有这个态度。所谓冷静、客观、谦虚,就是指这种实际的态度。

傅雷和傅聪

从音乐推论到一切学问,这是本文的主旨所在。

---

① 选自《傅雷家书》,生活·读书·新知三联书店1998年版。这里节选的是傅雷写给长子傅聪的一封信。傅雷(1908—1966):字怒安,号怒庵,上海南汇人。早年留学法国,专攻艺术,回国后致力于法国文学艺术的翻译介绍,"文革"中遭迫害而死。译著有罗曼·罗兰的《约翰·克利斯朵夫》,巴尔扎克的《高老头》《欧也妮·葛朗台》,丹纳的《艺术哲学》等三十多部。 ② 你:指傅聪,著名旅英钢琴家。1954年赴波兰学钢琴。杰老师:指傅聪的老师,波兰著名钢琴教授杰维茨基(1890—1971)。傅聪在他门下学习四年。 ③ 审美直觉:对艺术形象的敏锐感受能力。

旁批	正文
注意：对儿子的不正确看法，父亲是既给予鼓励，又委婉地纠正。	来信说学习主要靠mind［头脑］ear［听力］及敏感，老师的帮助是有限的。这是因为你的理解力强的缘故，一般弹琴的，十分之六七以上都是要靠老师的。这一点，你在波兰同学中想必也看得很清楚。但一个有才的人也有另外一个危机，就是容易自以为是的走牛角尖。所以才气越高，越要提防，用solid［扎扎实实］的学识来充实，用冷静与客观的批评精神，持续不断的检查自己。惟有真正能做到这一步，而且终身的做下去，才能成为一个真正的艺术家。
针对一切有才华青年的恰当提醒。多少人是"聪明反被聪明误"呀！	
这体现了傅雷的个性，但也表现出他的舐犊情深。	一扯到艺术，一扯到做学问，我的话就没有完，只怕我写得太多。你一下子来不及咂摸①。
对儿子不忘及时鼓励。	来信提到Chopin［萧邦］的Berceuse［摇篮曲］的表达②，很有意思。以后能多写这一类的材料，最欢迎。
好像有点不厌其烦，甚至唠唠叨叨。爱之深，故望之切。	还要说两句有关学习的话，就是我老跟恩德说的："要有耐性，不要操之过急。越是心平气和，越有成绩。时时刻刻要承认自己是笨伯，不怕做笨功夫，那就不会期待太切，稍不进步就慌乱了。"对你，第一要紧是安排时间，多多腾出无谓的"消费时间"，我相信假如你在波兰能像在家一样，百事不打扰，每天都有七八小时在琴上，你的进步一定更快！
用儿子正确的表现来向他提要求，这就叫做因势利导。	
父亲自己就表现出对专业的谦虚态度。身教重于言教，是最有效的教育。	我译的莫扎特的论文③，有些地方措辞不大妥当，望切勿"以辞害意"。尤其是说到"肉感"，实际应该这样了解："使感官觉得愉快的。"原文是等于英文的sensual［感官上的］。

傅雷和傅聪

思考与练习

1. 作者说："这不但对音乐为然，治一切学问都要有这个态度。所谓冷静、客观、谦虚，就是指这种实际的态度。"联系你学习的专业，谈谈你对这个论断的认识。

---

① 咂摸：仔细品味、体会。　② 萧邦（1810—1849）：即肖邦，波兰作曲家。摇篮曲：一种节奏使人联想到摇篮轻轻摆动的乐曲。　③ 莫扎特（1756—1791）：奥地利作曲家。

2. 作者对儿子反复叮咛,既严格又爱护,表现在哪些方面?你认为正确的父子关系应该是怎样的?

3. 说说下列语句包含的意思,想一想这些话对你的学习和生活有什么启发:

(1)千万不要驼子摔跤,两头不着。有个博学的老师指点,总比自己摸索好,尽管他有些见解与你不同。

(2)即使是你的直觉,也还要那些学识来加以证实,自己才能放心。

(3)但一个有才的人也有另外一个危机,就是容易自以为是的走牛角尖。所以才气越高,越要提防,用solid[扎扎实实]的学识来充实,用冷静与客观的批评精神,持续不断的检查自己。

(4)要有耐性,不要操之过急。越是心平气和,越有成绩。时时刻刻要承认自己是笨伯,不怕做笨功夫,那就不会期待太切,稍不进步就慌乱了。

4. 这封信重点围绕着音乐的修养而展开,并且提到了肖邦和莫扎特两位音乐家,你欣赏过他们创作的乐曲吗?能否举例说出其乐曲的特点?

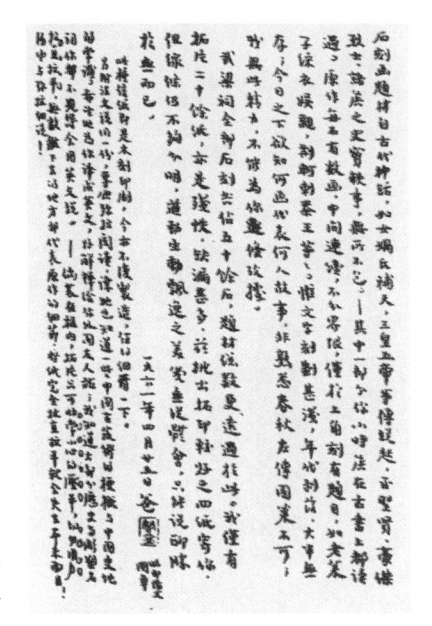

傅雷家书

傅聪、傅敏谈父亲傅雷

我爸爸责己责人都非常严,是个非常严谨的人。这一方面是由于他有着东方文化的根,另一方面也可以说是从西方文化中来的,他的那种科学态度,很强的逻辑性,讲原则,这些都是西方文化的优点,他是接受了这些优点的。……

他最强调的是做人。没有这一条就谈不上艺术,谈不上音乐,一切都谈不上。我觉得整个国家也一样,国家要好的话,第一人的素质要好,人的素质用简单化的方法来说明是很危险的……

冬晓《赤子之心——傅聪谈傅雷》,载《与傅聪谈音乐》,生活·读书·新知三联书店1997年版

相关链接

　　对于中国读者来说,《傅雷家书》的意义已经远非"家书"而是"国书"了,毕竟那是影响了中国几代知识分子的一本必读书。但是,傅聪说,"家书"其实我很少看。我不敢看,每一次要看都太激动,整天就没办法工作了,太动感情了,不敢看。我觉得"家书"的意义最简单来说,就是我父亲追求的是一种精神价值,就是这个东西,人活着就是为了一个精神的东西。……

　　这部"家书"似乎是一把我们走进傅聪世界的钥匙。"家书"可以读出一位高境界的父亲的杜鹃啼血,也可以感受到一条清晰的父子间传承文脉。

刘元举《平安夜与傅聪谈艺论道》,
载《新民晚报·星期天夜光杯》

　　爸爸愤而弃世已过去三十二个年头,可是我始终觉得爸爸没有死,他"留下了洁白的纪念碑,留下了一颗蓄满着大爱的心",这颗热情洋溢的心永远会活在人们心里。他那"可贵的理智之光"和刚直不阿的品格,以及在文学艺术天地中对人生对学问孜孜不倦的追求,不断激励着人们奋进;他爱生活、爱艺术、爱大自然、爱人间一切美好的事物,这颗"大爱的心"始终抚慰着人们的心灵。也许这就是《傅雷家书》深受读者喜爱,长销不衰的原因罢!

傅敏《傅雷家书·第五版后记》

拣 麦 穗[①]

张 洁

学习提示

1. 张洁文学创作的特色之一,就是关注女性的生存处境与内心世界。
2. 本文通过一老一少之间彼此疼爱与依恋的故事,赞美了人世间非功利、非世俗的纯真情感。
3. 通过简洁传神的人物对话和行为细节描写来表现人物的个性和心理,是本文的写作特色。
4. 本文象征手法的运用也非常圆熟。

在农村长大的姑娘,谁不熟悉拣麦穗这回事儿呢?

我要说的,却是几十年前拣麦穗的那段往事。

或许可以这样说,拣麦穗的时节,也许是顶能引动姑娘们的幻想的时节。

在那月残星稀的清晨,挎着一个空篮子,顺着田埂上的小路,走去拣麦穗的时候,她想的是什么呢?

等到田野上腾起一层薄雾,月亮,像是偷偷地睡过一觉,重又悄悄地回到天边,方才挎着装满麦穗的篮子,走回自家的破窑洞的时候,她想的又是什么呢?

唉,她能想什么呢?!

假如你没有在那种日子里生活过,你永远不能想象,从这一粒粒丢在地里的麦穗上,会生出什么样的幻想!

她拼命地拣呐,拣呐,一个收麦子的时节,能拣上一斗?她把这麦子换来的钱积攒起来,等到赶集的时候,扯上花布,买上花线,然后,她剪呀,缝呀,绣呀……也不见她穿,也不见她戴,谁也没和谁合计过,谁也没找谁商量过,可是等到出嫁的那一天,

> 追怀自己的童年经历,这是一个独特的叙事视角。

[①] 最初发表于1979年12月16日《光明日报》。张洁(1937—),祖籍辽宁抚顺,生于北京。1960年毕业于中国人民大学。1978年开始文学创作。现为中国作家协会专业作家。著有散文集《爱,是不能忘记的》《方舟》,中短篇小说集《祖母绿》,长篇小说《沉重的翅膀》《只有一个太阳》等。

她们全会把这些东西,装进新嫁娘的包裹里去。

不过,当她们把拣麦穗时所伴着的幻想,一同包进包裹里去的时候,她们会突然感到那些幻想全都变了味儿,觉得多少年来,她们拣呀、缝呀、绣呀,实在是多么傻啊!她们要嫁的那个男人,和她们在拣麦穗、扯花布、绣花鞋的时候所幻想的那个男人,有着多么大的不同,又有着多么大的距离啊!但是,她们还是依依顺顺地嫁了出去,只不过在穿戴那些衣物的时候,再也找不到做它、缝它时的那种心情了。

这算得了什么呢?谁也不会为她们叹一口气,表示同情。谁也不会关心她们还曾经有过幻想。连她们自己也甚至不会感到过分地悲伤。顶多不过像是丢失了一个美丽的梦。有谁见过哪一个人会死乞白赖地寻找一个丢失的梦呢[①]?

> 凝聚于拣麦穗情节之中的,是幻想一个好男人、一场好婚姻的农村少女之梦,是靠劳动为自己挣一份嫁妆的朴素人生观。

当我刚刚能够歪歪咧咧地提着一个篮子跑路的时候,我就跟在大姐姐的身后拣麦穗了。

那篮子显得太大,总是磕碰着我的腿和地面,闹得我老是跌跤。我也很少有拣满一个篮子的时候,我看不见田里的麦穗,却总是看见蚂蚱和蝴蝶,而当我追赶它们的时候,拣到的麦穗,还会从篮子里重新掉回地里去。

有一天,二姨看着我那盛着稀稀拉拉几个麦穗的篮子说:"看看,我家大雁也会拣麦穗了。"然后,她又戏谑地问我:"大雁,告诉二姨,你拣麦穗做啥?"

我大言不惭地说:"我要备嫁妆哩!"

二姨贼眉贼眼地笑了,还向围在我们周围的姑娘、婆姨们眨了眨她那双不大的眼睛:"你要嫁谁嘛!"

是呀,我要嫁谁呢?我忽然想起那个卖灶糖的老汉。我说:"我要嫁那个卖灶糖的老汉!"

> 儿童世界的纯真与成人世界的世故的冲撞。鸭子的比喻生动而有趣!

她们全都放声大笑,像一群鸭子一样嘎嘎地叫着。笑啥嘛!我生气了。难道做我的男人,他有什么不体面的地方吗?

卖灶糖的老汉有多大年纪了?我不知道。他脸上的皱纹一道挨着一道,顺着眉毛弯向两个太阳穴,又顺着腮帮弯向嘴角。那些皱纹,给他的脸上增添了许多慈祥的笑意。当他挑着担子赶路的时候,他那剃得像半个葫芦样的后脑勺上的长长的白发,便随着颤悠悠的扁担一同忽闪着。

我的话,很快就传进了他的耳朵。

[①] 死乞白赖:也写作死气白赖,纠缠个没完的意思。

那天,他挑着担子来到我们村,见到我就乐了。说:"娃呀,你要给我做媳妇吗?"

"对呀!"

他张着大嘴笑了,露出了一嘴的黄牙。他那长在半个葫芦样的头上的白发,也随着笑声一齐抖动着。

"你为啥要给我做媳妇呢?"

"我要天天吃灶糖哩!"

他把旱烟锅子朝鞋底上磕着:"娃呀,你太小哩。"

"你等我长大嘛!"

他摸着我的头顶说:"不等你长大,我可该进土啦。"

听了他的话,我着急了。他要是死了,那可咋办呢?我那淡淡的眉毛,在满是金黄色的茸毛的脑门上,拧成了疙瘩。我的脸也皱巴得像个核桃。

他赶紧拿块灶糖塞进了我的手里。看着那块灶糖,我又咧着嘴笑了:"你别死啊,等着我长大。"

他又乐了。答应着我:"我等你长大。"

"你家住哪哒呢①?"

"这担子就是我的家,走到哪哒,就歇在哪哒!"

我犯愁了:"等我长大,去哪哒寻你呀!"

"你莫愁,等你长大,我来接你!"

这以后,每逢经过我们这个村子,他总是带些小礼物给我。一块灶糖,一个甜瓜,一把红枣……还乐呵呵地对我说:"看看我的小媳妇来呀!"

我呢,也学着大姑娘的样子——我偷偷地瞧见过——要我娘找块碎布,给我剪了个烟荷包,还让我娘在布上描了花。我缝呀,绣呀……烟荷包缝好了,我娘笑得个前仰后合,说那不是烟荷包,皱皱巴巴的,倒像个猪肚子。我让我娘给我收了起来,我说了,等我出嫁的时候,我要送给我男人。

我渐渐地长大了。到了知道认真地拣麦穗的年龄了。懂得了我说过的那些个话,都是让人害臊的话。卖灶糖的老汉也不再开那玩笑——叫我是他的小媳妇了。不过他还是常常带些小礼物给我。我知道,他真的疼我呢。

我不明白为什么,我倒真是越来越依恋他,每逢他经过我们村子,我都会送他好远。我站在土坎坎上,看着他的背影,渐渐

对话中,女孩的天真稚气表露无遗,老汉内心的纯真也被唤醒了。他的小礼物是非功利的,他的诺言也是无邪的。

他们之间的感情是以儿童的情感和认知世界为主导的。

---

① 哪哒:哪里,什么地方。

拣麦穗 95

地消失在山坳坳里①。

年复一年,我看得出来,他的背更弯了,步履也更加蹒跚了。这时,我真的担心了,担心他早晚有一天会死去。

有一年,过腊八的前一天②,我约莫着卖灶糖的老汉③,那一天该会经过我们村。我站在村口上一棵已经落尽叶子的柿子树下,朝沟底下的那条大路上望着,等着。

那棵柿子树的顶梢梢上,还挂着一个小火柿子。小火柿子让冬日的太阳一照,更是红得透亮。那个柿子多半是因为长在太高的树梢上,才没有让人摘下来。真怪,可它也没让风刮下来,雨打下来,雪压下来。

> "小火柿子"的意象很有美感,借物喻人,托物寄情,烘托、渲染了悲伤的气氛。

路上来了一个挑担子的人。走近一看,担子上挑的也是灶糖,人可不是那个卖灶糖的老汉。我向他打听卖灶糖的老汉,他告诉我,卖灶糖的老汉老去了。

我仍旧站在那棵柿子树下,望着树梢上的那个孤零零的小火柿子。它那红得透亮的色泽,依然给人一种喜盈盈的感觉。可是我却哭了,哭得很伤心。哭那陌生的,但却疼爱我的卖灶糖的老汉。

后来,我常想,他为什么疼爱我呢?无非我是一个贪吃的,因为生得极其丑陋而又没人疼爱的小女孩吧?

等我长大以后,我总感到除了母亲以外,再也没有谁能够像他那样朴素地疼爱过我——没有任何希求,没有任何企望的。

> 童年时代的回忆往往充满苦涩,但单纯天真的心境值得永远留恋!

真的,我常常想念他。也常常想要找到,我那个皱皱巴巴的,像猪肚子一样的烟荷包。可是,它早已不知被我丢到哪里去了。

1979年12月

思考与练习

1. 本文表达了怎样的情感?它对现实的成人世界有何启迪意义?
2. 本文的开头先述说拣麦穗姑娘丢失的"美丽的梦",这和后面所写的故事有何联系?
3. 作者是怎样通过人物对话来表现人物个性和心理的?
4. "孤零零的小火柿子"和"像猪肚子一样的烟荷包"分别象征着什么?

---

① 山坳坳:山沟沟。坳,山间的平地。　② 腊八:农历十二月初八,相传佛祖释迦牟尼得道成佛之日,这一天,佛教寺庙俱设五味粥,名曰"腊八粥"。后演变为民间习俗。　③ 约莫:估计,大概。

> 流年似水，在岁月的风尘中我们的幻想、我们的依托似乎都如泡沫一般不堪一击。但谁又能否定，我们心灵中所承载的理想，哪怕是极其脆弱的理想，在与现实的碰撞中，依然有它的美丽。在张洁的《拣麦穗》中我们仿佛又看到了那闪烁着的光芒。……应该说张洁在《拣麦穗》中赋予了一个深沉的话题，当一个成年人用浑浊的双眼来回首审视童年的天真时；是纯粹地忧伤，还是从容地反思？是不屑地嘲讽，还是真诚地呼唤？是麻木地依顺，还是痛苦地抗争？张洁在做着选择，我们也需要去直面，去抉择。
>
> 赵青《〈拣麦穗〉鉴赏》(《现代散文鉴赏辞典》)

> 在80年代文坛，张洁以写作具有女性意识和反映女性问题的作品著称，但她的许多作品并不仅仅限于表现女性问题。她于1979年发表的第一篇小说《从森林里来的孩子》，以清新、流丽的叙述语调而引起注目。她早期的许多作品如《爱，是不能忘记的》《祖母绿》和《方舟》等，都以女性人物为主人公，写女性感伤、细腻而富于利他精神的恋爱心理以及单身女性所面临的社会问题。
>
> 小说家张洁在发表《从森林里来的孩子》《爱，是不能忘记的》等小说的同时，她的散文《挖荠菜》《拣麦穗》《盯梢》等，透过一个名叫"大雁"的小姑娘的眼光，回忆童年往事，充满了对失落了的"爱"和"纯洁"的温情而感伤的怀念之情。
>
> 洪子诚《中国当代文学史》

面对苦难[1]

周国平

学习提示

1. 本文是一篇哲理散文。在现实生活中，人们总是不可避免地遇到种种的苦难。既然苦难和人生如影相随，那么，就必须对苦难本身持有正确的认识和态度。

2. 本文用深邃的哲理思考与充满诗意的语言，分析苦难对于我们感知幸福、思考人生和提升人格的正面价值，启发人们在直面人生中的苦难、挫折、不幸的同时，更需要培养健康的人格，用积极的态度去面对苦难，在苦难中真正领悟到生活与生命的真实意义。

开门见山，点明主旨。	人生在世，免不了要遭受苦难。所谓苦难，是指那种造成了巨大痛苦的事件和境遇。它包括个人不能抗拒的天灾人祸，例如遭遇乱世或灾荒，患危及生命的重病乃至绝症，挚爱的亲人死亡。也包括个人在社会生活中的重大挫折，例如失恋，婚姻破裂，事业失败。有些人即使在这两方面运气都好，未尝吃大苦，却也无法避免那个一切人迟早要承受的苦难——死亡。因此，如何面对苦难，便是摆在每个人面前的重大人生课题。
先定义，再举例，道出苦难的普遍性。	人们往往把苦难看做人生中纯粹消极的、应该完全否定的东西。当然，苦难不同于主动的冒险，冒险有一种挑战的快感，而我们忍受苦难总是迫不得已的。但是，作为人生的消极面的苦难，它在人生中的意义也是完全消极的吗？
辨析过去对苦难的误解，接下来着重阐发苦难的积极意义。	苦难与幸福是相反的东西，但它们有一个共同之处，就是都直接和灵魂有关，并且都牵涉到对生命意义的评价。
没有苦难，哪会感受幸福？	在通常情况下，我们的灵魂是沉睡着的，一旦我们感到幸福或遭到苦难时，它便醒来了。如果说幸福是灵魂的巨大愉悦，这愉悦源自对生命的美好意义的强烈感受，那么，苦难之为苦难，

---

[1] 选自周国平著《各自的朝圣路》，北岳文艺出版社2004年第2版，有改动。周国平（1945—　）：上海人。1967年毕业于北京大学哲学系，1978年考入中国社会科学院研究生院，现为中国社会科学院哲学研究所研究员。著有学术著作《尼采：在世纪的转折点上》《尼采与形而上学》，随感集《人与永恒》，散文集《守望的距离》《各自的朝圣路》《安静》及纪实作品《妞妞：一个父亲的札记》等。

正在于它撼动了生命的根基,打击了人对生命意义的信心,因而使灵魂陷入了巨大痛苦。生命意义仅是灵魂的对象,对它无论是肯定还是怀疑、否定,只要是真切的,就必定是灵魂在出场。外部的事件再悲惨,如果它没有震撼灵魂,也成为一个精神事件,就称不上是苦难。一种东西能够把灵魂震醒,使之处于虽然痛苦却富有生机的紧张状态,应当说必具有某种精神价值。

多数时候,我们是生活在外部世界上。我们忙于琐碎的日常生活,忙于工作、交际和娱乐,难得有时间想一想自己,也难得有时间想一想人生。可是,当我们遭到厄运时,我们忙碌的身子停了下来。厄运打断了我们所习惯的生活,同时也提供了一个机会,迫使我们与外界事物拉开了一个距离,回到了自己。只要我们善于利用这个机会,肯于思考,就会对人生获得一种新眼光。古罗马哲学家认为逆境启迪智慧,佛教把对苦难的认识看做觉悟的起点,都自有其深刻之处。人生固有悲剧的一面,对之视而不见未免肤浅。当然,我们要注意不因此而看破红尘。我相信,一个历尽坎坷而仍然热爱人生的人,他胸中一定藏着许多从痛苦中提炼的珍宝。

苦难不仅提高我们的认识,而且也提高我们的人格。苦难是人格的试金石,面对苦难的态度最能表明一个人是否具有内在的尊严。譬如失恋,只要失恋者真心爱那个弃他而去的人,他就不可能不感到极大的痛苦。但是,同为失恋,有的人因此自暴自弃,委靡不振,有的人为之反目为仇,甚至行凶报复,有的人则怀着自尊和对他人感情的尊重,默默地忍受痛苦,其间便有人格上的巨大差异。当然,每个人的人格并非一成不变的,他对痛苦的态度本身也在铸造着他的人格。不论遭受怎样的苦难,只要他始终警觉着他拥有采取何种态度的自由,并勉励自己以一种坚忍高贵的态度承受苦难,他就比任何时候都更加有效地提高着自己的人格。

凡苦难都具有不可挽回的性质。不过,在多数情况下,这只是指不可挽回地丧失了某种重要的价值,但同时人生中毕竟还存在着别的一些价值,它们鼓舞着受苦者承受眼前的苦难。譬如说,一个失恋者即使已经对爱情根本失望,他仍然会为了事业或为了爱他的亲人活下去。但是,世上有一种苦难,不但本身不可挽回,而且意味着其余一切价值的毁灭,因而不可能从别的方面汲取承受它的勇气。在这种绝望的境遇中,如果说承受苦难仍有意义,那么,这意义几乎唯一地就在于承受苦难的方式本身了。第二次世界大战时,有一个名叫弗兰克的人被关进了奥斯维辛集中营。凡是被关进这个集中营的人几乎没有活着出来的

> 苦难与厄运促使我们思考,使我们获得新的人生体验。

> 苦难提高我们对人生的认识。

> 苦难检验我们人格的尊严或卑劣。

> 苦难提高我们的人格。

> 举例说明,即使在绝境中,人也应用尊严的方式来承受苦难。

面对苦难　99

希望,等待着他们的是毒气室和焚尸炉。弗兰克的父母、妻子、哥哥确实都遭到了这种厄运。但弗兰克极其偶然地活了下来,他写了一本非常感人的书讲他在集中营里的经历和思考。在几乎必死的前景下,他之所以没有被集中营里非人的苦难摧毁,正是因为他从承受苦难的方式中找到了生活的意义。他说得好:以尊严的方式承受苦难,这是一项实实在在的内在成就,因为它证明了人在任何时候都拥有不可剥夺的精神自由。事实上,我们每个人都终归要面对一种没有任何前途的苦难,那就是死亡,而以尊严的方式承受死亡的确是我们精神生活的最后一项伟大成就。

思考与练习

1. 本文作者认为应以怎样的态度面对苦难？苦难对人生有什么积极的意义？
2. 有人说"苦难"是人生的绊脚石,作者说"苦难"是人格的试金石,你怎样看？
3. 在本文中,作者充分肯定苦难的正面价值,认为苦难涉及人的灵魂、人格尊严与提高；反过来说,是不是一个没有经历过苦难的人,他的人生价值就不完善甚至难以实现呢？

相关链接

周国平在《苦难的精神价值》一文中,对维克多·弗兰克的情况有进一步的介绍：在第二次世界大战期间,维克多被纳粹关进了奥斯维辛集中营,受尽非人的折磨,九死一生,但是侥幸地活了下来。在《活出意义来》这本书中,维克多回顾了当时的经历：作为一名心理学家,他并非像一般受难者那样流于控诉纳粹的暴行,而是细致地捕捉和分析自己内心体验以及其他受难者的心理现象,为研究受难者心理提供了极为生动的材料。他用自己的例证来表明,即使处在最恶劣的境遇中,人仍然拥有一种不可剥夺的精神自由,以尊严的方式承受苦难,证明这种尊严比苦难更有力,是世间任何力量都不能剥夺的。后来维克多·弗兰克是意义治疗法的创立者,他的理论已成为弗洛伊德、阿德勒之后维也纳精神治疗法的第三学派。

面对苦难（片断）朗读

我的世界观[1]

〔美〕爱因斯坦

学习提示

  1. 文章开头就明白宣告人是应当为别人而生存的，首先是为那些其喜悦和健康关系着我们自己的全部幸福的人，然后是为许多虽不相识，但他们的命运通过同情的纽带同我们密切结合在一起的人。爱因斯坦相信简单淳朴的生活对每个人都有益。

  2. 他从来不把安逸和享乐看作生活目的本身，他觉得追求财产、虚荣、奢侈的生活是可鄙的。

  3. 他的政治理想是民主主义。他认为强迫的专制制度很快就会腐化堕落，天才的暴君总是由无赖来继承。这是一条千古不易的规律。他强烈反对当时在意大利的法西斯专制和俄国所见到的那种制度。他认为真正可贵的，是有创造性的、有感情的个人，是人格。他深恶痛绝毫无意义的暴行，绝不愿意参与卑鄙、下流的战争。他要求民主、自由。

  他愿意坚守在真正艺术和真正科学发源地上的基本感情。这是否可说科学精神与人文精神在他身上一起得到了充分的体现？

  我们这些总有一死的人的命运是多么奇特呀！我们每个人在这个世界上都只作一个短暂的逗留；目的何在，却无所知，尽管有时自以为对此若有所感。但是，不必深思，只要从日常生活就可以明白：人是为别人而生存的——首先是为那样一些人，他们的喜悦和健康关系着我们自己的全部幸福；然后是为许多我们所不认识的人，他们的命运通过同情的纽带同我们密切结合在一起。我每天上百次地提醒自己：我的精神生活和物质生活都依靠着别人（包括生者和死者）的劳动，我必须尽力以同样的分量来报偿我所领受了的和至今还在领受着的东西。我强烈地向往着俭朴的生活。并且时常为发觉自己占用了同胞的

> 作者的议论充满以人为本的人文精神，社会进步，必须以和为贵，建立"和谐社会"。

---

[1] 选自《爱因斯坦文集》第三卷，商务印书馆1979年版，有改动。本文1930年最初发表于《论坛和世纪》第84卷。阿尔贝特·爱因斯坦（1879—1955）：20世纪最伟大的科学家，生前就被公认为人类历史上最具创造性才智的人物之一，比任何一位科学家更能代表过去100年技术、科学的进步。生于德国乌尔姆镇，1921年获得诺贝尔物理学奖。

过多劳动而难以忍受。我认为阶级的区分是不合理的,它最后所凭借的是以暴力为根据。我也相信,简单淳朴的生活,无论在身体上还是在精神上,对每个人都是有益的。

我完全不相信人类会有那种在哲学意义上的自由①。每一个人的行为,不仅受着外界的强迫,而且还要适应内心的必然。叔本华Schopenhauer说②:"人虽然能够做他所想做的,但不能要他所想要的。"这句话从我青年时代起,就对我是一个真正的启示;在我自己和别人生活面临困难的时候,它总是使我们得到安慰,并且永远是宽容的源泉。这种体会可以宽大为怀地减轻那种容易使人气馁的责任感,也可以防止我们过于严肃地对待自己和别人;它还导致一种特别给幽默以应有地位的人生观。

> 每一个人都能做他所想做的,但不能要他所想要的,为什么?

要追究一个人自己或一切生物生存的意义或目的,从客观的观点看来,我总觉得是愚蠢可笑的。可是每个人都有一定的理想,这种理想决定着他的努力和判断的方向。就在这个意义上,我从来不把安逸和享乐看作是生活目的本身——这种伦理基础,我叫它猪栏的理想。照亮我的道路,并且不断地给我新的勇气去愉快地正视生活的理想,是善、美和真。要是没有志同道合者之间的亲切感情,要不是全神贯注于客观世界——那个在艺术和科学工作领域里永远达不到的对象,那末在我看来,生活就会是空虚的。人们所努力追求的庸俗的目标——财产、虚荣、奢侈的生活——我总觉得都是可鄙的。

> 为什么我们每个人不应把安逸和享乐看作生活目的本身?"猪栏的理想"指的是怎样的思想?

我对社会正义和社会责任的强烈感觉,同我显然的对别人和社会直接接触的淡漠,两者总是形成古怪的对照。我实在是一个"孤独的旅客",我未曾全心全意地属于我的国家,我的家庭,我的朋友,甚至我最接近的亲人;在所有这些关系面前,我总是感觉到有一定距离并且需要保持孤独——而这种感受正与年俱增。人们会清楚地发觉,同别人的相互了解和协调一致是有限度的,但这不足惋惜。这样的人无疑有点失去他的天真无邪和无忧无虑的心境;但另一方面,他却能够在很大程度上不为别人的意见、习惯和判断所左右,并且能够不受诱惑要去把他的内心平衡建立在这样一些不可靠的基础之上。

> 作者所说"需要保持孤独",乃指应该独立思考,保持自己的理想和意旨,不受别人庸俗的意见、习惯、判断所左右。

我的政治理想是民主主义。让每一个人都作为个人而受到

---

① 哲学意义上的自由:这指有些哲学家认为,哲学意义上的自由,与"必然"相对,组成辩证法的一对范畴。"必然"指客观事物的规律,自由指人们对必然的认识和对客观世界的改造。人们未认识客观规律时,处于盲目受它支配的地位,没有真正的自由。自由与必然是辩证的统一。　② 叔本华(1788—1860),德国哲学家,唯意志论者。曾在柏林大学任教。

尊重，而不让任何人成为崇拜的偶像。我自己受到了人们过分的赞扬和尊敬，这不是由于我自己的过错，也不是由于我自己的功劳，而实在是一种命运的嘲弄。其原因大概在于人们有一种愿望，想理解我以自己的微薄绵力通过不断的斗争所获得的少数几个观念，而这种愿望有很多人却未能实现。我完全明白，一个组织要实现它的目的，就必须有一个人去思考，去指挥，并且全面担负起责任来。但是被领导的人不应当受到强迫，他们必须有可能来选择自己的领袖。在我看来，强迫的专制制度很快就会腐化堕落。因为暴力所招引来的总是一些品德低劣的人，而且我相信，天才的暴君总是由无赖来继承，这是一条千古不易的规律。就是这个缘故，我总是强烈地反对今天我们在意大利和俄国所见到的那种制度。象欧洲今天所存在的情况，使得民主形势受到了怀疑，这不能归咎于民主原则本身，而是由于政府的不稳定和选举制度中与个人无关的特征。我相信美国在这方面已经找到了正确的道路。他们选出了一个任期足够长的总统，他有充分的权力来真正履行他的职责。另一方面，在德国的政治制度中，我所重视的是，它为救济患病或贫困的人作出了比较广泛的规定。在人生的丰富多彩的表演中，我觉得真正可贵的，不是政治上的国家，而是有创造性的、有感情的个人，是人格；只有个人才能创造出高尚的和卓越的东西，而群众本身在思想上总是迟钝的，在感觉上也总是迟钝的①。

> 充分体现了作者对个人，对人格的尊重。

讲到这里，我想起了群众生活中最坏的一种表现，那就是使我厌恶的军事制度。一个人能够洋洋得意地随着军乐队在四列纵队里行进，单凭这一点就足以使我对他轻视。他所以长了一个大脑，只是出于误会；单单一根脊髓就可满足他的全部需要了。文明国家的这种罪恶的渊薮，应当尽快加以消灭。由命令而产生的勇敢行为，毫无意义的暴行，以及在爱国主义名义下一切可恶的胡闹，所有这些都使我深恶痛绝②！在我看来，战争是多么卑鄙、下流！我宁愿被千刀万剐，也不愿参与这种可憎的勾当。尽管如此，我对人类的评价还是十分高的，我相信，要是人民的健康感情没有被那些通过学校和报纸而起作用的商业利益和政治利益蓄意进行败坏，那么战争这个妖魔早就该绝迹了。

> 作者反对非正义的、残害生灵的战争，对蒙蔽群众的利益集团表示谴责。

---

① 这里他所指的个人是指"有创造性的、有感情的个人，是人格"，不是平庸、无情的个人；所指的群众，是指"在思想上总是迟钝的，在感觉上也总是迟钝的"人们，略同于常说的既不能狂妄自大，看不起群众，也不能做群众的尾巴随大流，自保身家。　② 以上这段议论，就是他对当时意大利墨索里尼、德国希特勒法西斯专制势力正图掀起战争高潮种种暴行的严厉斥责，表达了他绝难容忍这种反动勾当的心情。

我的世界观

我们所能有的最美好的经验是奥秘的经验。它是坚守在真正艺术和真正科学发源地上的基本感情。谁要是体验不到它，谁要是不再有好奇心也不再有惊讶的感觉，他就无异于行尸走肉①，他的眼睛是迷糊不清的。就是这样奥秘的经验——虽然掺杂着恐怖——产生了宗教。我们认识到有某种为我们所不能洞察的东西存在，感觉到那种只能以其最原始的形式为我们感受到的最深奥的理性和最灿烂的美——正是这种认识和这种情感构成了真正的宗教感情；在这个意义上，而且也只是在这个意义上，我才是一个具有深挚的宗教感情的人。我无法想象一个会对自己的创造物加以赏罚的上帝，也无法想象它会有象在我们自己身上所体验到的那样一种意志。我不能也不愿去想象一个人在肉体死亡以后还会继续活着；让那些脆弱的灵魂，由于恐惧或者由于可笑的唯我论，去拿这种思想当宝贝吧②！我自己只求满足于生命永恒的奥秘，满足于觉察现存世界的神奇的结构，窥见它的一鳞半爪，并且以诚挚的努力去领悟在自然界中显示出来的那个理性的一部分，即使只是其极小的一部分，我也就心满意足了。

> 他不反对深挚的宗教感情，但不相信一个人肉体死亡后精神还会继续活着。

思考与练习

1. 爱因斯坦是位大科学家。读此文可知他还极具人文精神，愿为人类社会服务，说"人是为别人而生存的"，科学探索与人文关怀，都不可少。请谈谈你对科学与人文关系的认识。

2. 作者说："简单淳朴的生活，……对每个人都是有益的。"现在很多人却相信"金钱至上，物质第一"。大写的"人"究竟应当追求怎样的人生境界？

3. 如何理解作者所认为的应"让每一个人都作为个人而受到尊重"？

---

① 行尸走肉：行动着的死尸，会走路的肉体。意谓这种人不过是没有头脑和灵魂的死尸，活的死人而已。 ② 这些话表明他有的并不是一般意义上的宗教感情，有的乃是深刻关怀人类福祉的那种挚爱之情。

相关链接

　　爱因斯坦发现了相对论之后，据说全世界只有几位科学家能懂得他的理论。有一次，群众围住爱因斯坦的住宅，要他用"最简单的话"解释清楚他的"相对论"。爱因斯坦走出住宅，对大家说："比方这么说——你同你最亲的人坐在火炉边，一个钟头过去了，你觉得好像只过了5分钟！反过来，你一个人孤孤单单地坐在热气逼人的火炉边，只过了5分钟，但你却像坐了一个小时。"——这就是"相对论"！

仲宣楼

登 楼 赋[1]

王 粲

学习提示

1. 这是一篇抒情小赋。简单了解赋讲究词采、声韵、用典等文体特点。
2. 理解本文以"忧"贯穿始终,从"销忧"、思乡到忧国,并将个人前途与国家命运结合起来的情感内容。
3. 认识本文观感结合、情景交融的艺术表现手法。
4. 认识并学习本文线索集中、层次清楚、结构严谨的写作特点。

"望""忧",一篇之骨,全文皆写登楼所见所感。

　　一切景语,皆情语也。因欲"销忧"娱心,故景物亦"信美"。下面两段的情景关系,都可依此类推。

　　见美景而思旧乡,此为"触景生情"。

　　登兹楼以四望兮[2],聊暇日以销忧[3]。览斯宇之所处兮[4],实显敞而寡仇[5]。挟清漳之通浦兮[6],倚曲沮之长洲[7]。背坟衍之广陆兮[8],临皋隰之沃流[9]。北弥陶牧[10],西接昭丘[11]。华实蔽野[12],黍稷盈畴[13]。虽信美而非吾土兮[14],曾何足以少留[15]?

---

[1] 选自《文选》卷十一,上海古籍出版社1986年版。王粲(177—217):字仲宣,山阳高平(在今山东邹城市)人,汉末著名文学家,建安七子之一,其作品被后人辑为《王侍中集》。他曾在汉末动乱中流亡荆州(在今湖北省),投靠刘表,《登楼赋》就是那时写成的。　[2] 兹楼:此楼。具体位置说法不一,现在一般认为指当阳(今湖北当阳市)城楼。　[3] 聊:姑且。暇日:借着这一天。暇,假,借。销忧:消除忧愁。　[4] 览:观。斯:这。宇:这里指楼。　[5] 显敞:明亮宽广。寡仇:少比。仇(qiú),匹配。　[6] 挟:带。漳:水名,在今湖北境内。浦:河水与其支流相通处。全句意谓楼坐落在支流附近,好像挟带着清澈的漳水似的。　[7] 沮:水名,在今湖北境内,在当阳与漳水相合后流入长江。洲:水中高地。全句意谓楼坐落在漳水与沮水合流处,好像倚傍着曲折的沮水中长形的小岛。　[8] 背:背靠,指北面。坟:高。衍:平。广陆:广阔的原野。　[9] 临:面临,指南面。皋隰(xí):水边低湿地。沃流:可以灌溉的河流。全句意谓楼的南面是低洼的水面。　[10] 弥:尽。陶牧:陶朱公的墓地,在当阳境内。据传春秋时范蠡辅佐越王勾践灭吴后急流勇退,隐居不仕,号陶朱公,死后葬于此处。牧,本指郊外,这里指墓地。全句意谓楼北边的尽头是陶朱公的墓地。　[11] 昭:指战国楚昭王。丘:坟墓。　[12] 华实:花与果实。　[13] 黍稷:玉米与高粱,这里泛指农作物。盈:满。畴:田地。　[14] 信:确实。吾土:家乡,这里指长安。王粲祖上世代为朝廷高官,他也生长在京城洛阳,董卓之乱随朝廷迁居长安。　[15] 曾:哪里。少留:稍微停留。

106　大学语文

遭纷浊而迁逝兮①,漫踰纪以迄今②。情眷眷而怀归兮③,孰忧思之可任④?凭轩槛以遥望兮⑤,向北风而开襟⑥。平原远而极目兮⑦,蔽荆山之高岑⑧。路逶迤而修迥兮⑨,川既漾而济深⑩。悲旧乡之壅隔兮⑪,涕横坠而弗禁⑫。昔尼父之在陈兮,有归欤之叹音⑬。钟仪幽而楚奏兮⑭,庄舄显而越吟⑮。人情同于怀土兮⑯,岂穷达而异心⑰!

惟日月之逾迈兮⑱,俟河清其未极⑲。冀王道之一平兮⑳,假高衢而骋力㉑。惧匏瓜之徒悬兮㉒,畏井渫之莫食㉓。步栖迟以徙倚兮㉔,白日忽其将匿㉕。风萧瑟而并兴兮㉖,天惨惨而无色。兽狂顾以求群兮㉗,鸟相鸣而举翼。原野阒其无人兮㉘,征夫行而未息㉙。心凄怆以感发兮㉚,意忉怛而憯恻㉛。循阶除而下降兮㉜,气交愤于胸臆㉝。夜参半而不寐兮㉞,怅盘桓以反侧㉟。

> 此段专写乡愁。路远、山高、水深,以衬有乡难归,此为"借景抒情"。
>
> 孔子、钟仪、庄舄事,以及下段"匏瓜""井渫"云云,皆为用典。凡用典者,无非"借他人之酒杯,浇自家之块垒"。
>
> 各段时、空,依次扩展,感情亦从一己之忧升华为忧国忧民。陆游云"位卑未敢忘忧国"。志士仁人,向来如此。
>
> 惨淡阴森之景,当由愁人眼中看出,恐非写实,此为"因情造景"。
>
> 三段三换韵,层次益加分明;以登楼始,以下楼终,结构何其森严!

---

① 纷浊:纷乱污浊,指汉末社会动乱,军阀混战。迁逝:迁徙流亡,指流亡荆州。 ② 漫:漫长。踰:超过。纪:古人以十二年为一纪。王粲大约十六岁时流亡荆州,在那里住了十五年。 ③ 眷眷:留恋的样子。 ④ 孰:谁。任:堪,受得了。全句意谓谁受得了这样的忧思。 ⑤ 凭:倚靠。轩槛:指楼上的窗栏。 ⑥ 开襟:敞开衣襟。 ⑦ 极目:尽目力所能。 ⑧ 荆山:山名,在今湖北境内。岑:山小而高叫岑。全句意谓目光被荆山的峰峦遮蔽。 ⑨ 逶迤:曲折的样子。修:长。迥(jiǒng):远。 ⑩ 川:河流。漾:长。济:渡过,这里指河水。 ⑪ 壅隔:阻隔。 ⑫ 涕:眼泪。横坠:纷纷落下。弗禁:禁不住。 ⑬ 尼父:孔子。陈:春秋小国。归欤:回去吧。这二句用孔子的典故。据《论语》记载,孔子与弟子周游列国,受困于陈,叹息说"归欤,归欤"。 ⑭ 钟仪:春秋楚国乐官,为晋所俘。幽:囚禁。楚奏:演奏楚国歌曲。据《左传》记载,钟仪囚禁于晋,晋君让他弹琴,他弹奏的仍是楚地的曲调,晋君说他"不忘旧"。 ⑮ 庄舄(xì):据《史记》记载,庄舄原是春秋越国平民,后在楚国做大官,但他病中呻吟仍用越地的声调,说明他仍然"思越"。显:指做官。 ⑯ 怀土:怀念故乡。 ⑰ 穷:困顿,失意,如钟仪囚禁。达:发达,得意,如庄舄做官。以上二句意谓人的思乡之心不会因处境不同而改变。 ⑱ 惟:语助词。日月:指光阴。逾迈:流逝。 ⑲ 俟(sì):等待。河清:古人常用黄河清喻太平盛世。极:到。古代传说黄河每千年清一次,故《左传》有"俟河之清,人寿几何"之语。 ⑳ 冀:盼望。王道:指国家政治。一平:统一太平。 ㉑ 假:借。高衢:大道,这里喻清明的政治。骋力:施展才力。 ㉒ 惧:担心。匏(páo)瓜:葫芦。徒悬:白白挂着。这句典出《论语》,其中记载孔子曾叹息说:"吾岂匏瓜也哉,焉能系而不食?"意谓我要为世所用,不能像葫芦那样挂着不被食用。 ㉓ 渫(xiè):淘洗干净。莫食:没有人吃。全句典出《周易》:"井渫不食,为我心恻。"意谓井水淘干净了却不被饮用,令人伤心。这句立意与上句相同,都是感叹自己不能施展才力。据史书记载,王粲流亡荆州,投奔刘表,本想有所作为,却不为刘表所重。 ㉔ 栖迟:游息。徙倚:徘徊。 ㉕ 忽:一会儿。匿:藏,指日落。 ㉖ 并兴:从四面八方起来。 ㉗ 顾:张望。求群:寻找同类。 ㉘ 阒(qù):寂静。 ㉙ 征夫:行人。 ㉚ 凄怆(chuàng):悲伤。 ㉛ 忉(dāo)怛(dá):忧愁。憯(cǎn)恻:痛苦。 ㉜ 循:沿着。阶除:台阶,指楼梯。 ㉝ 交愤:交结,郁结。 ㉞ 参半:到一半。寐(mèi):睡眠。 ㉟ 盘桓:思来想去。反侧:翻来覆去。

思考与练习

1. 本文开头写道："登兹楼以四望兮,聊暇日以销忧。"试以"望""忧"二字为支点,说明全文的层次、结构和情景描写的变化。
2. 说说本文三段的时间、空间是怎样逐层扩展的?
3. 本文第三段写道："冀王道之一平兮,假高衢而骋力。"这两句话是什么意思? 由此分析,作者怎样把个人前途和国家命运结合在一起?
4. 本文共用了五个典故。把它们找出来,说出其出处、故事、本意,以及作者用以表达的思想感情,并借此了解古代诗文中用典的特点。

相关链接

古人有关评论

如(王)粲之《初征》《登楼》《槐赋》《征思》……虽张(衡)、蔡(邕)不过也。(魏·曹丕《典论·论文》)

因登楼而四望,因四望而触动其忧时感事、去国怀乡之思。凡三易韵,段落自明,文意悠然不尽。(清·李元度《赋学正鹄》)

王粲《登楼赋》:"白日忽其西匿,鸟相鸣而举翼。原野阒其无人,征夫行而未息。"摹写长途景况,令人肌骨凛冽。少陵(杜甫)全用其意,曰:"空村惟见鸟,落日不逢人。"(清·宋长白《柳亭诗话》卷七)

王粲《七哀诗》(其一)

西京乱无象,豺虎方遘患。复弃中国去,委身适荆蛮。亲戚对我悲,朋友相追攀。出门无所见,白骨蔽平原。路有饥妇人,抱子弃草间。顾闻号泣声,挥涕独不还:"未知身死处,何能两相完?"驱马弃之去,不忍听此言。南登霸陵岸,回首望长安。悟彼下泉人,喟然伤心肝。

(王粲《七哀诗》共三首,这里选的是第一首,写他流亡荆州途中的所见所闻,鲜明体现出忧国忧民之心。)

登楼赋 朗读

张中丞传后叙[①]

韩 愈

学习提示

1. 这篇后叙是对李翰《张巡传》的补记,所记人物除了张巡之外,还有许远、南霁云及于嵩等人,所记事迹并不全是传主的生平大节,多由琐屑细事组成。
2. 全文围绕睢阳保卫战这一中心事件,又为作者对殉难者的敬仰之情所统摄,故首尾连贯,机理一片。
3. 本文前半部分以议论为主,为张巡、许远辩诬。后半部分以叙事为主,着重记叙了南霁云的动人事迹,并补叙了张巡、许远的其他逸事。
4. 作者塑造英雄人物形象时,善于选择典型细节突出人物性格,并注意让正面人物的不同性格相互映衬。
5. 文章之始表明写作的目的是给李翰的《张巡传》以重要补充,表彰张巡、许远、雷万春等英烈忠贞为国的功绩。

　　元和二年四月十三日夜[②],愈与吴郡张籍阅家中旧书[③],得李翰所为《张巡传》[④]。翰以文章自名[⑤],为此传颇详密。然尚恨有阙者[⑥]:不为许远立传[⑦],又不载雷万春事首尾[⑧]。

---

①选自韩愈著,马其昶校注,马茂元整理《韩昌黎文集校注》全三册,上海古籍出版社2018年版,有改动。张中丞:即张巡(709—757),邓州南阳(今河南南阳)人。唐玄宗开元末进士,由太子通事舍人出任清河县令,又调真源县令。玄宗天宝十四载(755)安禄山叛唐,张巡在雍丘一带起兵抗击,后与许远同守睢阳(今河南商丘)孤城,被围经年,终因兵尽粮绝,援兵不至,于唐肃宗至德二载(757)城破被俘,与部将三十六人同时殉难。他曾被朝廷加御史中丞官衔,故称"张中丞"。《张中丞传》即《张巡传》,唐李翰撰,今已失传。后叙:也作"后序",是著作、诗文或图册的后记,用以对正文进行说明、考订、补充或议论,又称"跋""题后"等。本文是对《张巡传》的补充,故称"后叙"。韩愈(768—824):字退之,河内河阳(今河南孟州西)人。自谓郡望昌黎(今属河北),世称韩昌黎。唐德宗贞元八年(792)进士。贞元末,任监察御史,因上疏请求减免灾民赋税,贬阳山令。唐宪宗元和十二年(817)随宰相裴度平定淮西藩镇之乱,迁刑部侍郎。元和十四年(819),因谏阻唐宪宗迎佛骨,被贬为潮州(今属广东)刺史。穆宗朝,召为国子监祭酒,后历任京兆尹、兵部侍郎、吏部侍郎。卒谥文,后世又称韩文公。韩愈是中唐古文运动的主要倡导者,以恢复儒家道统自任,力排佛老;崇尚秦汉古文,反对六朝以来骈俪浮艳的文风。其文内容殷实,气势雄健,笔力遒劲,语言新颖,富有个性,为"唐宋八大家"之首。有《昌黎先生集》。　②元和:唐宪宗李纯的年号。元和二年,即公元807年。　③吴郡:治所在今江苏苏州。张籍:字文昌,原籍吴郡,寄居和州乌江(今安徽和县乌江镇)。唐代诗人,韩愈之友。　④李翰:字子羽,赵州赞皇(今河北石家庄)人,官至翰林学士,与张巡友善。张巡死后,曾撰写《张巡传》上唐肃宗,为张巡辩诬。　⑤翰以文章自名:据《旧唐书·文苑传》记载:"(翰)为文精密,用思苦涩。"自名,自负。　⑥阙:缺陷,不足。　⑦许远(709—757):字令威,杭州盐官(今浙江海宁)人。安史之乱时,任睢阳太守,叛军犯睢阳,许远向张巡告急,张巡引兵前来,与许远共守睢阳。城陷被俘,押往洛阳囚禁,后被杀害。　⑧雷万春:张巡部下的勇将,与张巡一起被害。首尾:指事情的始末。一说,"雷万春"也许是"南霁云"三字之误。

张中丞传后叙　109

韩愈

以上三段为文章的前半部分，辩许远无降贼之理，全用议论。文中先辩"畏死而辞服于贼"，再辩"分城而守"。然后文章宕开一笔，矛头直指"擅强兵坐而观者"的罪责，揭示对张、许的诽谤实质是把自己放在与叛逆者同类的地位上。文中议论纵横开阖，曲折多变，说理环环紧扣，层层深入。反诘句、设问句的巧妙运用，更增强了论辩的力量。而前半部分的议论又将成为后半部分叙事的纲。

远虽材若不及巡者①，开门纳巡②，位本在巡上。授之柄而处其下③，无所疑忌，竟与巡俱守死，成功名④。城陷而虏⑤，与巡死先后异耳⑥。两家子弟材智下⑦，不能通知二父志⑧，以为巡死而远就虏⑨，疑畏死而辞服于贼⑩。远诚畏死⑪，何苦守尺寸之地⑫，食其所爱之肉⑬，以与贼抗而不降乎？当其围守时，外无蚍蜉蚁子之援⑭，所欲忠者，国与主耳⑮，而贼语以国亡主灭⑯。远见救援不至，而贼来益众，必以其言为信。外无待而犹死守⑰，人相食且尽⑱，虽愚人亦能数日而知死处矣⑲，远之不畏死亦明矣！乌有城坏其徒俱死⑳，独蒙愧耻求活？虽至愚者不忍为㉑，呜呼！而谓远之贤而为之邪！

说者又谓远与巡分城而守㉒，城之陷，自远所分始。以此诟远㉓，此又与儿童之见无异。人之将死㉔，其藏腑必有先受其病者㉕；引绳而绝之㉖，其绝必有处㉗。观者见其然，从而尤之㉘，其亦不达于理矣㉙！小人之好议论，不乐成人之美㉚，如是哉㉛！如巡、远之所成就，如此卓卓㉜，犹不得免，其他则又何说！

当二公之初守也，宁能知人之卒不救，弃城而逆遁㉝？苟此不能守㉞，虽避之他处何益？及其无救而且穷也㉟，将其创残饿羸之余㊱，

①"远虽"句：意思是许远的才能虽然似乎比不上张巡。　②开门纳巡：唐肃宗至德二载(757)，叛军安庆绪部将尹子奇带兵十三万围睢阳，当时任睢阳太守的许远，向张巡告急，张巡自宁陵率军入睢阳城守卫。纳，接纳。　③"授之"句：谓许远把兵权交给张巡，甘居其下。柄，权柄。处，居于。　④竟：终于。成功名：成就功业名节。　⑤城陷而虏：至德二载(757)十月，睢阳陷落，张巡、许远被俘。　⑥"与巡死"句：意思是，许远与张巡只是牺牲时间有先后不同罢了。城破之后，张巡与部将三十六人被斩，许远被送往洛阳邀功，后在偃师被害。　⑦"两家"句：唐代宗大历年间，张巡之子张去疾听信谣言，怀疑许远被俘后投降叛军，上书唐代宗要求追夺许远官爵。诏令张去疾与许远之子许岘及百官等议此事。材智下，才智低下，指他们轻信谣言、不辨是非。　⑧通知：通晓，透彻了解。　⑨就虏：被俘虏。　⑩辞服：请降。　⑪诚：如果。　⑫尺寸之地：指被围的睢阳城。　⑬"食其"句：睢阳久困粮尽，军民以雀鼠为食，最后只得以妇女和老弱男子充饥。所爱，所爱的人。当时张巡曾杀爱妾，许远曾杀奴仆以充军粮。　⑭"外无"句：是说外面连蚍蜉蚁子那么微弱的援兵也没有。蚍(pí)蜉(fú)，大蚂蚁。蚁子，幼蚁。　⑮国与主：国家与皇帝。　⑯"而贼"句：说叛军就可能以"国亡主灭"为借口来招降张巡、许远。安史之乱后，长安、洛阳相继陷落，唐玄宗逃往西蜀，国势危殆。　⑰外无待：外面没有援兵可以依靠。睢阳被围时，贺兰进明等人皆拥兵观望，不来相救。　⑱且尽：将尽。　⑲"虽愚人"句：即使是愚人也会计算日期而知道自己的死所。意思是早有城破身亡的思想准备。数，计算。　⑳乌有：哪里有。城坏：城破。　㉑不忍为：不愿意这样做。　㉒"说者"句：张巡与许远曾分兵把守睢阳，当时许远守城西南，张巡守城东北。城陷时敌军先从许远所守的地段攻入，有人因此污蔑许远。说者，发议论的人，指张去疾等人。　㉓诟(gòu)：诽谤。　㉔人之将死：在人将死的时候。　㉕藏腑：同"脏腑"。病：害。　㉖引：拉。　㉗绝：断裂。有处：一定的地方。　㉘尤之：指归罪先受侵害的内脏和绳子先断裂的地方。尤，埋怨，责怪。　㉙不达于理：不合乎常理。　㉚成人之美：赞助、成全别人的好事。《论语·颜渊》："君子成人之美，不成人之恶，小人反是。"　㉛如是哉：像这样啊！意指竟然到这样的地步。　㉜卓卓：卓越出众。　㉝宁：岂，哪里。卒：终于。逆遁：预先撤退。　㉞苟：假如。　㉟穷：困厄。　㊱"将其"句：意思是率领那些残兵败将。将，率领。创，受伤。羸，瘦弱。

110　大学语文

虽欲去①,必不达。二公之贤,其讲之精矣②!守一城,捍天下,以千百就尽之卒③,战百万日滋之师④,蔽遮江淮,沮遏其势⑤,天下之不亡,其谁之功也!当是时,弃城而图存者,不可一二数⑥;擅强兵坐而观者,相环也⑦。不追议此⑧,而责二公以死守,亦见其自比于逆乱⑨,设淫辞而助之攻也⑩。

愈尝从事于汴、徐二府⑪,屡道于两府间⑫,亲祭于其所谓双庙者⑬。其老人往往说巡、远时事云⑭:南霁云之乞救于贺兰也⑮,贺兰嫉巡、远之声威功绩出己上⑯,不肯出师救;爱霁云之勇且壮,不听其语,强留之,具食与乐⑰,延霁云坐⑱。霁云慷慨语曰:"云来时,睢阳之人,不食月余日矣⑲,云虽欲独食,义不忍⑳;虽食,且不下咽!"因拔所佩刀,断一指,血淋漓,以示贺兰。一座大惊,皆感激为云泣下㉑。云知贺兰终无为云出师意,即驰去;将出城,抽矢射佛寺浮图㉒,矢著其上砖半箭㉓,曰:"吾归破贼,必灭贺兰!此矢所以志也㉔。"愈贞元中过泗州㉕,船上人犹指以相语。城陷,贼以刃胁降巡㉖,巡不屈,即牵去,将斩之;又降霁云,云未应。巡呼云曰:"南八㉗,男儿死耳,不可为不义屈!"云笑曰:"欲将以有为也㉘;公有言,云敢不死㉙!"即不屈。

张籍曰:"有于嵩者,少依于巡,及巡起事㉚,嵩常在围中㉛。籍大历中于和州乌江县见嵩㉜,嵩时年六十余矣,以巡初尝得临涣县尉㉝,好学无所不读。籍时尚小,粗问巡、远事,不能细也。

> 以南霁云断指拒食、抽矢射塔、就义前对张巡的慷慨激昂的对答,此三典型事件突出南霁云"勇且壮"的英雄性格。

① 去:逃走。 ②"二公"两句:张巡、许远二位的功绩,前人已经有十分精当的评价了。这里指李翰《进张中丞传表》所云:"巡退军睢阳,扼其咽领,前后拒守。自春徂冬,大战数十,小战数百,以少击众,以弱击强,出奇无穷,制胜如神,杀其凶丑且凡九十余万。贼所以不敢越睢阳而取江淮,江淮所以保全者,巡之力也。" ③ 就尽:濒临灭亡。 ④ 日滋:一天天增多。 ⑤ 沮(jǔ)遏:阻止。 ⑥ 不可一二数:数起来不止一两个。意即不在少数。 ⑦ 相环:即一个连着一个,众多的意思。当时谯郡、彭城、临淮等地守将均按兵不动。 ⑧ 追议:追究,评议。 ⑨"自比"句:把自己放在与叛逆者同类的地位。比,依附。 ⑩ 设淫辞:编造荒谬的言论。 ⑪"愈尝"句:韩愈曾先后任宣武军节度使董晋的观察判官,在汴州;徐泗濠节度使张建封的节度判官,在徐州。从事,任职。唐时称幕僚为从事。 ⑫ 屡道:几次经过。 ⑬ 双庙:张巡、许远死后,后人在睢阳立庙合祀张、许二人,称为双庙。 ⑭ 其老人:指睢阳一带的老人。 ⑮ 南霁云:魏州顿丘(今河南清丰)人,出身贫贱,安禄山反时,参加平叛,被派往睢阳与张巡议事,被张巡留下为部将。贺兰:指贺兰进明,当时任御史大夫、河南节度使,驻节临淮一带。 ⑯ 嫉:妒忌。 ⑰ 具食与乐:准备了酒食与音乐。 ⑱ 延:请。 ⑲"不食"句:没有东西吃已经有一个多月了。 ⑳ 义:道义。 ㉑ 感激:感动。 ㉒ 浮图:佛塔。 ㉓ 著:附着。 ㉔"此矢"句:意思是这支箭就用来作为标记。志,标记。 ㉕ 贞元:唐德宗李适的年号。泗州:唐时属河南道,州治在临淮,当时贺兰进明即屯兵于此。 ㉖ 胁降巡:逼迫张巡投降。 ㉗ 南八:南霁云排行第八,故称。 ㉘ 有为:有所作为,指暂时隐忍以图报仇。 ㉙ 敢:岂敢。 ㉚ 起事:指起兵抗击叛军。 ㉛ 常在围中:曾在被围的睢阳城中。常,通"尝",曾经。 ㉜ 大历:唐代宗李豫的年号。 ㉝"以巡"句:是说于嵩因追随张巡之故,起先曾被加恩授予临涣(今属安徽淮北)县尉之职。以,因。

通过张籍叙述于嵩语,记张巡逸事,拉杂错综,可见张巡不仅是位勇将,而且才气横溢,文武双全,闲处落笔,把张巡的形象烘托得更加完美高大。

于嵩言许远为"宽厚长者""貌如其心""呼巡为兄",与上文"授之柄而处其下"前后呼应。

文至此,张巡、许远、南霁云三位英烈,性格互相映衬,千载之下个个凛凛有生气。

云:巡长七尺余,须髯若神。尝见嵩读《汉书》,谓嵩曰:'何为久读此?'嵩曰:'未熟也。'巡曰:'吾于书读不过三遍,终身不忘也。'因诵嵩所读书,尽卷不错一字①。嵩惊,以为巡偶熟此卷,因乱抽他帙以试②,无不尽然③。嵩又取架上诸书,试以问巡,巡应口诵无疑。嵩从巡久,亦不见巡常读书也。为文章,操纸笔立书④,未尝起草。初守睢阳时,士卒仅万人⑤,城中居人户,亦且数万,巡因一见问姓名,其后无不识者。巡怒,须髯辄张。及城陷,贼缚巡等数十人坐,且将戮。巡起旋⑥,其众见巡起,或起或泣。巡曰:'汝勿怖!死,命也。'众泣不能仰视。巡就戮时,颜色不乱⑦,阳阳如平常⑧。远宽厚长者,貌如其心⑨;与巡同年生,月日后于巡,呼巡为兄,死时年四十九。"嵩贞元初死于亳、宋间⑩,或传嵩有田在亳、宋间,武人夺而有之⑪,嵩将诣州讼理⑫,为所杀。嵩无子。张籍云。

思考与练习

1. 本文赞扬了怎样一种精神?在今天看来有何现实意义?
2. 本文哪些地方表现出议论与叙事并重的特色?
3. 试具体分析文中在塑造英雄人物形象时,采用了哪些有效方法。

---

① 尽卷:读完一卷。 ② 帙(zhì):唐时书籍是卷子的形式,把几个卷子包在一起的书套叫帙。这里指书本。 ③ 尽然:都这样。 ④ 立书:马上书写。意指一挥而就。 ⑤ 仅:几乎,将近。 ⑥ 起旋:起身小便。一说起身环行。 ⑦ 颜色不乱:指脸色不变。 ⑧ 阳阳:镇定自若的样子。 ⑨ 貌如其心:相貌和他的心地一样宽厚。 ⑩ 亳(bó):亳州,今安徽亳州。宋:宋州,即睢阳,今河南商丘。 ⑪ 有:占有。 ⑫ 诣(yì):往,到。讼(sòng)理:诉讼。

112　大学语文

相关链接

　　辩许远无降贼之理,全用议论,后于老人言。补南霁云乞师,全用叙事,末从张籍口中述于嵩。述张巡轶事,拉杂错综,史笔中变体也。争光日月,气薄云霄,文至此可云不朽。

沈德潜《唐宋八家文读本》卷二

　　缘与张籍读中丞传,胸中触著许南事,及当时传说浮议,并张籍零星所闻,因此成文。是书后体,非史传体也。依文分则,作四则看。为许远辩诬作一则,为二公辩死守作一则,此两则乃辩体也。叙南八事作一则,记张籍述于嵩语作一则,此两则乃叙事体也。各成片段,慎勿牵纽。

浦起龙《古文眉诠》卷五十一

　　韩愈性好奇,与朋友登华山绝峰,自忖不能返下山,于是作遗书,发狂恸哭,华阴县令千方百计施救,愈才得以下绝峰。

据李肇《唐国史补·卷中》译写

辑评-韩愈

文与可画筼筜谷偃竹记[1]

苏　轼

学习提示

1. 从题目看，本文是一篇题画记，但实际上是一篇悼念散文，写法却又不同于一般的记人散文。本文巧妙地从"画竹"谈起，又以"画竹"贯穿始终，而在记叙"画竹"的深层蕴藏着作者对文与可的深厚情谊与敬仰、痛惜之情。

2. 本文从阐述文与可的绘画理论入手，着重总结文与可的文艺创作思想与构思过程：一是"胸有成竹"，二是"心手相应"。

3. 本文通过记叙文与可的绘画逸事，如将求画者送来的白绢称为做袜材料，又写到和苏轼书信往来、作诗唱和时的戏笑辩谈，失笑喷饭等，生动地表现了文与可率真、爽朗、风趣的性格和淡泊名利、不落世俗的品德，同时展示出两人之间的深情厚谊，亲密无间。

4. 本文似乎是信笔写来，漫无边际，实际上却中心明确，结构严密，正体现了苏轼散文行云流水，挥洒自如，而又意蕴深切的特色。

　　竹之始生，一寸之萌耳[2]，而节叶具焉；自蜩蝮蛇蚹[3]，以至于剑拔十寻者[4]，生而有之也。今画者乃节节而为之，叶叶而累之，岂复有竹乎[5]？故画竹必先得成竹于胸中[6]，执笔熟视，乃见其所欲画者，急起从之，振笔直遂[7]，以追其所见，如兔起鹘落[8]，少纵则逝矣[9]。与可之教予如此。予不能然也，而心识其所以然[10]。夫既心识其所以然，而不能然者，内外不一，心手不相应，不学之过也。故凡有见于中，而操之不熟者，平居自视了然，而临事忽焉丧之[11]，岂独竹乎？

---

[1] 选自王水照选注《苏轼选集》，上海古籍出版社1984年版。文与可（1018—1079）：名同，字与可，梓州（今属四川绵阳）人。北宋著名画家，尤擅画竹。他与苏轼是表兄弟，曾任洋州（今属陕西汉中）知州。筼(yún)筜(dāng)谷：在洋州西北，因盛产竿粗节长的筼筜竹而得名。偃(yǎn)竹：仰斜的竹子。　[2] 萌：萌芽，这里指初生的竹笋。　[3] 蜩(tiáo)蝮(fù)：蝉壳。蛇蚹(fù)：蛇腹下的鳞。　[4] 剑拔：像剑一样挺拔。寻：古代八尺为一寻。　[5] "今画者"三句：意谓如今一些画家在画竹时，却一节一节地描绘它，一叶一叶地增添它，怎么还会有完整的生机勃勃的竹子呢？　[6] 成竹：在画竹之前，胸中已先有酝酿成熟的完整的竹子。　[7] "振笔"句：意谓挥笔作画，一气呵成。振笔：挥笔。直：径直。遂：完成。　[8] "如兔"句：如同兔子一跃起飞跑，猎鹰就俯冲下来捕捉。这是指运笔时要抓住感悟到的时机，一气呵成。鹘(hú)：一种猛禽、猎鹰。　[9] "少纵"句：稍微一放松，灵感就消失了。少：通"稍"。纵：放松。　[10] "予不能然"二句：我不能做到这样，但心里明白这样做的道理。然：这样，如此。识：认识，明白。　[11] "忽焉"句：忽然不见了，丧失了。丧：丧失、失掉。

子由为《墨竹赋》①以遗与可曰:"庖丁,解牛者也,而养生者取之②;轮扁,斫轮者也,而读书者与之③。今夫夫子之托于斯竹也,而予以为有道者则非耶④?"子由未尝画也,故得其意而已。若予者,岂独得其意,并得其法。

与可画竹,初不自贵重。四方之人,持缣素而请者⑤,足相蹑于其门⑥。与可厌之,投诸地而骂曰:"吾将以为袜!"士大夫传之,以为口实⑦。及与可自洋州还,而余为徐州⑧。与可以书遗余曰:"近语士大夫:'吾墨竹一派,近在彭城,可往求之⑨。'袜材当萃于子矣⑩。"书尾复写一诗,其略曰:"拟将一段鹅溪绢,扫取寒梢万尺长⑪。"予谓与可:"竹长万尺,当用绢二百五十匹。知公倦于笔砚,愿得此绢而已!"与可无以答,则曰:"吾言妄矣,世岂有万尺竹哉?"余因而实之⑫,答其诗曰:"世间亦有千寻竹,月落庭空影许长⑬。"与可笑曰:"苏子辩矣,然二百五十匹绢,吾将买田而归老焉!"因以所画《筼筜谷偃竹》遗予曰:"此竹数尺耳,而有万尺之势。"筼筜谷在洋州,与可尝令予作洋州三十咏,筼筜谷其一也。予诗云:"汉川修竹贱如蓬,斤斧何曾赦箨龙⑭。料得清贫馋太守,渭滨千亩在胸中⑮。"与可是日与其妻游谷中,烧笋晚食,发函得诗,失笑喷饭满案。

元丰二年正月二十日,与可没于陈州⑯。是岁七月七日,予在湖州,曝书画⑰,见此竹,废卷而哭失声⑱。

昔曹孟德祭桥公文,有"车过""腹痛"之语⑲,而予亦载与可畴昔戏笑之言者⑳,以见与可于予亲厚无间如此也。

---

① 子由:苏轼的弟弟苏辙,字子由。北宋著名作家,与兄苏轼、父苏洵同属"唐宋八大家",合称"三苏"。　② 庖丁:出自《庄子·养生主》,意谓庖丁讲的是宰割牛的经验,但讲求养生的人可以从中悟出养生的道理。　③ "轮扁"三句:轮扁讲的斫轮的道理,读书的人赞成它。轮扁:斫轮的工匠,名扁。斫(zhuó):砍削。　④ "今夫"二句:现在从您画的竹子所寄托的意蕴来看,我认为您是一个深明事理的人,难道不是吗?　夫子:这里指文与可。托:寄托。　⑤ 缣(jiān)素:古人用来绘画的白色细绢。　⑥ "足相蹑(niè)"句:意谓上门来求文与可作画的人很多,以致脚互相踩碰。蹑:踩。　⑦ 口实:话柄。　⑧ "及与可"二句:文与可于宋仁宗熙宁八年(1075)出任洋州知州,熙宁十年(1077)返回京师。苏轼于熙宁九年(1076)任徐州知州。　⑨ "吾墨竹"三句:我们画墨竹这一派的代表人物,就在很近的徐州,可以到那里去求他作画。彭城:即徐州。　⑩ "袜材"句:做袜子的材料(指作画的白绢)将聚集到您(指苏轼)那里来了。萃(cuì):聚集。　⑪ "拟将"二句:鹅溪,地名,在今四川盐亭西北,以产绢著名。扫:这里指用笔作画。寒梢:指竹。因竹不怕寒冷,故名。　⑫ 实:证实。这里指故意坐实。　⑬ "月落"句:当落月斜照空旷庭院之时,竹的影子就有这样(千寻)长了。许:这样。　⑭ 斤:斧。箨(tuò)龙:竹笋的别名。　⑮ "渭滨"句:这句意谓渭水边上的千亩竹林都在文与可胸中。戏说文与可把这大片竹都吃进去了,实指文与可非常熟悉竹子,胸中有丰富的竹子形象。渭滨:渭水边上。千亩:指千亩竹林。《史记·货殖列传》:"渭川千亩竹。"　⑯ 没:通"殁",死亡。陈州:今河南淮阳。文与可于宋神宗元丰元年(1078)十月调任湖州(今浙江吴兴)知州,从汴州出发,到陈州的宛丘驿病逝。　⑰ 曝(pù):晒。　⑱ 废卷:放下画卷。卷,卷轴,即装裱好的带轴的画卷。　⑲ "昔曹孟德"二句:曹操年轻时,还不出名,桥玄就很赏识他。据《三国志·魏书·武帝纪》裴松之注引文,桥玄曾对曹操说过:我死后,你曹操路过我的坟墓,如果不以一斗酒一只鸡祭祀我,那么车过三步,就会叫你肚子痛,到时不要怪我。虽是一时戏言说笑,但可见两人交情之深。后来曹操路过桥玄墓地,以隆重仪式祭祀桥玄,并作《祀故太尉桥玄文》,文中就讲到"车过""肚痛"的话。苏轼在本篇引用这个典故,是说明自己与文与可之间关系十分亲密,也是什么谈笑戏言都可写进文章。　⑳ 畴(chóu)昔:从前。

思考与练习

1. 本篇通过写哪些逸事来展示文与可的性格与品德，又写出苏轼与文与可两人之间的情谊？

2. 本文通过概述文与可的画竹技法，阐发其文艺创作思想："胸有成竹"，自何而来？"心手不相应"，指什么？

3. 文与可的画论，重在仔细观察、体会，胸有成竹后，进一步心手相应，熟练地、艺术性地表现出来。平时自视了然，操之不熟仍难有成。这样的认识对各种创作，基本一致。总之非长期专心致志、持久不懈、坚持努力不可。结合自己的实际，谈谈你的体会。

4. 文中记载了苏轼与文与可关于"万尺竹"的争论，这说明了什么艺术道理？你还知道其他相似的文艺争论吗？

相关链接

"扫取寒梢万尺长"是否合理？请阅读下文进行思考。

扫取寒梢万尺长

《学林新编》云：(杜甫)《古柏行》曰"霜皮溜雨四十围，黛色参天二千尺"。沈存中(沈括)《笔谈》云："无乃太细长。"某按子美《潼关吏》诗曰："大城铁不如，小城万丈余。"岂有万丈城耶？姑言其高。"四十围""二千尺"者，亦姑言其高且大也。诗人之言当如此，而存中乃拘以尺寸校之，则过矣。

胡仔《苕溪渔隐丛话》前集卷八

下面介绍苏轼所写的一篇著名短文,可与课文作一番比较,看看两文有什么联系。

记承天寺夜游

元丰六年十月十二日,夜,解衣欲睡。月色入户,欣然起行。念无与乐者,遂至承天寺,寻张怀民。怀民亦未寝,相与步于中庭。

庭下如积水空明,水中藻荇交横。盖竹柏影也。

何夜无月,何处无竹柏,但少闲人如吾两人耳。

此文是公元1083年东坡贬官黄州时所写。承天寺即在黄州。朋友张怀民也正被贬官同在黄州。彼此都是被贬在此近乎流放的闲人,深夜月明,别无他人可与同乐,乃相与出来步于中庭,但见庭院中多竹柏之影。应有许多风景、心情可说可写,乃都留下成为空白,却可由读者自己去想象出来。应有许多可说,会说,却不说不写为好,读者仍能理解与同情作者。此文清新精致,韵味无穷。东坡一生艰难困苦,不同情况下写出的诗文,各有特点。诗文书画,样样是大师之作。

辑评-苏轼

竹

狙　公[①]

刘　基

学习提示

1. 这则寓言形象地揭露了统治者对百姓的残酷剥削与压榨，说明统治者"使民以术"，使用欺骗、暴力手段，虽能得逞于一时，但终究会遭到百姓的反抗，借此警告统治者对百姓不可横征暴敛，竭泽而渔，否则一旦百姓觉醒了，就会官逼民反，统治者就会众叛亲离，没有好的下场。
2. 寓言肯定了众狙的觉醒与对暴政的反抗，这是难能可贵的。
3. 这则寓言模仿秦汉子书，带叙带议，亦问亦诘，将叙事与议论巧妙结合，叙事简洁生动，说理一针见血，既体现了作者政治家的见识，又显示了文学家的才气。

> 狙公一方面利用众狙混沌愚昧，一方面使用残暴手段，不劳而获。

楚有养狙以为生者，楚人谓之狙公。旦日，必部分众狙于庭[②]，使老狙率以之山中[③]，求草木之实，赋十一以自奉[④]。或不给[⑤]，则加鞭箠焉[⑥]。群狙皆畏苦之，弗敢违也。

> 小狙挺身而出，提出三个疑问，在设问中质疑，在质疑中论辩，层层深入，使众狙觉醒。

一日，有小狙谓众狙曰："山之果，公所树与[⑦]？"曰："否也，天生也。"曰："非公不得而取与？"曰："否也，皆得而取也。"曰："然则吾何假于彼而为之役乎？"[⑧]言未既，众狙皆寤[⑨]。

> 狙公的下场。

其夕，相与伺狙公之寝，破栅毁柙[⑩]，取其积，相携而入于林中，不复归。狙公卒馁而死。

> 由叙事转入议论，由寓言故事转入社会批判，并对统治者予以警告与嘲弄。

郁离子[⑪]曰："世有以术使民而无道揆者[⑫]，其如狙公乎！惟其昏而未觉也。一旦有开之[⑬]，其术穷矣。"

---

①选自何镗编校《太师诚意伯刘文成公集》卷二《郁离子·瞽聩》，明刊本。标题为编者所加。狙(jū)公：养猴子的老人。狙：猕猴，猴子。刘基(1311—1375)，字伯温，处州青田(今浙江青田县)人。元末进士，曾任江西高安县丞、江浙儒学副提举等职，为官清正，不避豪强。因屡次受人排挤，遂弃官归隐。著《郁离子》，抨击暴政，总结历史教训。元至正二十年(1360)，明太祖朱元璋慕名请他出山，此后，即随朱元璋驰驱征战，辅助朱元璋平定天下，并成为明代开国功臣。明朝建立后，刘基主持历法编定等工作，凡朝廷重要的规章典制，多出其手。官至御史中丞兼太史令，封诚意伯。洪武四年(1371)，告老还乡。洪武八年(1375)，忧愤疾作而死，一说为左丞相胡惟庸毒死。有《诚意伯文集》等著作行世。　②部分：部署、分派任务。　③之：到，往。　④赋十一以自奉：只留下所获得果实的十分之一来养活自己。　⑤不给：这里是没有完成任务的意思。　⑥鞭箠(chuí)：鞭打。箠，鞭子，鞭打。　⑦树：种植。与：同"欤"，表疑问助词。　⑧假：凭借，依靠。役：劳役，使唤。　⑨寤：通"悟"，醒悟，明白。　⑩栅(zhà)：栅栏。柙(xiá)：关野兽的笼子。　⑪郁离子：刘基在元末隐居时所用别号，取郁郁光明之意。　⑫术：此指权术，手段。道：义理，道理。揆(kuí)：准则，道理。　⑬开：启发，开导。

思考与练习

1. 狙公靠什么能长期地奴役众狙？他最后的饿死,说明了什么道理？
2. 为什么老狙只会长期忍受,而小狙敢于反抗狙公的奴役与剥削？
3. 文中狙公如何役使众狙、众狙的反抗都写得比较简略,而对小狙的三次发问却作详写,作者用意何在？小狙三次发问的顺序可否先后颠倒？为什么？
4. 读了本寓言,你有什么感想？

相关链接

《郁离子》的寓意

《郁离子》是刘基所作的寓言集。全书共十八章,一百九十五篇,完成于作者元末隐居家乡青田时。"郁离"二字,就是"文明"的意思。用吴从善《郁离子序》里的话来说,就是"其意为天下后世若用斯言(指刘基在寓言中所阐发的道理),必可抵文明之治。"刘基创作这部寓言集,目的在于借寓言的形式指摘现实弊端,总结历史经验与教训,为后人提供借鉴。

相见恨晚

刘基第一次见到朱元璋时,朱元璋问他会不会做诗。刘基回答说,这是读书人最起码的本领,怎么不会呢。当时朱元璋正在吃饭,便指着自己用的斑竹筷子要刘基赋诗。刘基应声吟道:"一对湘江玉并看,二妃曾洒泪痕斑。"朱元璋皱着眉头说:"秀才气味。"刘基说:"还未说完了,"他接着说:"汉朝四百年天下,尽在张良一借间。"原来,汉代的张良曾在刘邦吃饭时,借用刘邦的筷子比划,出谋划策。刘基用了这个典故。朱元璋听了很高兴,对刘基有相见恨晚之感。

晚游六桥待月记①

袁宏道

学习提示

1. 领略古代士大夫游山玩水时表现的独特审美情趣。
2. 体会文章写花、写月、写游人时所用的铺垫、陪衬笔法。
3. 品味文章用语简洁传神的特点。
4. 掌握本文中一些文言实词,能把全文翻译成现代汉语。

> 文字简省到极点。不可减去一字。
>
> 西湖之盛在花之"奇观"。
>
> 花与人兼写。西湖之盛又在人之"艳冶"。

西湖最盛,为春为月。一日之盛,为朝烟,为夕岚②。今岁春雪甚盛,梅花为寒所勒③,与杏桃相次开发,尤为奇观。石篑数为余言④,傅金吾园中梅⑤,张功甫家故物也⑥,急往观之。余时为桃花所恋,竟不忍去。湖上由断桥至苏堤一带⑦,绿烟红雾,弥漫二十余里。歌吹为风⑧,粉汗为雨,罗纨之盛⑨,多于堤畔之草,艳冶极矣。

---

① 选自钱伯城《袁宏道集笺校》,上海古籍出版社2008年版。万历二十五年(1597)春,袁宏道辞去吴县(今属江苏苏州)县令,畅游吴越名胜,记游杭州西湖的文章共16篇,这是其中之一。原本题为"西湖二"现据吴郡本、小修本改为"晚游六桥待月记"。六桥:从南到北横贯西湖苏堤上的六座桥。袁宏道(1568—1610):字中郎,号石公,湖广公安(今属湖北)人。明代文学家。与兄宗道、弟中道并称"三袁",是明代"公安"派创始人,反对复古,主张独抒性灵。有《袁中郎全集》。 ② 岚:山林中的雾气。 ③ 勒:约束。 ④ 石篑(kuì):作者好友陶望龄的号。 ⑤ 傅金吾:姓傅的金吾。金吾,即执金吾,掌管京城治安的官员。 ⑥ 张功甫:宋代张镃字功甫,其家园林中玉照堂,有梅花四百株。 ⑦ 断桥:本名宝祐桥,唐代称为断桥,在白堤东面。苏堤:宋代苏东坡任杭州知州时,疏浚西湖而筑的堤,南北向横截西湖。 ⑧ 歌吹:歌唱奏乐。 ⑨ 罗纨:精美的丝织品,这里指穿着华丽的人。

然杭人游湖,止午未申三时①。其实湖光染翠之工,山岚设色之妙,皆在朝日始出,夕舂未下②,始极其浓媚。月景尤不可言,花态柳情,山容水意,别是一种趣味。此乐留与山僧游客受用,安可为俗士道哉!

> 写杭人游湖,是对作者游湖的铺垫。
>
> "朝日"呼应"朝烟"。"夕舂"呼应"夕岚"。但"朝烟""夕岚"只是陪衬。
>
> "月"终于登场,不可言传,这才是美的极致。
>
> 月景如何淡雅?只用八个字形容,留给读者想象的余地。
>
> 山僧是世外之人,游客指自己。这才是能赏西湖美景的"雅士"。

西湖三潭印月

思考与练习

1. 从文中哪些地方可以看出作者不同于"俗士"的独特欣赏趣味?

2. 作者写桃花,为什么要写梅花?写月景,为什么要写朝烟夕岚?写自己游湖,为什么要写杭人游湖?

3. 品味以下句子,说说其表达简洁传神的妙处:

(1)西湖最盛,为春为月。一日之盛,为朝烟,为夕岚。

(2)歌吹为风,粉汗为雨。

(3)湖光染翠。

(4)月景尤不可言,花态柳情,山容水意。

---

① 午、未、申:古代时辰,指中午十一点到下午十七点。　② 夕舂(chōng):夕阳。

袁宏道另一美文《初至西湖记》

从武林门而西,望保叔塔突兀层崖中,则已心飞湖上也。午刻入昭庆,茶毕,即棹小舟入湖。山色如娥,花光如颊,温风如酒,波纹如绫,才一举头,已不觉目酣神醉。此时欲下一语描写不得,大约如东阿王(曹植)梦中初遇洛神时也。余游西湖始此,时万历丁酉(1597年)二月十四日也。晚同子公(作者好友)渡净寺(净慈寺),觅阿宾(作者弟袁中道)旧住僧房。取道由六桥、岳坟、石径塘而归。草草领略,未及遍赏。次早得陶石篑帖子。至十九日,石篑兄弟同学佛人王静虚至,湖山好友,一时凑集矣。

明·田汝成《西湖游览志·西湖总叙》(节选)

西湖,故明圣湖也。周绕三十里,三面环山,谿谷缕注,下有渊泉百道,潴而为湖。汉时,金牛见湖中,人言明圣之瑞,遂称明圣湖。以其介于钱唐也,又称钱唐湖。以其输委于下湖也,又称上湖。以其负郭而西也,故称西湖云。

明·张岱《西湖七月半》(节选)

吾辈始舣舟近岸,断桥石磴始凉,席其上,呼客纵饮。此时月如镜新磨,山复整妆,湖复颒面(洗脸)。向之浅斟低唱者出,匿影树下者亦出。吾辈往通声气,拉与同坐。韵(风雅)友来,名妓至,杯箸安,竹肉(音乐)发。月色苍凉,东方将白,客方散去。吾辈纵舟酣睡于十里荷花之中,香气拍人,清梦甚惬。

相关链接

廉　耻[①]

顾炎武

学习提示

1. 明清易代之际，许多汉族士大夫只求一己之富贵，忘却民族之大义，鲜廉寡耻，投靠清廷。顾炎武一直以反清复明为己任，因此，他对明清之际那些卖国、变节的士大夫，给予了无情的谴责与批判。

2. 文章从立国、从政、立身等方面，指出"廉耻"之重要，讽劝士大夫要知耻养廉。讲究"礼义廉耻"，是中华民族的优秀传统，尽管顾炎武的"廉耻"观有其时代的局限性，但他提倡"行己有耻"，强调要做"独醒之人"。廉而不贪，知耻慎行，对于我们今天树立正确的爱国主义思想，讲究气节，仍具有强烈的现实意义。

《五代史·冯道传论》曰[②]："'礼义廉耻，国之四维[③]。四维不张，国乃灭亡。'善乎，管生之能言也[④]！礼义，治人之大法；廉耻，立人之大节。盖不廉则无所不取，不耻则无所不为。人而如此，则祸败乱亡亦无所不至。况为大臣，而无所不取，无所不为，则天下其有不乱，国家其有不亡者乎！"然而四者之中，耻尤为要。故夫子之论士[⑤]，曰："行己有耻。"[⑥]孟子曰："人不可以无耻。无耻之耻，无耻矣。"[⑦]又曰："耻之于人大矣，为机变之巧者，无所用耻焉。"[⑧]所以然者，人之不廉而至于悖礼犯义，其原皆生于

> 引管仲名言为全文张本，揭示中心观点，并从理论上阐述廉耻的重要。
>
> 首先"礼义廉耻"四者总提。其次分说"礼义"与"廉耻"。
>
> 最后，专说"廉耻"，指出不廉不耻的后果，彰显"耻"为四维之本。层层推进，逻辑严密。

---

① 节选自顾炎武著，黄汝成集释，栾保群、吕宗力校点《日知录集释：全校本》卷十三，上海古籍出版社2013年版。顾炎武（1613—1682），初名绛，明亡后改名炎武，字宁人，号亭林，人称亭林先生。江苏昆山人。少年时参加复社，反对宦官专权。清兵南下时，在昆山及嘉定一带参加抗清武装斗争。失败后，奔走于华北各省，继续从事反清复明活动。晚年卜居于陕西华阴，病故于山西曲沃。顾炎武是明清之际著名的学者和诗人，于经史百家、音韵训诂、历朝典制及郡邑掌故，无不探委究源。晚年治经，提倡经世致用，开有清一代朴学风气。著有《亭林诗文集》《日知录》《天下郡国利病书》等。　② 冯道（882—954）：字可道，五代景城（今河北沧州）人。历仕后唐、后晋、后汉、后周四朝十君，为将相二十多年，自号长乐老，为后世所鄙。　③ 维：网上的绳子，系在网的四角，用以提网，用以比喻事物最重要的部分。管仲在这里用"礼义廉耻"四者比喻维系国家之关键。　④ 管生：即管仲，春秋时期齐国名相，辅助齐桓公实施变革，使齐称霸于诸侯。相传《管子》为其所作。语见《管子·牧民》。　⑤ 夫子：对孔子的尊称。　⑥ 行己有耻：对自己的行为要有羞耻之心，有所不为。行己，自己的行为。语出《论语·子路》。　⑦ "人不可"三句：语见《孟子·尽心上》。　⑧ "耻之于"三句：语见《孟子·尽心上》。机变：机巧诈变。无所用耻：意为不把羞耻放在心上。

无耻也。故士大夫之无耻,是谓国耻。吾观三代以下①,世衰道微,弃礼义,捐廉耻,非一朝一夕之故。然而松柏后凋于岁寒②,鸡鸣不已于风雨③,彼昏之日,固未尝无独醒之人也④。顷读《颜氏家训》有云⑤:"齐朝一士夫尝谓吾曰:'我有一儿,年已十七,颇晓书疏⑥。教其鲜卑语⑦,及弹琵琶,稍欲通解。以此伏事公卿,无不宠爱。'吾时俯而不答。异哉,此人之教子也!若由此业自致卿相,亦不愿汝曹为之。"嗟乎!之推不得已而仕于乱世,犹为此言,尚有《小宛》诗人之意⑧,彼阉然媚于世者⑨,能无愧哉!

旁注:
引用孔、孟名言为例证,得出结论。

暗引与明引。

"彼昏"二句,赞叹乱世中"独醒之人",语气徐缓而意思肯定,寄托了作者希望。

以《颜氏家训》为例,赞扬与抨击,态度鲜明,并对当今"阉然媚于世者"强烈谴责。

议论因今而述昔,由昔而感今,感染力很强。

思考与练习

1. 具体指出本文所使用的明引、暗引、对偶、譬喻、设问、反诘等修辞手法。

2. 在本文中,作者认为养成廉耻的途径是什么?

3. 本文援古论今,所论"廉耻"颇多。课后可设定"廉耻""气节""荣辱"等议题,查阅古今中外格言名句,做佳句摘要。

4. 在面临人生巨变时,有人挺身而斗,有人俯首忍耐,如顾炎武一生坚持气节,冯道则安时处顺,不同的人生观造成不同的历史评价,讨论在当今社会中如何实现自己的人生价值。

---

① 三代:指夏、商、周三个朝代合称。 ② 松柏后凋于岁寒:语见《论语·子罕》:"子曰:岁寒,然后知松柏之后凋也。" ③ "鸡鸣"句:语见《诗经·郑风·风雨》:"风雨如晦,鸡鸣不已。"已:止。 ④ 独醒之人:比喻不同于流俗的人。屈原《渔父》:"举世皆浊我独清,众人皆醉我独醒。" ⑤ 颜氏家训:北朝颜之推著,七卷二十篇,主要叙述立身治家之法。颜之推(531—595),字介,琅琊临沂(今山东临沂市)人。历仕梁、北齐、北周、隋诸朝。博览群书,长于文学。 ⑥ 疏:为注文的注释。 ⑦ 鲜卑:我国古代少数民族,主要居住在今东北、内蒙古一带,汉末逐渐强盛起来,南北朝时曾建立北魏、北齐与北周。 ⑧《小宛》:《诗经·小雅》中篇目。意为大夫遭世之乱,要保持操守以免祸。 ⑨ 阉(yān)然:昏暗闭塞的样子。语见《孟子·尽心下》:"阉然媚于世也者,是乡原也。"

谆谆母教

　　顾炎武从小就过继给同族寡居的叔母王氏为子。王氏很有学问,从顾炎武六岁起,就亲自教他读儒家经典。她自己白天纺织,晚上看书,到深夜才休息。这种勤奋好学的精神给顾炎武以很大的影响。顾炎武的爱国精神,也和王氏的教育分不开。当时,清兵攻陷了昆山,顾炎武虽然侥幸逃脱,但他的两个叔叔都死于战乱,自己生母的右手臂也被清兵砍断了。王氏是常熟人,听说常熟落入清兵之手,就绝食十五日,殉国而死。王氏临死前,嘱咐顾炎武千万不能忘记故国之恩和祖宗的遗训,做异族的臣子。否则,她死不瞑目。顾炎武终生秉持王氏的教训,一生都将反清复明作为自己的使命。

勤奋好学

　　清人全祖望《鲒埼亭集》卷十二记载:顾炎武每次出外游历,总是用两匹马和两头骡子驮着书跟随在后面。到了边关要塞,就请来老兵或退伍的士卒,询问该地的历史沿革。听到与平时所知的事有所不同时,就随意找个酒坊茶肆坐下来,打开书进行比较。有时走在平原大野上,没有什么好留意的,就在马鞍上默诵经书注疏,偶有遗忘,就马上打开书,一遍遍地熟读。

相关链接

浪游记快①

沈 复

> **学习提示**
>
> 1. 领会扬州风景的人工精巧，感受作者高雅的欣赏趣味。
> 2. 理解本文按游踪的先后顺序进行记叙的特点。
> 3. 具体分析本文夹叙夹议的写法。
> 4. 概括本文的大意，重点掌握其中重要的文言实词。

借用王士禛诗句，总写扬州印象。

癸卯春②，余从思斋先生就维扬之聘③，始见金、焦面目④。金山宜远观，焦山宜近视，惜余往来其间未尝登眺。渡江而北，渔洋所谓"绿杨城郭是扬州"一语，已活现矣⑤。

从平山堂写起，点到即止。
交代扬州景色之美，在于景点连绵不断。

平山堂离城约三四里⑥，行其途有八九里。虽全是人工，而奇思幻想，点缀天然，即阆苑瑶池，琼楼玉宇⑦，谅不过此。其妙处在十余家之园亭合而为一，联络至山，气势俱贯。

这节文字写城郭之美。

其最难位置处，出城入景，有一里许紧沿城郭。夫城缀于旷远重山间，方可入画。园林有此，蠢笨绝伦。而观其或亭或台，或墙或石，或竹或树，半隐半露间，使游人不觉其触目；此非胸有丘壑者断难下手。

城尽以虹园为首⑧。折面向北，有石梁，曰"虹桥"。不知园以桥名乎？桥以园名乎？荡舟过，曰"长堤春柳"。此景不缀城脚而缀于此，更见布置之妙。再折而西，垒土立庙，曰"小金山"。

---

① 节选自沈复《浮生六记》卷四"浪游记快"，人民文学出版社1980年版。《浮生六记》是沈复的回忆录，今仅存四记。沈复（1863—？）：字三白，江苏长洲（今苏州）人，清中叶散文家、画家。　② 癸卯：乾隆四十八年（1783）。　③ 就：就任。维扬：扬州。　④ 金、焦：金山在今江苏镇江市西北，山有金山寺，因白蛇、法海的故事闻名。焦山位于镇江东北的扬子江中。两山是镇江在长江边的著名景点。　⑤ 渔洋：王士禛（1634—1711），字贻上，号阮亭、渔洋山人，山东新城（今山东桓台）人，清代文学家。绿杨城郭是扬州：是王士禛《浣溪沙·红桥怀古》中的句子。　⑥ 平山堂：位于扬州西北蜀冈中峰大明寺内。始建于宋仁宗庆历时，为时任扬州太守的欧阳修所建，坐此堂前诸山似与堂平，因而得名。　⑦ 阆苑瑶池：传说中的神仙住处。琼楼玉宇：指月中宫殿。　⑧ 虹园：为元崔伯亨花园，清代归洪氏，故城。王士禛曾在这里与众多文人聚会赋诗。

有此一挡便觉气势紧凑,亦非俗笔。闻此地本沙土,屡筑不成,用木排若干,层叠加土,费数万金乃成。若非商家,乌能如是。过此有胜概楼,年年观竞渡于此,河面较宽。南北跨一莲花桥。桥门通八面,桥面设五亭①,扬人呼为"四盘一暖锅"。此思穷力竭之为,不甚可取。桥南有莲心寺。寺中突起喇嘛白塔②,金顶璎络③,高矗云霄,殿角红墙松柏掩映,钟磬时闻;此天下园亭所未有者。过桥见三层高阁,画栋飞檐,五采绚烂,叠以太湖石,围以白石栏,名曰"五云多处";如作文中间之大结构也。过此名"蜀冈朝旭"④,平坦无奇,且属附会。将及山,河面渐束⑤,堆土植竹树,作四五曲;似已山穷水尽,而忽豁然开朗,平山之万松林已列于前矣。

以上历叙出城至平山堂沿途景点之美。

平山堂为欧阳文忠公所书⑥。所谓淮东第五泉,真者在假山石洞中,不过一井耳,味与天泉同;其荷亭中之六孔铁井栏者,乃系假设,水不堪饮。九峰园另在南门幽静处,别饶天趣;余以为诸园之冠。康山未到,不识如何。此皆言其大概。其工巧处,精美处,不能尽述。大约宜以艳妆美人目之,不可作浣纱溪上观也⑦。

以平山堂收结,描述具体。

浓妆之美与淡妆之美比较。

余适恭逢南巡盛典⑧,各工告竣,敬演接驾点缀,因得畅其大观,亦人生难遇者也。

思考与练习

1. 文章哪些地方表现了扬州风景的人工精巧?请举例说明。
2. 揣摩文章的记叙顺序,说一说这对你写叙事性文章有何启发。
3. 本文采取夹叙夹议的写法,把具体描绘扬州景点与理性评点其园林艺术结合起来,请找出作者借用建筑和绘画原理所作的评点,并体会其中的道理。

---

① 五亭:五亭桥,在瘦西湖上,桥有五座亭子,故名。为迎接乾隆帝南巡而建。　② 喇嘛白塔:在瘦西湖五亭桥附近,始建于清乾隆间,仿北京北海白塔,高27.5米。　③ 璎络:古代戴在颈项上的装饰物,用珠玉串成。　④ 蜀冈:在扬州西北郊,是唐代扬州城遗址,大明寺、平山堂等名胜都在蜀冈上。　⑤ 束:狭窄。　⑥ 欧阳文忠公:欧阳修(1007—1072),字永叔,号六一居士,谥文忠,吉州吉水(今属江西)人,宋代文学家。　⑦ 浣纱溪:即若耶溪,在今浙江省诸暨市南若耶山下,溪旁有浣纱石,相传为春秋末美女西施浣纱处。　⑧ 南巡:指乾隆四十九年乾隆皇帝下江南巡游扬州事。

浪游记快

扬州平山堂与文人诗酒风流

宋仁宗庆历八年(1048),欧阳修出任扬州知州,在蜀冈修建了平山堂,作讲学、游宴之所。平山堂位于大明寺大雄宝殿西侧的"仙人旧馆"内,凭栏远眺,江南诸山,拱揖槛前,若可攀跻,故名"平山堂",壮丽为淮南第一。他还在堂前手植杨柳,人称"欧公柳"。史载,每到暑天,公余之暇,欧阳修常携朋友来此饮酒赋诗,他们饮酒方式颇为特别,常叫随从去不远处的邵伯湖取荷花千余朵,分插百许盆,放在客人之间,然后让歌妓取一花传客,依次摘其瓣,谁轮到最后一片则饮酒一杯,赋诗一首,往往到夜,载月而归。欧阳修的好友刘敞离开扬州时,他特意置酒送别,写了一首《朝中措》词:

平山阑槛倚晴空,山色有无中。手种堂前垂柳,别来几度春风。　文章太守,挥毫万字,一饮千钟。行乐直须年少,尊前看取衰翁。

自从有了平山堂,人们便有了一个追思文章太守欧阳修的绝佳去处。后来苏东坡经过扬州游平山堂,也作了一首《西江月·平山堂》怀念欧阳修:

三过平山堂下,半生弹指声中。十年不见老仙翁,壁上龙蛇飞动。　欲吊文章太守,仍歌杨柳春风。休言万事转头空,未转头时皆梦。

想 北 平[1]

老 舍

> **学习提示**
>
> 1. 体会作者对北平深入骨髓的想念之情。
> 2. 分析本文如何抓住北平的主要特点，表达想念北平的感情。
> 3. 思考作者所采用的比较方法，以及描绘日常生活场景的写作方法。
> 4. 品味本文朴素自然又富有表现力的语言。

设若让我写一本小说，以北平作背景，我不至于害怕，因为我可以捡着我知道的写，而躲开我所不知道的。让我单摆浮搁的讲一套北平[2]，我没办法。北平的地方那么大，事情那么多，我知道的真觉太少了，虽然我生在那里，一直到二十七岁才离开。以名胜说，我没到过陶然亭[3]，这多可笑！以此类推，我所知道的那点只是"我的北平"，而我的北平大概等于牛的一毛。

可是，我真爱北平。这个爱几乎是要说而说不出的。我爱我的母亲。怎样爱？我说不出。在我想做一件事讨她老人家喜欢的时候，我独自微微的笑着；在我想到她的健康而不放心的时候，我欲落泪。言语是不够表现我的心情的，只有独自微笑或落泪才足以把内心揭露在外面一些来。我之爱北平也近乎这个。夸奖这个古城的某一点是容易的，可是那就把北平看得太小了。我所爱的北平不是枝枝节节的一些什么，而是整个儿与我的心灵相粘合的一段历史，一大块地方，多少风景名胜，从雨后什刹海的蜻蜓一直到我梦里的玉泉山的塔影[4]，都积凑到一块，每一小的事件中有个我，我的每一思念中有个北平，这只有说不出而已。

老 舍

"我的北平"，只是"我"所知道的北平。

爱北平，就像爱母亲。爱得浓烈而深沉，不思量，自难忘。多贴切的比况！

---

[1] 选自《乡风市声》，人民文学出版社1990年版，有改动。原载1936年6月16日《宇宙风》第19期。老舍（1899—1966）：原名舒庆春，字舍予，北京人，满族，中国现代作家。作品有小说《骆驼祥子》、剧本《茶馆》等。
[2] 单摆浮搁：北方土话，简单、表面的意思。　[3] 陶然亭：位于北京宣武区太平街陶然桥西北侧，北京名胜，清康熙三十四年（1695），工部郎中江藻始建此亭。　[4] 什刹海：位于北京西北部，包括前海、后海和西海（积水潭）。周围原有十座寺庙，所以叫什刹海。玉泉山：位于北京颐和园西侧，因山上有玉泉而得名。

真愿成为诗人,把一切好听好看的字都浸在自己的心血里,像杜鹃似的啼出北平的俊伟。啊!我不是诗人!我将永远道不出我的爱,一种像由音乐与图画所引起的爱。这不但是辜负了北平,也对不住我自己,因为我的最初的知识与印象都得自北平,它是在我的血里,我的性格与脾气里有许多地方是这古城所赐给的,我不能爱上海与天津,因为我心中有个北平。可是我说不出来!

> 作者说"永远道不出""说不出来",但后面还是说了。想一想:作者是怎么说的呢? 
>
> 什刹海

伦敦,巴黎,罗马与堪司坦丁堡①,曾被称为欧洲的四大"历史的都城"。我知道一些伦敦的情形;巴黎与罗马只是到过而已;堪司坦丁堡根本没有去过。就伦敦,巴黎,罗马来说,巴黎更近似北平——虽然"近似"两字要拉扯得很远——不过,假使让我"家住巴黎",我一定会和没有家一样的感到寂苦。巴黎,据我看,还太热闹。自然,那里也有空旷静寂的地方,可是又未免太旷;不像北平那样既复杂而又有个边际,使我能摸着——那长着红酸枣的老城墙!面向着积水潭,背后是城墙,坐在石上看水中的小蝌蚪或苇叶上的嫩蜻蜓,我可以快乐的坐一天,心中完全安适,无所求也无可怕,像小儿安睡在摇篮里。是的,北平也有热闹的地方,但是它和太极拳相似,动中有静。巴黎有许多地方使人疲乏,所以咖啡与酒是必要的,以便刺激;在北平,有温和的香片茶就够了。

> 相比巴黎的热闹,北平动中有静。

论说巴黎的布置已比伦敦罗马匀调得多了,可是比上北平还差点事儿。北平在人为之中显出自然,几乎是什么地方既不挤得慌,又不太僻静:最小的胡同里的房子也有院子与树;最空旷的地方也离买卖街与住宅区不远。这种分配法可以算——在我的经验中——天下第一了。北平的好处不在处处设备得完全,而在它处处有空儿,可以使人自由的喘气;不在有好些美丽的建筑,而在建筑的四围都有空闲的地方,使它们成为美景。每一个城楼,每一个牌楼,都可以从老远就看见。况且在街上还可以看见北山与西山呢②!

> 相比巴黎的人为,北平在人为中显出自然。
>
> 注意这里两处用"不在……而在"的句式,体会这样表达的好处。
>
> 以上用与世界著名城市比较的方法说北平,这确实是个好办法。
>
> 北京玉泉山

好学的,爱古物的,人们自然喜欢北平,因为这里书多古物多。我不好学,也没钱买古物。对于物质上,我却喜爱北平的花多菜多果子多。花草是种费钱的玩艺,可是此地的"草花儿"很便宜,而且家家有院子,可以花不多的钱而种一院子花,即使算不了什么,可是到底可爱呀。墙上的牵牛,墙根的靠山竹与草茉莉,是多么省钱省事而也足以招来蝴蝶呀!至于青菜,白菜,扁

---

① 堪司坦丁堡:即君士坦丁堡,现译名伊斯坦布尔,土耳其最大的港口城市。 ② 北山:位于北京怀柔县。西山:位于北京西郊,有香山、八大处等景点。

豆,毛豆角,黄瓜,菠菜等等,大多数是直接由城外担来而送到家门口的。雨后,韭菜叶上还往往带着雨时溅起的泥点。青菜摊子上的红红绿绿几乎有诗似的美丽。果子有不少是由西山与北山来的,西山的沙果、海棠,北山的黑枣、柿子,进了城还带着一层白霜儿呀!哼,美国的橘子包着纸;遇到北平的带霜儿的玉李,还不愧杀!

是的,北平是个都城,而能有好多自己产生的花,菜,水果,这就使人更接近了自然。从它里面说,它没有像伦敦的那些成天冒烟的工厂;从外面说,它紧连着园林,菜圃与农村。采菊东篱下,在这里,确是可以悠然见南山的①;大概把"南"字变个"西"或"北",也没有多少了不得的吧。像我这样的一个贫寒的人,或者只有在北平能享受一点清福了。

好,不再说了吧;要落泪了,真想念北平呀!

> 抓住日常的生活和画面,这又是一个好办法。如果是一个初来北平的匆匆过客,不能写出这样深入细腻的文字。

> 说了那么多,却说"不再说了"。最后,用"要落泪了",突出了"想北平"之真、之切、之无尽!

思考与练习

1. 为什么作者要把想念北平比喻成想念母亲?你对自己的故乡有过相似的情感吗?
2. 作者在与巴黎等世界著名都市的比较中,突出了北平的哪些特点?你认为这样写有什么好处?
3. 文中描绘了北平哪些日常生活场景?这些表现了北平的什么特点?

老北京风情

---

① "采菊东篱下"二句:出自陶渊明《饮酒》第五首。

老舍自述

舒舍予，字老舍，现年四十岁，面黄无须。生于北平，三岁失怙，可谓无父。志学之年，帝王不存，可谓无君。无父无君，特别孝爱老母，布尔乔亚之仁未能一扫空也。幼读三百千，不求甚解。继学师范，遂奠教书匠之基。及壮，糊口四方，教书为业，甚难发财；每购奖券，以得末彩为荣，示甘于寒贱也。二十六岁，发愤著书，科学哲学无所懂，故写小说，博大家一笑，没什么了不得。三十四岁结婚，今已有一女一男，均狡猾可喜。闲时喜养花，不得其法，每每有叶无花，亦不忍弃。书无所不读，全无所获，并不着急。教书做事，均甚认真，往往吃亏，亦不后悔。如是而已，再活四十年也许能有点出息！

著有：《老张的哲学》《赵子曰》《二马》《小坡的生日》《猫城记》《离婚》《赶集》《牛天赐传》《樱海集》《蛤藻集》《骆驼祥子》《火车集》，皆小说也。当继续再写八本，凑成二十本，可以搁笔矣。散碎文字，随写随扔；偶搜汇成集，如《老舍幽默诗文集》及《老牛破车》，亦不重视之。

老舍《著者略历》，原载一九三八年二月一日
《宇宙风》第六十期

钱理群评《想北平》

说到"乡风"，人们首先想到的是北京（北平）的风貌；最能显示中国作家"恋土"情结的，莫过于对北京的怀念。在人们心目中，北京与其是现代化都市，不如说是农村的延长，在那里，积淀着农业文明的全部传统。土生土长于斯的老舍这样谈到"北京"——（引文略）老舍在北京捕捉到的，是"像小儿安睡在摇篮"里的温暖，安稳，舒适的"家"的感觉；所觉得的，是大"自然"中空间的"自由"与时间的"空闲"；"家"与"自然"恰恰是农业传统文明的出发与归宿。这正是老舍这样的中国作家所迷恋、追怀的；老舍把他对北京的爱比作对母亲的爱，是内含着一种"寻找归宿"的欲求的。

钱理群《乡风市声·导读》

想北平（片断）朗读

把心交给读者[①]

巴 金

学习提示

1. 巴金在这篇"当作遗嘱写"的文章中,给广大读者留下了非常重要、难忘的教言。他充满诚信与期望,把自己的人生经验、写作体悟,分享给读者。值得认真学习,并努力践行。
2. 巴金交给广大读者的心,是一颗为人民服务之心、负责到底之心、求真务实之心。他的高尚品格、不倦追求,都已融汇成一个巨大的力量库。

前两天黄裳[②]来访,问起我的《随想录》,他似乎担心我会中途搁笔。我把写好的两节给他看;我还说:"我要继续写下去。我把它当作我的遗嘱写。"他听到"遗嘱"二字,觉得不大吉利,以为我有什么悲观思想或者什么古怪的打算,连忙带笑安慰我说:"不会的,不会的。"看得出他有点感伤,我便向他解释:我还要争取写到八十,争取写出不是一本,而是几本《随想录》。我要把我的真实的思想,还有我心里的话,遗留给我的读者。我写了五十多年,我的确写过不少不好的书,但也写了一些值得一读或半读的作品吧,它们能够存在下去,应当感谢读者们的宽容。

> 作者为什么会把他的《随想录》说成自己的"遗嘱",而且还要继续写下去?他最想写的是什么话?

[①] 选自《随想录·第一集》,人民文学出版社1989年版,有改动。这是巴金晚年所写"我把它当作遗嘱写"的大著《随想录》中非常重要的一篇文章。经常有读者写信问他写作有何秘诀,以为他藏有万能钥匙,他在这篇文章中交了底,即"倘使真有所谓秘诀的话,那也只是这样的一句:把心交给读者"。巴金(1904—2005):字芾甘,四川成都人。青年读书时接触过"无政府主义"书籍。1927年去法国读书,同时开始写作。1928年写成第一部小说《灭亡》。《爱情三部曲》《激流三部曲》《憩园》《寒夜》等是他的代表作。1956年后写过针砭时弊的杂文。"文革"中受到残酷暴虐的批判、劳改、迫害。"文革"后,写出四十多万字的《随想录》五卷,沉痛反思所遭受的一切,大力倡导今后大家再不要讲假话、套话,害国、害民、害己,一定要讲真话、自己的心里话,共同热爱祖国,振兴中华。这是一部极有思想文化价值的名著。他担任过全国政协副主席、中国作家协会和上海作家协会的领导工作多年。主编名刊《收获》。多次获得国内外文艺界奖励。出版有多种单行本及《巴金全集》。
[②] 黄裳(1919—2012):原名容鼎昌,山东益都人,学者、研究家。巴金的朋友。

把最后的话写给读者就是把自己的心交给广大读者。

巴　金

他几乎对读者每一封信都作了答复。

青年是中国的希望，青年的期望就是对他的鞭策。

我回顾五十年来所走过的路，今天我对读者仍然充满感激之情。

可以说，我和读者已经有了五十多年的交情。倘使关于我的写作或者文学方面的事情，我有什么最后的话要讲，那就是对读者讲的。早讲迟讲都是一样，那么还是早讲吧。

我的第一篇小说（中篇或长篇小说《灭亡》）发表在一九二九年出版的《小说月报》上，从一月号起共连载四期。小说的单行本在这年年底出版。我什么时候开始接到读者来信？我现在答不出来。我记得一九三一年我写过短篇小说《光明》，描写一个青年作家经常接到读者来信，因无法解答读者的问题而感到苦恼。小说里有这样一段话：

"桌上那一堆信函默默地躺在那里，它们苦恼地望着他，每一封信都有一段悲痛的故事要告诉他。"

这难道不就是我自己的苦恼？那个年轻的小说家不就是我？

一九三五年八月我从日本回来，在上海为文化生活出版社编辑了几种丛书①，这以后读者的来信又多起来了。这两三年中间我几乎对每一封信都作了答复。有几位读者一直同我保持联系，成为我的老友。我的爱人也是我的一位早期的读者②。她读了我的小说对我发生了兴趣，我同她见面多了对她有了感情。我们认识好几年才结婚，一生不曾争吵过一次。我在一九三六、三七年中间写过不少答复读者的公开信，有一封信就是写给她的。这些信后来给编成了一本叫做《短简》的小书。

那个时候，我光身一个，生活简单，身体好，时间多，写得不少，也有足够的时间和精力回答读者寄来的每一封信。后来，特别是解放以后，我的事情多起来，而且经常外出，只好委托萧珊代为处理读者的来信和来稿。我虽然深感抱歉，但也无可奈何。

我说抱歉，也并非假意。我想起一件事情。那是在一九四〇年年尾，我从重庆到江安③，在曹禺家住了一个星期左右④。曹禺在戏剧专科学校教书。江安是一个安静的小城，外面有什么人来，住在哪里，一下子大家都知道了。我刚刚住了两天，就接到中学校一部分学生送来的信，请我去讲话。我写了一封回信寄去，说我不善于讲话，而且也不知道讲什么好，因此我不到学校去了。不过我感谢他们对我的信任，我会经常想到他们，青年是中国的希望，他们的期望就是对我的鞭策。我说，像我这样

---

①　文化生活出版社：巴金在上海的这家出版社负责、编过不少丛书。　　②　我的爱人：即萧珊，"文革"中受牵连遭到许多精神折磨，患病得不到治疗，不幸惨逝。《随想录》中收有《怀念萧珊》长文。　　③　江安：江安是四川离重庆不远的一个小县。　　④　曹禺：现当代著名剧作家，是巴金的友人，当时在内迁到江安的原北平戏剧专科学校任教。

一个小说家算得了什么,如果我的作品不能给他们带来温暖,不能支持他们前进。我说,我没有资格做他们的老师,我却很愿意做他们的朋友,在他们面前我实在没有什么可以骄傲的地方。当他们在旧社会的荆棘丛中,泥泞路上步履艰难的时候,倘使我的作品能够做一根拐杖或一根竹竿给他们用来加一点力,那我就很满意了。信的原文我记不准确了,但大意是不会错的。

信送了出去,听说学生们把信张贴了出来。不到两三天,省里的督学下来视察,在那个学校里看到我的信,他说:"什么'青年是中国的希望'!什么'你们的期望就是对我的鞭策'!什么'在你们面前我没有可以骄傲的地方'!这是瞎捧,是诱惑青年,把它给我撕掉!"信给撕掉了,不过也就到此为止,很可能他回到省城还打过小报告,但是并没有制造出大冤案。因此我活了下来,多写了二十多年的文章,当然已经扣除了徐某某禁止我写作的十年①。

> 反动派却诬蔑他的重视青年乃是诱惑青年。

话又说回来,我在信里表达的是我的真实的感情。我的确是把读者的期望当作对我的鞭策。如果不是想对我生活在其中的社会贡献一点力量,如果不是想对和我同时代的人表示一点友好的感情,如果不是想尽我作为一个中国人所应尽的一份责任,我为什么要写作?但愿望是一回事,认识又是一回事;实践是一回事,效果又是一回事。绝不能由我自己一个人说了算。离开了读者,我能够做什么呢?我怎么知道我做对了或者做错了呢?我的作品是不是和读者的期望符合呢?是不是对我们社会的进步有贡献呢?只有读者才有发言权。我自己也必须尊重他们的意见。倘使我的作品对读者起了毒害的作用,读者就会把它们扔进垃圾箱,我自己也只好停止写作。所以我想说,没有读者,就不会有我的今天。我也想说,读者的信就是我的养料。当然我指的不是个别的读者,是读者的大多数②。而且我也不是说我听从读者的每一句话,回答每一封信。我只是想说,我常常根据读者的来信检查自己写作的效果,检查自己作品的作用。我常常这样地检查,也常常这样地责备自己,我过去的写作生活常常是充满痛苦的。

解放前,尤其是抗战以前,读者来信谈的总是国家、民族的前途和个人的苦闷以及为这个前途献身的愿望或决心。没有能

---

① 禁止写作十年:本文原有一注,称"徐某某"云云,不明确。巴金在《随想录》的"总序"与"后记"中,都曾说过"'文革'中被剥夺了整整十年的好时光""在油锅里反复煎了十年一身骨头"。 ② 读者大多数:指许多青年读者对他的期望与鞭策。

> 写作的目的是要尽一份自己应尽的责任,读者给他的信,是作者的养料。当年未能对他们指出明确的路,自感痛苦。只明白光明一定能把黑暗赶走。

给他们具体的回答,我常常感到痛苦。我只能这样地鼓励他们:旧的要灭亡,新的要壮大;旧社会要完蛋,新社会要到来;光明要把黑暗驱逐干净。在回信里我并没有给他们指出明确的路①。但是和我的某些小说不同,在信里我至少指出了方向,并不含糊的方向。对读者我是不会使用花言巧语的。我写给江安中学学生的那封信常常在我的回忆中出现。我至今还想起我在三十年代中会见的那些年轻读者的面貌,那么善良的表情,那么激动的声音,那么恳切的言辞!我在三十年代和四十年代初期见过不少这样的读者,我同他们交谈起来,就好像看到了他们的火热的心。一九三八年二月我在小说《春》的序言里说:"我常常想念那无数纯洁的年轻的心灵,以后我也不能把他们忘记……"我当时是流着眼泪写这句话的。序言里接下去的一句是"我不配做他们的朋友",这说明我多么愿意做他们的朋友啊!我后来在江安给中学生写回信时,在我心中激荡的也是这种感情。我是把心交给了读者的②。

在三十年代和四十年代中很少有人写信问我什么是写作的秘诀。从五十年代起提出这个问题的读者就多起来了。我答不出来,因为我不知道。但现在我可以回答了:把心交给读者。我最初拿起笔,是这样想法,今天在五十二年之后我还是这样想。我不是为了做作家才拿起笔写小说的。

> 不是为了做作家才拿起笔写小说的。

我一九二七年春天开始在巴黎写小说,我住在拉丁区,我的住处离先贤祠(国葬院)不远,先贤祠旁边那一段路非常清静。我经常走过先贤祠门前,那里有两座铜像:卢骚和伏尔泰③。在这两个法国启蒙时期的思想家、这两个伟大的作家中,我对"梦想消灭不平等和压迫"的"日内瓦公民"④的印象较深,我走过像前常常对着铜像申诉我这个异乡人的寂寞和痛苦;对伏尔泰我所知较少,但是他为卡拉斯老人的冤案、为西尔文的冤案、为拉·巴尔的冤案、为拉里—托伦达尔的冤案奋斗,终于平反了冤

---

① 明确的路:巴金的著作,始终是鼓励读者前进,旧的要灭亡,新的会壮大,旧社会要完蛋,新社会要到来,光明要把黑暗驱逐干净。当时虽没能给读者具体回答,至少指出了并不含糊的方向。 ② 把心交给读者:他不是为了做作家才拿起笔来写小说,乃是对广大读者负责,指出应驱逐黑暗,追求光明,建设民主、自由、平等的新社会。他把全部真心交给广大读者,实质上就是对人民、对国家、对社会负责。 ③ 卢骚(1712—1778),今译卢梭,法国启蒙思想家、哲学家、文学家。出生于日内瓦一个钟表匠家庭,当过仆役。1762年因发表《社会契约论》而遭迫害。主张人生而自由、平等,私有制是人类不平等的根源。作品有《新爱洛伊丝》《忏悔录》等。伏尔泰(1694—1778),法国启蒙思想家、文学家。因作诗讽刺封建贵族被捕,未屈服。1725年,再被捕,出狱后被逐出法国。1746年,当选法兰西文学院院士。反对"前定和谐"说,强调自由与平等。著作甚丰。 ④ 日内瓦公民:日内瓦是欧洲瑞士国家工商和金融中心,世界著名旅游胜地。许多国际组织设在这里,许多国际会议在这里召开。这里的人见多识广,比较开明、开放,在这里生活过较长时间的外国人,自称也是"日内瓦公民"。

狱,使惨死者恢复名誉,幸存者免于刑戮,像这样维护真理、维护正义的行为我是知道的,我是钦佩的。还有两位伟大的作家葬在先贤祠内,他们是雨果和左拉①。左拉为德莱斐斯上尉的冤案斗争,冒着生命危险替受害人辩护,终于推倒诬陷不实的判决,让人间地狱中的含冤者重见光明。

在国外从外国进步作家那里受到教育。

这是我当年从法国作家那里受到的教育。虽然我"学而不用",但是今天回想起来,我还不能不感激老师。在"四害"横行的时候②,我没有出卖灵魂,还是靠着我过去受到的教育,这教育来自生活,来自朋友,来自书本,也来自老师,还有来自读者。至于法国作家给我的"教育"是不是"干预生活"呢③?"作家干预生活"曾经被批判为右派言论,有少数人因此二十年抬不起头。我不曾提倡过"作家干预生活",因为那一阵子我还没有时间考虑。但是我给关进"牛棚"④以后,看见有些熟人在大字报上揭露"巴金的反革命真面目",我朝夕盼望有一两位作家出来"干预生活",替我雪冤。我在梦里好像见到了伏尔泰和左拉,但梦醒以后更加感到空虚,明知伏尔泰和左拉要是生活在一九六七年的上海,他们也只好在"牛棚"里摇头叹气。这样说,原来我也是主张"干预生活"的。

"四害"横行的时候,作者没有出卖灵魂,是靠了过去受到的教育,来自生活,来自朋友、书本,也来自老师、读者们。

作家应该"干预生活"。

左拉死后改葬在先贤祠,我看主要原因还是在于他对平反德莱斐斯冤狱的贡献,人们说他"挽救了法兰西的荣誉"。至今不见有人把他从先贤祠里搬出来。那么法国读者也是赞成作家"干预生活"的了。

读者赞成作家"干预生活"。

最后我还得在这里说明一件事情,否则我就成了"两面派"了⑤。

这一年多来,特别是近四、五个月来,读者的来信越来越多,好像从各条渠道流进一个蓄水池,在我手边汇总。对这么一大堆信,我看也来不及看。我要搞翻译,要写文章,要写长篇,又要

---

① 雨果(1802—1885):法国大作家。受进步思想影响,摆脱保皇党观点,反对古典主义,不满暴政,歌颂历史上人民反抗罪恶统治的英勇斗争。名著有《巴黎圣母院》《悲惨世界》《海上劳工》《九三年》等。左拉(1840—1902),法国大作家。早期受浪漫主义思想影响,信奉孔德的实证主义哲学,提出过自然主义的创作原则。抨击法国反动派,一贯有改良社会的倾向。著作甚丰,最后一套长篇小说是《四福音书》,只完成三部(《多产》《劳动》《真理》)。 ② 四害横行:指王洪文、张春桥、江青、姚文元四个"文革"中罪恶的打手。 ③ 干预生活:文学创作原应通过真实地艺术性地写出现实生活的真相,从而感悟读者,反思,不断改革,推动社会进步。作家应对社会进步负责。后因内容难免涉及暴政,为专制主义所不容,"干预生活"曾被视为敌对态度而大受批判。巴金一直有"干预生活"的责任感。 ④ 牛棚:"文革"期间,大批有些见解的知识者被打成"牛鬼蛇神",常被关押在斗室中受批判,写检查,这类地方流行叫作"牛棚"。 ⑤ 两面派:"文革"中,称有些人在高压下在不同人面前、不同场合会说些应时应景的话,非出于真心,主要乃在保全自己,唯恐惹祸。另有些人则是随机应变、冒充进步、企图立功者。

把心交给读者 137

晚年巴金

读者永远在我的心中，祝愿广大读者有更美好、广阔的前途。

整理旧作，还要为一些人办一些事情，还有社会活动，还有外事工作，还要读书看报。总之，杂事多，工作不少。我是"单干户"①，无法找人帮忙，反正只有几年时间，对付过去就行了。何况记忆力衰退，读者来信看后一放就忘，有时找起来就很困难。因此对来信能回答的不多。并非我对读者的态度有所改变，只是人衰老，心有余而力不足。倘使健康情况能有好转，我也愿意多为读者做些事情。但是目前我只有向读者们表示歉意。不过有一点读者们可以相信，你们永远在我的想念中。我无时无刻不祝愿我的广大读者有着更加美好、更加广阔的前途，我要为这个前途献出我最后的力量。

可能以后还会有读者来信问起写作的秘诀，以为我藏有万能钥匙。其实我已经在前面交了底。倘使真有所谓秘诀的话，那也只是这样的一句：把心交给读者。

二月三日

思考与练习

1. 你读过巴金的哪些作品？请简要地对巴金一生的贡献作一评价。
2. 巴金晚年特别倡导大家都讲真话，"真话"指自己直面人生，心里真要讲的话。这对我们建设和谐社会有何启示？

---

① 单干户：原指当年不参加公社、大队之类集体劳动的特殊家庭。文艺创作宜于个人深思熟虑，独立完成，类似单干户。

怀念曹禺

巴 金

家宝逝世后，我给李玉茹、万方发了个电报："请不要悲痛，家宝并没有去，他永远活在观众和读者的心中！"话很平常，不能表达我的痛苦，我想多说一点，可颤抖的手捏不住小小的笔，许许多多的话和着眼泪咽进了肚里。

躺在病床上，我经常想起家宝。六十几年的往事历历在目。

北平三座门大街十四号南屋，故事是从这里开始。靳以把家宝的一部稿子交给我看，那时家宝还是清华大学的一个学生。在南屋客厅旁那间用蓝纸糊壁的阴暗小屋里，我一口气读完了数百页的原稿。一幕人生的大悲剧在我面前展开，我被深深地震动了！就像从前看托尔斯泰的小说《复活》一样，剧本抓住了我的灵魂，我为它落了泪。我曾这样描述过我当时的心情："不错，我流过泪，但是落泪之后我感到一阵舒畅，而且我还感到一种渴望，一种力量在身内产生了，我想做一件事情，一件帮助人的事情，我想找个机会不自私地献出我的精力。《雷雨》是这样地感动过我。"然而，这却是我从靳以手里接过《雷雨》手稿时所未曾料到的。我由衷佩服家宝，他有大的才华，我马上把我的看法告诉靳以，让他分享我的喜悦。《文学季刊》破例一期全文刊载了《雷雨》，引起广大读者的注意。第二年，我旅居日本，在东京看了由中国留学生演出的《雷雨》，那时候，《雷雨》已经轰动，国内也有剧团把它搬上舞台。我连着看了三天戏，我为家宝高兴。

这是巴老所写《怀念曹禺》中的第一部分，曹禺是他的老友。《雷雨》稿是他寄给巴金之后，才在《文学季刊》上全文刊载，才引起广大读者注意的。此文是曹禺逝世后巴老怀念他的无比深情之作。李玉茹是曹的夫人，万方是曹的女儿，靳以是巴老的挚友，(万)家宝是曹的本名。

巴金和曹禺

多年父子成兄弟[1]

汪曾祺

学习提示

1. 体会本文以民主平等的父子关系为纲，写真事、说真话、抒真情的总体特点。
2. 分析并理解本文善用白描叙事写人，细处落笔、小中见大的艺术手法。
3. 品味本文质朴自然又生动传神的语言风格。

开宗明义点题目。

"绝顶聪明"表现在：工绘画，善治印，懂乐器，爱小动物，做冥衣，真是心灵手巧。

这是我父亲的一句名言。

父亲是个绝顶聪明的人。他是画家，会刻图章，画写意花卉。图章初宗浙派[2]，中年后治汉印。他会摆弄各种乐器，弹琵琶，拉胡琴，笙箫管笛，无一不通。他认为乐器中最难的其实是胡琴，看起来简单，只有两根弦，但是变化很多，两手都要有功夫。他拉的是老派胡琴，弓子硬，松香滴得很厚——现在拉胡琴的松香都只滴了薄薄的一层。他的胡琴音色刚亮。胡琴码子都是他自己刻的[3]，他认为买来的不中使。他养蟋蟀养金铃子[4]，他养过花，他养的一盆素心兰在我母亲病故那年死了，从此他就不再养花。我母亲死后，他亲手给她做了几箱子冥衣——我们那里有烧冥衣的风俗。按照母亲生前的喜好，选购了各种花素色纸作衣料，单夹皮棉，四时不缺。他做的皮衣能分得出小麦穗、羊羔、灰鼠、狐肷[5]。

"很随和"表现在：做"孩子头"，放风筝，做金铃子盒，做各种灯。

父亲是个很随和的人，我很少见他发过脾气，对待子女，从无疾言厉色。他爱孩子，喜欢孩子，爱跟孩子玩，带着孩子玩。我的姑妈称他为"孩子头"。春天，不到清明，他领一群孩子到麦田里放风筝。放的是他自己糊的蜈蚣（我们那里叫"百脚"），

---

[1] 选自《汪曾祺全集》第五卷，北京师范大学出版社1998年版。汪曾祺（1920—1997）：江苏高邮人。中国现代作家。有小说集《邂逅集》、散文集《蒲桥集》和文学评论集《晚翠文谈》等。　[2] 浙派：指清代著名的篆刻流派，乾隆时丁敬开创，宗尚秦汉印，讲究刀法。　[3] 胡琴码子：胡琴琴筒面上架琴弦的部件，一般用竹子做材料。　[4] 金铃子：一种叫声像铃声的小鸣虫。　[5] 狐肷（qiǎn）：狐狸胸腹部和腋下的毛皮。

是用染了色的绢糊的。放风筝的线是胡琴的老弦。老弦结实而轻,这样风筝可笔直地飞上去,没有"肚儿"。用胡琴弦放风筝,我还未见过第二人。清明节前,小麦还没有"起身",是不怕践踏的,而且越踏会越长得旺。孩子们在屋里闷了一冬天,在春天的田野里奔跑跳跃,身心都极其畅快。他用钻石刀把玻璃裁成不同形状的小块,再一块一块斗拢,接缝处用胶水粘牢,做成小桥、小亭子、八角玲珑水晶球。桥、亭、球是中空的,里面养了金铃子。从外面可以看到金铃子在里面自在爬行,振翅鸣叫。他会做各种灯。用浅绿透明的"鱼鳞纸"扎了一只纺织娘①,栩栩如生。用西洋红染了色,上深下浅,通草做花瓣②,做了一个重瓣荷花灯,真是美极了。用小西瓜(这是拉秧的小瓜,因其小,不中吃,叫做"打瓜"或"笃瓜")上开小口挖净瓜瓤,在瓜皮上雕镂出极细的花纹,做成西瓜灯。我们在这些灯里点了蜡烛,穿街过巷,邻居的孩子都跟过来看,非常羡慕。

父亲对我的学业是关心的,但不强求。我小时候,国文成绩一直是全班第一。我的作文,时得佳评,他就拿出去到处给人看。我的数学不好,他也不责怪,只要能及格,就行了。他画画,我小时也喜欢画画,但他从不指点我。他画画时,我在旁边看,其余时间由我自己乱翻画谱,瞎抹。我对写意花卉那时还不太会欣赏,只是画一些鲜艳的大桃子,或者我从来没有见过的瀑布。我小时字写得不错,他倒是给我出过一点主意。在我写过一阵"圭峰碑"和"多宝塔"以后③,他建议我写写"张猛龙"④。这建议是很好的,到现在我写的字还有"张猛龙"的影响。我初中时爱唱戏,唱青衣⑤,我的嗓子很好,高亮甜润。在家里,他拉胡琴,我唱。我的同学有几个能唱戏的,学校开园乐会,他应我的邀请,到学校去伴奏。几个同学都只是清唱,有一个姓费的同学借到一顶纱帽,一件蓝官衣,扮起来唱"朱砂井"⑥,但是没有配角,没有衙役,没有犯人,只是一个赵廉⑦,摇着马鞭在台上走了两圈,唱了一段"郿坞县在马上心神不定"⑧便完事下场。父亲那么大的人陪着几个孩子玩了一下午,还挺高兴。我十七岁初恋,暑假里,在家写情书,他在一旁瞎出主意。我十几岁就学会了抽烟喝

青年汪曾祺

"关心学业但不强求"表现在:教绘画书法,给唱戏伴奏,帮儿子写情书,一起抽烟喝酒。

---

① 纺织娘:一种叫声像织布声的绿色(或褐色)鸣虫。 ② 通草:也称"通脱木",一种小乔木,其茎含有大量白色髓,可用来制作通草花。 ③ 圭峰碑:唐代碑刻,裴休撰并书,柳公权篆额,现存陕西户县草堂寺。多宝塔:唐代碑刻,著名书法家颜真卿的楷书代表作。 ④ 张猛龙:北魏碑刻,记鲁郡太守张猛龙兴学的事迹,笔法劲健雄奇。现存山东曲阜孔庙内。 ⑤ 青衣:传统戏曲中的旦角,扮演中青年妇女,因穿青衫而得名。
⑥ "朱砂井":即京剧《法门寺》,演明代傅朋受冤故事。 ⑦ 赵廉:《朱砂井》中人物,郿坞知县。 ⑧ "郡坞县在马上心神不定":在《朱砂井》中,此句原作"郿坞县在马上心神不定",此文引用时有误。

多年父子成兄弟

选取这些材料写父亲，是否有损父亲形象？作者这样写的意图是什么？

由父亲与我（儿子）的关系，联系到我（父亲）与儿子的关系。文章由此分成两部分，以上为第一部分，以下为第二部分。

酒。他喝酒，给我也倒一杯。抽烟，一次抽出两根，他一根我一根。他还总是先给我点上火。我们的这种关系，他人或以为怪。父亲说：“我们是多年父子成兄弟。”

我和儿子的关系也是不错的。我戴了“右派分子”的帽子下放张家口农村劳动，他那时还从幼儿园刚毕业，刚刚学会汉语拼音，用汉语拼音给我写了第一封信。我也只好赶紧学会汉语拼音，好给他写回信。“文化大革命”期间，我被打成“黑帮”，送进“牛棚”。偶尔回家，孩子们对我还是很亲热。我的老伴告诫他们“你们要和爸爸‘划清界限’”，儿子反问母亲：“那你怎么还给他打酒？”只有一件事，两代之间，曾有分歧。他下放山西忻县“插队落户”，按规定，春节可以回京探亲。我们等着他回来。不料他同时带回了一个同学。他这个同学的父亲是一位正受林彪迫害，搞得人囚家破的空军将领。这个同学在北京已经没有家，按照大队的规定是不能回北京的，但是这孩子很想回北京，在一伙同学的秘密帮助下，我的儿子就偷偷地把他带回来了。他连“临时户口”也不能上，是个“黑人”，我们留他在家住，等于“窝藏”了他。公安局随时可以来查户口，街道办事处的大妈也可能举报。当时人人自危，自顾不暇，儿子惹了这么一个麻烦，使我们非常为难。我和老伴把他叫到我们的卧室，对他的冒失行为表示很不满，我责备他：“怎么事前也不和我们商量一下！”我的儿子哭了，哭得很委屈，很伤心。我们当时立刻明白了：他是对的，我们是错的。我们这种怕担干系的思想是庸俗的。我们对儿子和同学之间的义气缺乏理解，对他的感情不够尊重。他的同学在我们家一直住了四十多天，才离去。

汪曾祺画作

以上一段谈父子关系，略写给儿子写信、回家探亲，详写保护儿子同学的事。

对儿子的几次恋爱，我采取的态度是“闻而不问”。了解，但不干涉。我们相信他自己的选择，他的决定。最后，他悄悄和一个小学时期女同学好上了，结了婚。有了一个女儿，已近七岁。

我的孩子有时叫我“爸”，有时叫我“老头子”！连我的孙女也跟着叫。我的亲家母说这孩子“没大没小”。我觉得一个现代化的、充满人情味的家庭，首先必须做到“没大没小”。父母叫人敬畏，儿女“笔管条直”最没有意思。

这段出现了两次“没大没小”。它们的含义一样吗？

儿女是属于他们自己的。他们的现在，和他们的未来，都应由他们自己来设计。一个想用自己理想的模式塑造自己的孩子的父亲是愚蠢的，而且，可恶！另外作为一个父亲，应该尽量保持一点童心。

以上议论，是作者对父子关系的理性思考，也是对“多年父子成兄弟”命题的升华。

一九九〇年九月一日

载一九九一年第一期

《福建文学》

思考与练习

1. 作者的父亲是一个多才多艺、情感丰富的人，你从文章中的哪些事件可以看出？
2. 读了本文，你对"多年父子成兄弟"这句话有什么理解？作为子女，你觉得可以如何去争取实现民主平等的父子（女）关系？
3. 选择你特别感动因而喜爱的段落，看看这个段落是怎样运用白描手法，具体描写父亲的形象的？
4. 作者在文章结尾说："一个想用自己理想的模式塑造自己的孩子的父亲是愚蠢的"，你对这句话会有怎样的认识？并思考如何弘扬新时代优良家风，增进亲子沟通。

永远的汪曾祺

相关链接

汪曾祺先生生于江苏高邮一个亦农亦医的世家，从小就接受了良好的教育，打下了深厚的旧学功底。父亲是个乐天派，属于那个时代少有的玩家，不仅工于绘画，且热爱运动，善治印，会摆弄各种乐器，多才多艺，闲来还乐于做孩子王，领着一帮孩子疯玩作乐。《多年父子成兄弟》记载的这段往事令许多人为之神往。开明的家庭气氛，宽松的生活环境，对他后来创作、为人影响很深，自然也在其风格上留下了印痕，他的小说和散文风格都可以从他的童年生活中找到索引。作为沈从文嫡传弟子，汪氏文风也明显地烙着沈氏的印记，但仔细品来却又别具特色。沈氏散文充溢着边地纯朴自然之气，野性浪漫中蕴含着对人生的关切，缥缈中带着一丝苦涩；汪氏的散文却是闲适冲淡中包孕着一种文化，恬淡中自有一份厚重。……

作为小说家，写人是他的拿手戏。在本书中，汪曾祺同样向我们展示了他小说家的才情与睿智，无论是追忆父祖家人的《我的祖父祖母》《我的父亲》《我的母亲》《多年父子成兄弟》，还是怀念沈从文、金岳霖、闻一多、赵树理等昔日师友的文字，无不具有小说的意境和神韵，状物描人情文并茂，栩栩如生。

汪修荣《永远的汪曾祺》，
载《光明日报》2005年3月21日

哭 小 弟[1]

宗 璞

学习提示

1. 本文赞颂了知识分子无私奉献的精神,也反思了当时"迟开而早谢"的一代知识分子的命运。
2. 本文记叙人物时,叙事与抒情、议论相融汇,正面描写与侧面烘托相结合。
3. 本文结构上形散神不散,贯穿全文平淡、零散材料的始终是作者悲怆之情这条主线。
4. 本文运用的象征暗示笔法具有含蓄之美和深层意蕴。

以名片开头,置于文章之首,是罕见的、独特的。交代了小弟的姓名、职务,起了点题、释题的作用。

> **飞机强度研究所**
>
> 冯钟越
> 技术所长

  我面前摆着一张名片,是小弟前年出国考察时用的。名片依旧,小弟却再也不能用它了。

  小弟去了。小弟去的地方是千古哲人揣摩不透的地方,是各种宗教企图描绘的地方,也是每个人都会去,而且不能回来的地方。但是现在怎么能轮得到小弟!他刚五十岁,正是精力充沛,积累了丰富的学识经验,大有作为的时候。有多少事等他去做啊!医院发现他的肿瘤已相当大,需要立即做手术,他还想去参加一个技术讨论会,问能不能开完会再来。他在手术后休养期间,仍在看研究所里的科研论文,还做些小翻译。直到卧床不起,他手边还留着几份国际航空材料,总是"想再看看"。他也并不全想的是工作。已是滴水不进时,他忽然说想吃虾,要对虾。他想活,他想活下去啊!

小弟品格高尚,却是一个普通人、正常人。想吃对虾,想活下去,反显人性之真!

---

[1] 选自《宗璞散文》,人民文学出版社2007年版,有改动。本文最初发表于1982年12月27日《人民日报》。宗璞(1928—),原名冯钟璞,祖籍河南唐河,生于北京。中国当代女作家。为著名哲学家冯友兰之女,幼承家学。1951年毕业于清华大学外文系,曾供职于中国文联,任《文艺报》《世界文学》等刊物编辑。其文学创作以气韵独特著称。著有小说《红豆》《三生石》《南行记》《东藏记》,散文集《丁香结》等。

可是他去了,过早地去了。这一年多,从他生病到逝世,真像是个梦,是个永远不能令人相信的梦。我总觉得他还会回来,从我们那冬夏一律显得十分荒凉的后院走到我窗下,叫一声"小姊——"

可是他去了,过早地永远地去了。

我长小弟三岁。从我有比较完整的记忆起,生活里便有我的弟弟,一个胖胖的、可爱的小弟弟,跟在我身后。他虽然小,可是在玩耍时,他常常当老师,照顾着小朋友,让大家坐好,他站着上课,那神色真是庄严。他虽然小,在昆明的冬天里,孩子们都生冻疮,都怕用冷水洗脸,他却一点不怕。他站在山泉边,捧着一个大盆的样子,至今还十分清晰地在我眼前。

> 童年经验对成年后人格形成很重要。小弟儿时就很优秀。

"小姊,你看,我先洗!"他高兴地叫道。

在泉水缓缓地流淌中,我们从小学,中学而大学,大部时间都在一个学校。毕业后就各奔前程了。不知不觉间,听到人家称小弟为强度专家;不知不觉间,他担任了总工程师的职务。在那动荡不安的年月里,很难想象一个人的将来。这几年,父亲和我倒是常谈到①,只要环境许可,小弟是会为国家做出点实际的事的。却不料,本是最年幼的他,竟先我们而离去了。

去年夏天,得知他患病后,因为无法得到更好的治疗,我于八月二十日到西安,记得有一辆坐满了人的车来接我。我当时奇怪何以如此兴师动众,原来他们都是去看小弟的。到医院后,有人进病房握手,有人只在房门口默默地站一站,他们怕打扰病人,但他们一定得来看一眼。

手术时,有航空科学研究院、623所、631所的代表,弟妹、侄女和我在手术室外;还有一辆轿车在医院门口。车里有许多人等着,他们一定要等着,准备随时献血。小弟如果需要把全身的血都换过,他的同志们也会给他。但是一切都没有用。肿瘤取出来了,有一个半成人拳头大,一面已经坏死。我忽然觉得一阵胸闷,几乎透不过气来——这是在穷乡僻壤为祖国贡献着才华、血汗和生命的人啊,怎么能让这致命的东西在他身体里长到这样大!

> 同事对小弟的爱戴之情,作者通过诸种细节表现出来。

我知道在这黄土高原上生活的艰苦,也知道住在这黄土高原上的人工作之劳累,还可以想象每一点工作的进展都要经过十分恼人的迂回曲折。但我没有想到,小弟不但生活在这里,战

---

① 父亲:即现当代著名哲学家冯友兰(1895—1990),字芝生,河南唐河人,北京大学教授,有《三松堂全集》。

哭小弟　145

斗在这里,而且把性命交付在这里了。他手术后回京在家休养,不到半年,就复发了。

那一段焦急的悲痛的日子,我不忍写,也不能写。每一念及,便泪下如绠①,纸上一片模糊。记得每次看病,候诊室里都像公共汽车上一样拥挤,等啊等啊,盼啊盼啊,我们知道病情不可逆转,只希望能延长时间,也许会有新的办法。航空界从莫文祥同志起②,还有空军领导同志都极关心他,各个方面包括医务界的朋友们也曾热情相助,我还往海外求医。然而错过了治疗时机,药物再难奏效。曾有个别的医生不耐烦地当面对小弟说,治不好了,要他"回陕西去"。小弟说起这话时仍然面带笑容,毫不介意。他始终没有失去信心,他始终没有丧失生的愿望,他还没有累够。

> 小弟强烈的求生欲望,作者用"还没有累够"评价他,耐人寻味,有力而传神。

小弟生于北京,一九五二年从清华大学航空系毕业。他填志愿到西南,后来分配在东北,以后又调到成都、调到陕西。虽然他的血没有流在祖国的土地上,但他的汗水洒遍全国,他的精力的一点一滴都献给祖国的航空事业了。个人的功绩总是有限的,也许燃尽了自己,也不能给人一点光亮,可总是为以后的绚烂的光辉做了一点积累吧。我不大明白各种工业的复杂性,但我明白,任何事业也不是只坐在北京就能够建树的。

我曾经非常希望小弟调回北京,分我侍奉老父的重担。他是儿子,三十年在外奔波,他不该尽些家庭的责任么?多年来,家里有什么事,大家都会这样说:"等小弟回来","问小弟"。有时只要想到有他可问,也就安心了。现在还怎能得到这样的心安?风烛残年的父亲想儿子,尤其这几年母亲去世后,他的思念是深的,苦的,我知道,虽然他不说。现在他永远失去他的最宝贝的小儿子了。我还曾希望在我自己走到人生的尽头,跨过那一道痛苦的门槛时,身旁的亲人中能有我的弟弟,他素来的可倚可靠会给我安慰。哪里知道,却是他先迈过了那道门槛啊!

> 作者写自己的想法和情感,最大的一个特点就是"真",故能以情感人。

一九八二年十月二十八日上午七时,他去了。

这一天本在意料之中,可是我怎能相信这是事实呢!他躺在那里,但他已经不是他了,已经不是我那正当盛年的弟弟,他再也不会回答我们的呼唤,再不会劝阻我们的哭泣。你到哪里去了,小弟!自一九七四年沅君姑母逝世起③,我家屡遭丧事,而这一次小弟的远去最是违反常规,令人难以接受!我还不得

---

① 泪下如绠(gěng):形容眼泪之多。绠,取井水用吊桶上的绳子。　② 莫文祥:曾任航空工业部部长。
③ 沅君:冯沅君(1900—1974),河南唐河人,现代女作家,中国古代文学研究专家。1925年毕业于北京大学国学研究所,后留学法国巴黎大学,获大学博士学位。与陆侃如合著《中国诗史》,另有《冯沅君创作译文集》等。

不把这消息告诉当时也在住院的老父，因为我无法回答他每天的第一句问话："今天小弟怎么样？"我必须告诉他，这是我的责任。再没有弟弟可以依靠了，再不能指望他来分担我的责任了。

父亲为他写了挽联："是好党员，是好干部，壮志未酬，洒泪岂只为家痛；能娴科技①，能娴艺文，全才罕遇，招魂也难再归来！"我那唯一的弟弟，永远地离去了。

他是积劳成疾，也是积郁成疾，他一天三段紧张地工作，参加各式各样的会议。每有大型试验，他事先检查到每一个螺丝钉，每一块胶布。他是三机部科技委员会委员，他曾有远见地提出多种型号研究。有一项他任主任工程师的课题研制获国防工办和三机部科技一等奖。同时他也是623所党委委员，需要在会议桌上坦率而又让人能接受地说出自己对各种事情的意见。我常想，能够"双肩挑"②，是我们五十年代到六十年代初期出来的知识分子的特点。我们是在"又红又专"的要求下长大的。当然，有的人永远也没有能达到要求，像我。大多数人则挑起过重的担子，在崎岖的、荆棘丛生的，有时是此路不通的山路上行走。那几年的批判斗争是有远期效果的。他们不只是生活艰苦，过于劳累，还要担惊受怕，心里塞满想不通的事，谁又能经受得起呢！

> 由"双肩挑"而"过重的担子"，而"崎岖""荆棘丛生""此路不通""山路上行走"，这些比喻性描写象征了一代知识分子的性格和命运。

小弟入医院前，正负责组织航空工业部系统的一个课题组，他任主任工程师。他的一个同志写信给我说，一九八一年夏天，西安一带出奇的热，几乎所有的人晚上都到室外乘凉，只有"我们的老冯"坚持伏案看资料，"有一天晚上，我去他家汇报工作，得知他经常胃痛，有时从睡眠中痛醒，工作中有时会痛得大汗淋漓，挺一会儿，又接着做了。天啊！谁又知道这是癌症！我只淡淡地说该上医院看看。回想起来，我心里很内疚，我对不起老冯，也对不起您！"

> 小弟同事一封信的大段引用，从侧面烘托出小弟不顾病痛、忘我工作的崇高精神。

这位不相识的好同志的话使我痛哭失声！我也恨自己，恨自己没有早想到癌症对我们家族的威胁，即使没有任何症状，也该定期检查。云山阻隔，我一直以为小弟是健康的。其实他早感不适，已去过他该去的医疗单位。区一级的说是胃下垂，县一级的说是肾游走。以小弟之为人，当然不会大惊小怪，惊动大家。后来在弟妹的催促下，乘工作之便到西安检查，才做手术。如果早一年有正确的诊断和治疗，小弟还可以再为祖国工作二十年！

---

① 娴(xián)：熟练。　② 双肩挑：当时专指身兼技术业务工作和行政领导工作两副重担的人。

往者已矣。小弟一生，从没有"埋怨"过谁，也没有"埋怨"过自己，这是他的美德之一。他在病中写的诗中有两句："回首悠悠无恨事，丹心一片向将来。"他没有恨事。他虽无可以彪炳史册的丰功伟绩①，却有一个普通人的认真的、勤奋的一生。历史正是由这些人写成的。

小弟白面长身，美丰仪；喜文艺，娴诗词；且工书法篆刻。父亲在挽联中说他是"全才罕遇"，实非夸张。如果他有三次生命，他的多方面的才能和精力也是用不完的；可就这一辈子，也没有得以充分地发挥和施展。他病危弥留的时间很长，他那颗丹心，那颗让祖国飞起来的丹心，顽强地跳动，不肯停息。他不甘心！

这样壮志未酬的人，不只他一个啊！

我哭小弟，哭他在剧痛中还拿着那本航空资料"想再看看"，哭他的"胃下垂""肾游走"；我也哭蒋筑英抱病奔波②，客殇成都③；我也哭罗健夫不肯一个人坐一辆汽车④！我还要哭那些没有见诸报章的过早离去的我的同辈人。他们几经雪欺霜冻，好不容易奋斗着张开几片花瓣，尚未盛开，就骤然凋谢。我哭我们这迟开而早谢的一代人！

> 由哭小弟而哭"迟开而早谢"的一代人，花的象征写出了他们的创伤和壮志未酬。

已经是迟开了，让这些迟开的花朵尽可能延长他们的光彩吧。

这些天，读到许多关于这方面的文章，也读到了《痛惜之余的愿望》，稍得安慰。我盼"愿望"能成为事实。我想需要"痛惜"的事应该是越来越少了。

> 由哭而不哭，因为怀有希望。再一次点题，首尾呼应。

小弟，我不哭！

1982年11月

思考与练习

1. 本文赞颂了小弟身上怎样的一种精神？请整合相关细节说明。
2. 本文是哭小弟的，作者为什么又要哭蒋筑英和罗健夫？
3. 本文哪些地方运用了侧面烘托写人物？请举例说明。
4. 找出文中作者运用的象征暗示手法，并指出其意蕴和美感。

---

① 彪炳史册：形容伟大的业绩永垂史册。彪炳，照耀。　② 蒋筑英(1938—1982)：浙江杭州人。光学专家，全国劳动模范。1956年考入北京大学物理系。生前任中国科学院长春光机所副研究员、第四研究室代主任。　③ 客殇(shāng)成都：客死在成都。蒋筑英是在到成都出差时发急病去世的。殇，原意是未成年而死，此指英年早逝。　④ 罗健夫(1935—1982)，湖南湘乡人。电子专家，全国劳动模范。1956年考入西北大学原子物理系。毕业后先后在母校及西安电子计算机技术所、骊山微电子公司工作。积劳成疾去世。

> 相关链接
>
> "我"恸哭,"我"不只为小弟而恸哭,"我"为所有如小弟一样的同辈人而恸哭。作者哭到这儿,小弟的形象越发饱满了,他已经是一代人的典型。作者由点及面,在叙议结合中,把文章推向了高潮,也由哀痛的心情转为了正视的目光,要多些愿望,要少些痛惜,我们活着的人要多一点珍惜与责任。所以,冷静之后,"我"发出了"我不哭"的宣言。
>
> 赵青《〈哭小弟〉鉴赏》(《现代散文鉴赏辞典》)
>
> 这是篇记人散文,主要笔墨都在小弟身上。但接近结尾处却通过一个过渡句"这样壮志未酬的人,不只他一个啊"一转,升华为对一代知识分子的痛惜。贯穿全文,始终的是作者的极度悲怆之情。
>
> 陶型传《〈哭小弟〉内容述评》(周圣伟主编《大学语文教学用书》)

哭小弟(片断)
朗读

阔人幸福吗?[1]

[加拿大] 斯蒂芬·里柯克

学习提示

1. 认识本文针砭社会不公、揭露阔人贪婪自私的题旨。
2. 把握本文把散文小说化,在看似平淡的叙述中显露机智和锋芒的特点。
3. 理解文中大量运用的反语修辞方法,品味文章的字面意思与潜在含义相矛盾造成的效果。

我首先得承认写此文时手头并没有充分的资料。我生平不曾认识或见过任何阔人。时常我以为碰见了几位,后来才发现并不是。他们一点儿也不阔,简直穷得厉害。他们经济上拮据得要命,捉襟见肘,不知道该到哪儿去筹上一万元。就我所调查过的情况而言,这种错觉时常发生。我往往根据某家雇用十五名仆人的事实,就以为他们必然很阔。也曾由于一位太太坐着高级轿车去买一顶价值五十元的帽子,就以为她的家道必然很殷实。才不是呢。细一考察,所有这些人都不阔。他们手头全紧得很。他们自己这么说。他们喜用的字眼似乎是"一筹莫展"。每逢我在剧院包厢里看到珠光宝气的人们,我就晓得他们必然统统是"一筹莫展"的。至于他们坐高级轿车回家这一事实,是与此无关的。

有一天,一位每年有万元进项的朋友叹着气对我说,他发现自己根本没办法跟阔人相比。以他那点进项,是无能为力的。一个每年有两万元进项的家族也对我这么说,他们是没法同阔人比的,想尝试一下也白搭。有位我很敬重的朋友,他每年从律师这行当中有五万元收入。他极其坦率地告诉我,他发现自己压根儿不可能跟阔人比。他说,不如接受这个严酷的事实:他穷。他说,他只能请我吃顿家常便饭,就是他所谓的"家宴"。

<small>说所有的阔人都不阔,用的是极而言之的夸张和放大的语气,为下文预留伏笔。</small>

<small>阔人居然喊穷,体会这里的反讽意味。</small>

---

[1] 选自《里柯克随笔集》,萧乾、文洁若译,海天出版社1993年版。斯蒂芬·里柯克(1869—1944):生于英国,加拿大麦吉尔大学教授。加拿大著名的幽默小品作家,十分推崇狄更斯和马克·吐温,作品语言风趣,内容生动,风格含蓄辛辣。

席间三名男仆和两名女仆给端菜。他求我不要见怪。

据我记忆所及,我同卡内基先生从没谋过面①。不过,倘若我见到他,他一定会对我说,他发现实在没法同洛克菲勒先生比阔②。毫无疑问,洛克菲勒先生也有同样的感觉。

> 又是递进式的夸张,增加了文章的戏谑成分。

然而天底下准有——必然有阔人。我不断地看到这种迹象。我工作的那座大楼的司阍告诉我说③,他在英国有个阔表哥,在西南铁路上干活,每周挣十镑。他说,铁路公司简直没他不行。同样,我们家里那位洗衣妇也声称有个阔叔叔。他住在温尼伯④。他住的房子产权完全属于他,还有两个读中学的女儿。

> 不阔之人也沾亲带故地来称阔,不免是一种反讽。

然而这仅仅是我听到的阔人的例子,确不确实,我可不敢担保。

因此,当我谈到阔人并讨论他们是否幸福时,不言而喻,我只是从个人所见所闻得出结论。

那个结论就是:阔人要经受穷人所无法得知的严峻考验和悲惨遭遇。

首先,我发现阔人得成天为钱而发愁。一天之内英镑兑换率下跌十点,穷人照样舒舒服服地坐在家里。他们在意吗?一点儿也不。贸易逆差可以使一个国家像是遭了一场水灾。谁来收拾这个局面?阔人。活期贷款的款子猛涨百分之百,穷人把它抛在脑后,照样嘻嘻哈哈地欣赏那一毛钱一场的电影。

> 成天为钱发愁——阔人不幸福的表现之一。

可是阔人时时刻刻在为钱而发愁。

> 这句话独立成行,照应题目与主题,结构上承上启下,引人注目。

举例来说,我认识一个人,姓斯普戈。上个月,银行里他名下的户头透支了两万元。他在他的俱乐部里和我一道吃午饭时告诉了我此事,一再道歉说,他心绪不佳,此事叫他心神不定。他说,银行为这么件事居然就向他发了通知,可不大公道。在某种意义上我对他这种心境可以表示同情。那时候我自己的户头正透支了两毛。要是银行已开始发透支通知,下一个很可能就轮到我。斯普戈说第二天早晨他得给他的秘书打电话,要他抛出点股票,好把透支的数目还上。去干这种事儿好像挺难堪的。穷人就从来不会被迫去这么做。据我所知,有人可能被迫卖件小家具。可想想看,抛售抽屉里的股票!这种苦楚是穷人永远也尝不到的。

> 阔人斯普戈的故事。注意这位阔人处理钱财的逻辑。

我常同这位斯普戈先生谈论财富问题。他是白手起家的。他几次告诉我,积累这么多财产只不过为他增加了负担。他说,想当初他身无长物时,他要快活多了。好几回他请我去吃那九

---

①卡内基:戴尔·卡内基(1888—1955),美国著名人际关系学家,西方成人社交教育的奠基人。 ②洛克菲勒(1839—1937):美国以石油起家的财团创始人。 ③司阍(hūn):看门人。 ④温尼伯:加拿大马尼巴托省省会。

阔人幸福吗? 151

道菜的正餐时,他都告诉我他宁愿只吃点炖猪肉加萝卜泥。他说,若依他的本意,他就只吃两根炸香肠和一块炸面包。记不清他是为什么才未能如愿的了。我看见他带点鄙夷的神情把香槟酒——也许是他喝完香槟酒之后的杯子——撂在一边儿。他说,他还记得他父亲的农舍后边有条潺潺流着的小溪。他曾经趴在草地上喝个够。他说,喝香槟酒可没么开心。我曾向他建议,要他趴在俱乐部地板上喝满满一碟苏打水,他不干。

要是做得到的话,我深知我这位姓斯普戈的朋友会欣然把他的全部财富都抛掉的。在我了解这些情况之前,我一向认为财富是可以抛弃的。看来这是不可能的。一旦背上了这个包袱,就再也甩不掉了。财富倘若积累够了,就变成一种社会服务。阔人就会认为这是为世界行善的一种途径,可以为旁人的生活带来光明。简而言之,是一种庄严的委托。斯普戈时常同我讨论这个话题,而且往往谈到深夜,以致那个举着蓝火焰为他点烟的仆人都倚着门柱睡着了,门外的司机也冻僵在汽车的座位上。

我已说过,斯普戈把他的财产看做庄严的委托。我曾多次问他为什么不把它捐给——比如说,一所大学。可他对我说,很遗憾,他不是大学出身的。我也曾就大学教授的养老金需要增加的问题提请他注意。尽管卡内基先生等曾为此而解过囊,如今仍有成千上万位工龄在三十五年甚至四十年的老教授,一天天地工作下去,除了月薪毫无旁的补助,而且八十五岁以后就没有养老金了。但是斯普戈先生称这些人为民族英雄。他们的工作本身就是酬劳。

不过,斯普戈先生的烦恼(他是了无牵挂的单身汉)在一个意义上毕竟是自私的。无声无息的大悲剧也许每天都在阔人家里——或者说得更确切些,在他们的公馆里——演出着,那种悲剧是幸运的穷人们所体会不到,也无从体会的。

阔人阿什克罗夫特·福勒夫妇的故事。注意作者描绘这对夫妇的痛苦状。

前几天的一个晚上,我就在阿什克罗夫特·福勒府上见到这种情况。我去那里赴宴。我们刚要进餐厅的时候,阿什克罗夫特·福勒太太悄悄地对她丈夫说:"梅多斯开口了吗?"他黯然摇了摇头回答道:"没有,他还什么也没说哪。"我看到他们暗自交换了同情和互助的眼色,正像在患难中的情侣那样。

他们是我的老朋友,我的心为他们而悸动。席间,梅多斯(他们的管事的)随着每道菜给斟着酒。我意识到我的朋友们正面临着很大的麻烦。

等阿什克罗夫特·福勒太太起身离席,我们共饮葡萄牙红酒时,我才把椅子拉近福勒,并说:"亲爱的福勒,咱们是老朋友啦。如果好像有点冒昧,希望你不要介意。可我看得出你和嫂夫人遇到了麻烦。"

"可不是嘛,"他满面愁容地小声回答说,"我们确实不大顺当。"

"对不起,"我说,"可不可以告诉我一下,因为你说出来心里就舒服点儿。是同梅多斯有关吗?"

一阵沉默,可我猜得出福勒要说什么。我感到话都到他嘴边上了。

他尽量克制住自己的感情,随即说:"梅多斯要辞工不干啦。"

"可怜的老伙计!"我一边说,一边握住他的手。

"你说倒不倒霉!"他说,"去年冬天走了个福兰克林可不能怪我们;我们尽力挽留了——如今梅多斯又要走。"

他几乎抽噎着。

"他还没把话说定,"福勒接着说,"可是我知道他决不会呆下去了。"

"他可曾提出什么理由?"我问道。

"没提出具体的,"福勒说,"纯粹是合不来。梅多斯不喜欢我们。"

他用手捂住脸,一声不响了。

我没再回到楼上的客厅,过一会儿就蹑手蹑脚地告辞了。几天以后,我听说梅多斯走了。阿什克罗夫特·福勒夫妇无计可施,只好认了。他们决定在帕拉弗尔大饭店租下包括十间卧室和四个浴室的小小套房,将就着过一冬。

可是也不能把阔人的生活描绘得一团漆黑,也有真正心宽意畅的。

特别在那些幸运地破了产——彻底破了产的阔人中间,我观察到这种情况。他们要么是在交易所,要么是在银行业务上破的产。另外还有十几种破产的方式。在工商界,要破产并不困难。

就我观察所及,阔人一旦破了产,一切就都顺当了。这下子他们要什么就能有什么。

前不久,这一点又得到了证实。我正同一位朋友散步,一辆汽车驶过,里头坐着个服装整洁的年轻人,正同一个美女说说笑笑。我这位朋友就摘了摘帽子,兴高采烈地在空中挥了挥,像是在表示亲热和良好的祝愿。

汽车消失踪影后,他说:"可怜的老伙计爱德华·奥弗乔伊①。"

旁注:
管家离他而去——阔人不幸福的表现之二。

破产等于幸福——这是阔人不幸福的反向表现。

阔人爱德华·奥弗乔伊的故事。注意作者描绘他破产后的轻松状。

---

① 爱德华·奥弗乔伊:原文作Overjoy,是作者杜撰的姓,意思是"狂喜"。

阔人幸福吗? 153

"他出了什么事?"我问道。

"你没听说吗?"我的朋友说,"他破产了——彻底破产了——一文不名啦。"

"哎呀,"我说,"那可够呛!我想,他一定得把那辆漂亮汽车卖掉吧?"

这位朋友摇了摇头。

"哦,不,"他说,"他绝不会那么办。我相信他太太会不肯那么做。"

朋友说对了。那对夫妇果然没卖掉他们的汽车,也没卖掉他们那幢沙岩砌的富丽堂皇的公馆。他们对那座房子的感情太深了,想必不舍得撒手。有些人认为他们会放弃在歌剧院租的厢,看来也不然。他们对音乐的兴趣太浓了,不肯这么做。同时,尽人皆知的事实是:奥弗乔伊夫妇彻底破产了——他们手头连一分钱也不剩了。有人告诉我说,花上十块钱就可以把奥弗乔伊买下来。

可我留意到,他依旧穿着他那件至少值五百元的海豹皮大衣哪。

思考与练习

1. 本文题目是"阔人幸福吗",作者的回答是阔人并不幸福。通读全文,联系社会实际,想一想作者这样说的意图是什么。

2. 作为一篇陈述观点的散文,作者却主要依靠在小说中常用的叙事和描写手法。读一读本文中叙述的几个人物的故事,分别说说每个故事说明了什么。

3. 文中哪些地方将阔人与穷人进行对比?你对阔人的痛苦和穷人的快乐有什么看法?

4. 本文充满着反讽意味。请揣摩文中一些语句的言外之意。

相关链接

论 幽 默

在我们所说的幽默的背后以及更远处,还存在更深的奥义,唯有极少数有心人,凭其本能或通过苦苦求索,才得以入其堂奥而获得启示。以世界上最优秀、最伟大的幽默作品而言,幽默也许是我们人类文明的最高成就。在此我们想到的不是喜剧演员那种仅仅把人逗得狂笑的喜剧效果,也不是杂耍剧中涂黑脸的滑稽行家的精彩表演,而是由一代人中仅能产生一两位的大师所创造的、能照亮和提高我们的文学的真正伟大的幽默。这种幽默不再依赖纯粹的文字游戏和插科打诨,也不再利用事物稀奇古怪,毫无意义的不协调来使我们感到"滑稽"。它深深地植根在生活本身的深层反差之中:我们的期望是一回事,而实际

> 相关链接
>
> 结果却完全是另一回事。今天的渴望和焦虑令我们寝食难安，而明日它们却已化为乌有，足可付诸一笑。无论火烧火燎的痛苦，还是如切如割的悲伤，在日后的回顾中都会变为往事温柔。回首往日历程，悲欢离合历历在目，而我们已安然度过，于是我们会热泪涟涟地露出微笑，有如年迈的老人悲欢交集地回忆起儿时怒气冲冲的争吵。由此可见，从更广的意义上说，幽默是夹杂着悲天悯人之情的，直至两者浑然合一。历代的幽默都体现了泪水与欢笑交融的传统，而这正是我们人类的命运。
>
> 　　　　　　斯蒂芬·里柯克《我的幽默观》

李 寄[①]

干 宝

> **学习提示**
>
> 1. 这篇志怪小说赞扬了少女李寄为民除害的英雄行为，塑造了她那善良、勇敢、机智的形象。这个故事启示我们，对于任何恶势力，任何困难，都要敢于斗争，善于斗争，战而胜之。
> 2. 本文刻画李寄形象，主要通过语言描写和行为描写。
> 3. 本文运用了侧面烘托手法。蛇妖的猖獗，官吏的无能，九女的"怯弱"，父母的慈爱，以及传唱不绝的歌谣，将李寄的形象烘托得更加光彩照人。

介绍来龙去脉，要言不烦。蛇之"气厉"，士民之"惧"，官吏之"患"，九女之死，皆为李寄出场铺垫、蓄势。

东越闽中有庸岭[②]，高数十里。其西北隙中[③]，有大蛇，长七八丈，大十余围[④]，土俗常惧[⑤]。东冶都尉及属城长吏[⑥]，多有死者。祭以牛羊，故不得祸。或与人梦，或下谕巫祝[⑦]，欲得啖童女年十二三者[⑧]。都尉、令、长[⑨]，并共患之。然气厉不息[⑩]。共请求人家生婢子[⑪]，兼有罪家女养之。至八月朝祭[⑫]，送蛇穴口，蛇出吞啮之[⑬]。累年如此，已用九女。

尔时预复募索[⑭]，未得其女。将乐县李诞[⑮]，家有六女，无男。其小女名寄，应募欲行。父母不听。寄曰："父母无相[⑯]，惟生六女，无有一男，虽有如无。女无缇萦济父母之功[⑰]，既不能供养，徒费衣食，生无所益，不如早死。卖寄之身，可得少钱，以供父母，

[①] 选自干宝《搜神记》卷十九，中华书局1979年版。干宝（生卒年不详）：字令升，新蔡（今河南新蔡县）人。东晋史学家、文学家，曾任佐著作郎、散骑常侍等职，著有历史著作《晋纪》二十卷（已佚）、志怪小说《搜神记》二十卷。 [②] 东越：汉初小国，在今浙江、福建一带。闽中：古郡名，在今福建福州市东北。庸岭：山名。 [③] 隙(xī)：低洼地。 [④] 围：两只手的拇指和食指合拢来的周长度为一围。 [⑤] 土俗：指当地的士民。 [⑥] 东冶：东越国的都城，在今福州市。都尉：负责军事的官。属城长吏：指东冶所属县城的长官。 [⑦] 谕：告诉。巫祝：古代以歌舞娱神并自称能通鬼神的人。 [⑧] 啖(dàn)：吃。 [⑨] 令、长：秦制，万户以上的县官称"令"，不足万户的称"长"。 [⑩] 气厉：气焰毒害。厉，虐害，灾祸。 [⑪] 家生婢子：古时奴婢所生的女孩。 [⑫] 朝(zhāo)：初一。 [⑬] 啮(niè)：咬，吃。 [⑭] 尔时：这时。预复募索：又预先招募索求。 [⑮] 将乐县：在今福建南平市。 [⑯] 无相：无福。古时认为只生女孩是无福的。 [⑰] 缇(tí)萦(yíng)：据《史记·孝文本纪》记载，西汉太仓令淳于意有五女，缇萦最小。文帝时，淳于意有罪当受肉刑（指刺面、割鼻、斩足、阉割等刑罚），缇萦上书愿作公家奴婢以赎父罪。文帝感动，免除淳于意的刑罚，并废肉刑。

156　大学语文

岂不善耶？"父母慈怜，终不听去。寄自潜行①，不可禁止。

　　寄乃告请好剑及咋蛇犬②。至八月朝，便诣庙中坐③，怀剑将犬④。先将数石米餈⑤，用蜜麨灌之⑥，以置穴口。蛇便出，头大如囷⑦，目如二尺镜。闻餈香气，先啖食之。寄便放犬，犬就啮咋；寄从后斫得数创⑧。创痛急，蛇因踊出，至庭而死⑨。寄入视穴，得其九女髑髅⑩，悉举出，咤言曰⑪："汝曹怯弱⑫，为蛇所食，甚可哀愍！"于是寄女缓步而归。

　　越王闻之，聘寄女为后，拜其父为将乐令，母及姊皆有赏赐。自是东冶无复妖邪之物。其歌谣至今存焉⑬。

> 一方面"终不听去"，一方面"不可禁止"；父母之慈，女儿之孝，写得情致宛然。

> 少女竟有大将风度！看她斩蛇前如将军布阵，指挥笃定；斩蛇时如将军跃马，从容不迫；斩蛇后如将军凯旋，不亢不卑。

思考与练习

1. 李寄对父母说的一段话表现出她怎样的性格特征？描写李寄斩蛇的一段可分为哪几个层次？表现出她怎样的性格特征？
2. 李寄与"九女"形成怎样的对比？
3. 本文怎样用侧面烘托的方法刻画李寄的形象？
4. 结合"相关链接"，说说李寄与缇萦有什么共同点，带来怎样的社会效果。

缇萦救父 （相关链接）

　　汉文帝四年，有人上书告发淳于意受贿，朝廷以刑罪传唤他西去长安。淳于意有五个女儿，跟在后面哭泣。淳于意很生气，骂道："生孩子不生男的，有个急事，没有管用的！"小女儿缇萦很为父亲这话伤心，便随父西到长安，上书说："我父亲为官，齐地的人都说他清正。现在犯法应当受刑，我痛感被杀的人不能恢复生命，被刑的人不能康复肉体，即使想改过自新，也没有法子了。我愿舍身为公家奴婢，以赎父亲的刑罪，使他得以改过自新。"皇帝阅后怜悯她的孝心，当年也同时废除了肉刑之法。

　　　　　　　　　　　据《史记·孝文本纪》译写

---

① 潜行：偷偷地走了。　② 告请：指向官方申请领取。咋(zé)：咬。　③ 诣(yì)：到，往。　④ 将：带着。　⑤ 石：十斗。米餈(cí)：米蒸的团子。　⑥ 蜜麨(chǎo)：用麦芽做成的饴糖。　⑦ 囷(qūn)：圆形的谷囤。　⑧ 斫(zhuó)：砍。创：伤口。　⑨ 庭：指洞外的空地。　⑩ 髑(dú)髅(lóu)：死人的骨头。　⑪ 咤(zhà)：叹息声。　⑫ 汝曹：你们，指死者。　⑬ 歌谣：指赞颂李寄英雄事迹的歌谣。

菉竹山房①

吴组缃

> **学习提示**
>
> 1. 了解小说所写的时代背景。
> 2. 认识封建礼教对人性的摧残。
> 3. 体会"蝴蝶"在小说中的象征意味。

　　阴历五月初十日和阿圆到家,正是家乡所谓"火梅"天气②:太阳和淫雨交替迫人③,那苦况非身受的不能想象。母亲说,前些日子二姑姑托人传了口信来,问我们到家没有;说"我做姑姑的命不好,连侄儿侄媳也冷淡我"。意思之间,是要我和阿圆到她老人家村上去住些时候。
　　二姑姑家我只于年小时去过一次,至今十多年了。我连年羁留外乡,过的是电灯电影洋装书籍柏油马路的另一世界的生活。每当想起家乡,就如记忆一个年远的传说一样。我脑中的二姑姑家,到现在更是模糊得如云如烟。那座阴森敞大的三进大屋④,那间摊乱着雨蚀虫蛀的古书的学房⑤,以及后园中的池塘竹木,想起来都如依稀的梦境。
　　二姑姑的故事好似一个旧传奇的仿本⑥。她的红颜时代我自然没有见过⑦,但从后来我所见到的她的风度上看来:修长的身材,清癯白皙的脸庞,狭长而凄清的眼睛,以及沉默少言笑的阴暗调子,都和她的故事十分相称。
　　故事在这里不必说得太多。其实,我所知道的也就有限;因为家人长者都讳谈它。我所知道的一点点,都是日长月远,家人谈话中偶然流露出来,由零碎撷拾起来的。
　　多年以前,叔祖的学塾中有个聪明年少的门生⑧,是个三代孤子。因为看见叔祖屋里的幛幔⑨,

---

① 本文作于1932年11月26日,发表于1933年1月14日出版的《清华周刊》第38卷12期,后入编《中国新文学大系》的《小说集2》。菉竹山房是主人公二姑姑的家宅。吴组缃(1908—1994):现代作家、学者。安徽泾县人。清华大学中文系毕业,历任中央大学、清华大学、北京大学教授。读书时就开始写小说,题材多为破产的农村,描写细致,刻画精深。代表作有《一千八百担》《天下太平》等。　②"火梅"天气:初夏梅子黄熟时江淮流域的连阴天气。　③淫雨:雨水太多。　④三进大屋:旧式宅院大的可包括几排房屋,一排称一进。这是一座建有三排房子的大屋。　⑤学房:当地对书房的称法。　⑥旧传奇的仿本:意谓她的故事很像古代传奇小说的一个仿照本。　⑦红颜时代:女子青春年少最美的时代。　⑧叔祖:称呼祖父的弟弟为叔祖。学塾,即私人自办的读书点,旧称"私塾"。　⑨幛(zhàng)幔(màn):挂在屋内作为礼品的整幅绸布和帐幕。

笔套,与一幅大云锦上的刺绣,绣的都是各种姿态的美丽蝴蝶,心里对这绣蝴蝶的人起了羡慕之情;而这绣蝴蝶的姑娘因为听叔祖常常夸说这人,心里自然也早就有了这人。这故事中的主人以后是乘一个怎样的机缘相见相识,我不知道,长辈们恐怕也少知道。在我所撷拾的零碎资料中,这以后便是这悲惨故事的顶峰:一个三春天气的午间,冷清的后园的太湖石洞中①,祖母因看牡丹花,拿住了一对仓皇失措的系裤带的顽皮孩子。

　　这幕才子佳人的喜剧闹了出来,人人夸说的绣蝴蝶的小姐一时连丫头也要加以鄙夷。放佚风流的叔祖虽从中尽力撮合周旋,但当时究未成功。若干年后,扬子江中八月大潮,风浪陡作②,少年赴南京应考,船翻身亡。绣蝴蝶的小姐那时才十九岁,闻耗后,在桂花树下自缢③,为园丁所见,救活了,没死。少年家觉得这小姐尚有稍些可风之处④,商得了女家同意,大吹大擂接小姐过去迎了灵柩⑤;麻衣红绣鞋⑥,抱着灵牌参拜家堂祖庙⑦,做了新娘。

　　这故事要不是二姑姑的,并不多么有趣;二姑姑要没这故事,我们这次也就不致急于要去。

　　母亲自然怂恿我们去⑧。说我们是新结婚,也难得回家一次。二姑姑家孤寂了一辈子,如今如此想念我们,这点子人情是不能不尽的。但是阿圆却有点怕我们家乡的老太太。这些老太太——举个例,就如我的大伯娘,她老人家就最喜欢搂阿圆在膝上喊宝宝,亲她的脸,咬她的肉,摩挲她的臂膊;又要我和她接吻给她老人家看。一得闲空,就托支水烟袋坐到我们房里来,盯着眼看守着我们作迷迷笑脸,满口反复地说些叫人红脸不好意思的夸羡话。这种种啰唣⑨,我倒不大在意;可是阿圆就老被窘得脸红耳赤,不知该往那里躲。——因此,阿圆不愿去。

　　我知道弊病之所在,告诉阿圆:二姑姑不是这种善于表现的快乐天真的老太太。而且我会投年轻姑娘之所好,照二姑姑原来的故事又编上了许多的动人的穿插,说得阿圆感动得红了眼睛叹长气。听说二姑姑决不会给她那种啰唣,她的不愿去的心就完全消除;再听了二姑姑的故事,有趣得如从线装书中看

注意蝴蝶这一意象。少男少女因蝶结缘。民间故事梁祝化蝶使蝴蝶成为爱情的象征。

吴组缃

描写心理活动细致动人。

---

①太湖石洞:用太湖石堆成的石洞。　②陡(dǒu)作:突然发作。　③自缢(yì):上吊自杀。　④尚有稍些可风之处:还有一点儿值得影响别人的地方。　⑤灵柩(jiù):装有尸体的棺材。　⑥麻衣红绣鞋:麻衣,旧时麻制的重丧用服;红绣鞋,新娘举行婚礼时表示喜庆的红色绣花鞋。丧事与喜事同办,故麻衣与红绣鞋也同用。　⑦灵牌:给死者树立的长方形木板牌位。家堂:每户人家为自家人灵牌设计安放以供祭祀的地方。祖庙:同一本家家族设立的祠堂,也称宗祠。　⑧怂(sǒng)恿(yǒng):鼓动别人去做。　⑨啰(luó)唣(zào):说话办事,烦琐不得要领,不干净利落。

菉竹山房　159

下来的一样；又想到借此可以暂时躲避家下的老太太；而且又知道金燕村中风景好，箓竹山房的屋舍阴凉宽畅：于是阿圆不愿去的心，变成急于要去了。

我说金燕村，就是二姑姑的村；箓竹山房就是二姑姑的家宅。沿着荆溪的石堤走，走的七八里地，回环合抱的山峦渐渐拥挤，两岸葱翠古老的槐柳渐密，溪中黯赭色的大石渐多，哗哗的水激石块声越听越近。这段溪，渐不叫荆溪，而是叫响潭。响潭的两岸，槐树柳树榆树更多更老更葱茏，两面缝合，荫罩着乱喷白色水沫的河面，一缕太阳光也晒不下来。沿着响潭两岸的树林中，疏疏落落点缀着二十多座白垩瓦屋①。西岸上，紧临着响潭，那座白屋分外大；梅花窗的围墙上面探露着一丛竹子；竹子一半是绿色的，一半已开了花，变成槁色。——这座村子便是金燕村，这座大屋便是二姑姑的家宅箓竹山房。

> 写景色如画，与后文阴森的宅子形成鲜明对比。

阿圆是外乡生长的，从前只在中国山水画上见过的景子，一朝忽然身历其境，欣跃之情自然难言。我一时回想起平日见惯的西式房子，柏油马路，烟囱，工厂等等，也觉得是重入梦境，作了许多缥缈之想②。

二姑姑多年不见，显见得老迈了。

"昨天夜里结了三颗大灯花，今朝喜鹊在屋脊上叫了三四次，我知道要来人③。"

那只苍白皱折的脸没多少表情。说话的语气，走路的步法，和她老人家的脸庞同一调子：阴暗，凄苦，迟钝。她引我们进到内屋里，自己跚跚颤颤地到房里去张罗果盘④，吩咐丫头为我们打脸水。——这丫头叫兰花，本是我家的丫头，三十多岁了。二姑姑陪嫁丫头死去后⑤，祖父便拨了身边的这丫头来服侍姑姑，和姑姑作伴。她陪姑姑住守这所大屋子已二十多年，跟姑姑念诗念经，学姑姑绣蝴蝶，她自己说不要成家的。

> 二姑姑的"蝴蝶悲剧"无形中在兰花心中造成了浓重的阴影。在那个时代丫头没有自由很平常，但放弃自由居然是出于自愿，就耐人寻味了。

二姑姑说没指望我们来得如此快，房子都没打扫。领我们参观全宅，顺便叫我们自己拣一间合意的住。四个人分作三排走，姑姑在前，我俩在次，兰花在最后。阿圆蹈着姑姑的步子走，显见得拘束不自在，不时昂头顾我，作有趣的会意之笑。我们都无话说。

---

① 白垩(è)瓦屋：用白色涂料粉饰过的瓦房。　② 缥缈之想：难于确说的某种虚幻迷茫的思想。　③ "今朝"句：旧时有些人以为灯上结大灯花，喜鹊在屋脊上鸣叫，就会有客人来到。　④ 跚(shān)跚(shān)颤颤：走路缓慢还有点颤动的样子。　⑤ 陪嫁丫头：旧社会用钱买来穷家小姑娘，成为主人可以随意差使、支配的奴隶。如作为给予女儿的陪嫁物，即命随着女儿一道去当女儿的丫头。

屋子高大,阴森,也是和姑姑的人相谐调的。石阶,地砖,柱础,甚至板壁上,都染涂着一层深深浅浅的黯绿,是苔尘①。一种与陈腐的土木之气混合的霉气扑满鼻官。每一进屋的梁上都吊有淡黄色的燕子窝,有的已剥落,只留着痕迹;有的正孵着雏儿,叫得分外响。

我们每走到一进房子,由兰花先上前开锁;因为除姑姑住的一头两间的正屋而外,其余每一间房,每一道门都是上了锁的。看完了正屋,由侧门一条巷子走到花园中。邻着花园有座雅致的房,门额上写着"邀月"两个八分字②。百叶窗,古瓶式的门,门上也有明瓦纸的册叶小窗。我爱这地方近花园,较别处明朗清新得多,和姑姑说,我们就住这间房。姑姑叫兰花开了锁,两扇门一推开,就噗噗落下三只东西来:两只是壁虎,一只是蝙蝠。我们都怔了一怔。壁虎是悠悠地爬走了;兰花拾起那只大蝙蝠,轻轻放到墙隅里③,呓语着似地念了一套怪话④:

这些房子长久未住人,全成大蝙蝠和壁虎的住处了。

"福公公⑤,你让让房,有贵客要在这里住。"

阿圆惊惶不安的样子,牵一牵我的衣角,意思大约是对着这些情景,不敢在这间屋里住。二姑姑年老还不失其敏感,不知怎样她老人家就窥知了阿圆的心事⑥:

"不要紧。——这些房子,每年你姑爹回家时都打扫一次⑦。停会,叫兰花再好好来收拾。福公公虎爷爷都会让出去的。"

又说:

"这间邀月庐是你姑爹最喜欢的地方;去年你姑爹回来,叫我把它修葺一下⑧。你看看,里面全是新崭崭的。"

我探身进去张看,兜了一脸蜘蛛网。里面果然是新崭崭的。墙上字画,桌上陈设,都很整齐。只是蒙上一层薄薄的灰尘罢了。

我们看兰花扎了竹叶把,拿了扫帚来打扫。二姑姑自回前进去了。阿圆用一个小孩子的神秘惊奇的表情问我说:

"怎么说姑爹?……"

兰花放下竹叶把,瞪着两只阴沉的眼睛低幽地告诉阿圆说:

"爷爷灵验得很啦!三朝两天来给奶奶托梦。我也常看见的,公子帽,宝蓝衫,常在这园里走。"

阿圆扭着我的袖口,只是向着兰花的两只眼睛瞪看。兰花打扫好屋子,又忙着抱被褥毯子席子为我们安排床铺。里墙边原有

---

① 苔尘:在阴暗潮湿处长出的绿苔及积下的尘土。　② 八分字:书体之一,即汉代流行的隶书的别名。　③ 墙隅:墙角落。　④ 呓语:含糊不清的梦话般的语言。　⑤ 福公公:这里尊称蝙蝠。　⑥ 窥知:意谓心里好像确已看见一般知道了对方的心理。　⑦ "姑爹回家"句:姑爹,姑丈。姑爹早已死去,这里是指他每年回来一次的灵魂,还把死人当成活的在期盼,聊以自慰。　⑧ 修葺:修补。

一张檀木榻,榻几上面摆着一套围棋子,一盘瓷制的大蟠桃。把棋子蟠桃连同榻几拿去,铺上被席,便是我们的床了。二姑姑跚跚颤颤地走来,拿着一顶蚊帐给我们看,说这是姑爹用的帐,是玻璃纱制的;问我们怕不怕招凉。我自然愿意要这顶凉快帐子;但是阿圆却望我瞪着眼,好像连这顶美丽的帐子也有可怕之处。

> 体会一下这是一个多么寂寞、阴冷、孤单的环境,描写起了怎样的作用。

这屋子的陈设是非常美致的,只看墙上的点缀就知道。东墙上挂着四幅大锦屏①,上面绣着"箖竹山房唱和诗"②,边沿上密密齐齐地绣着各色的小蝴蝶,一眼看上去就觉得很灿烂。西墙上挂着一幅彩色的"钟馗捉鬼图"③,两边有洪北江的"梅雪松风清几榻,天光云影护琴书"的对子④。床榻对面的南墙上有百叶窗子可以看花园,窗下一书桌,桌上一个朱砂古瓶⑤,瓶里插着马尾云拂⑥。

> 又见蝴蝶。这是二姑姑与书生爱情的见证,却成了维系她一生的虚幻的梦,成了凄惨悲剧的象征。

我觉得这地方好。陈设既古色古香;而窗外一丛半绿半黄的修竹,和墙外隐约可听的响潭之水,越衬托得闲适恬静。

不久吃晚饭,我们都默然无话。我和阿圆是不知在姑姑面前该说些什么好;姑姑自己呢,是不肯多说话的。偌大屋子如一大座古墓,没一丝人声;只有堂厅里的燕子啾啾地叫。兰花向天井檐上张一张,自言自语地说:

"青姑娘还不回来呢!"

二姑姑也不答话,点点头。阿圆偷眼看看我。——其实我自己也正在纳罕着的。吃了饭,正洗脸,一只燕子由天井飞来,在屋里绕了一道,就钻进檐下的窝里去了。兰花停了碗,把筷子放在嘴沿上,低低地说:

"青姑娘,你到这时才回来。"悠悠地长叹一口气。

我释然,向阿圆笑笑;阿圆却不曾笑,只瞪着眼看兰花。

我说邀月庐清新明朗,那是指日间而言。谁知这天晚上,大雨复作;一盏三支灯草的豆油檠摇晃不定⑦;远远正屋里二姑姑兰花低幽地念着晚经,听来简直是"秋坟鬼唱鲍家诗"⑧;加以外面雨声虫声风弄竹声合奏起一支凄戾的交响曲,显得这周遭的确鬼趣殊多。也不知是循着怎样的一个线索,很自然地便和阿圆谈起"聊斋"的故事来。谈一回,她越靠紧我一些,两眼只瞪着西墙上的"钟馗捉鬼图",额上鼻上渐渐全渍着汗珠。钟馗

---

① 大锦屏:用锦缎之类制成的屏条,条幅。　② 和诗:别人照着自己所写诗的韵脚写来表示应和的诗。　③ 钟馗(kuí):古代传说中能捉鬼的人物,过去民间流行这种图,以为可以辟邪。　④ 洪北江:清代学者洪亮吉,字北江,江苏阳湖(今常州)人。对子:对联。　⑤ 朱砂古瓶:红色瓷质的古瓶。以朱砂为成分涂在瓶面,会现出红色。　⑥ 马尾云拂:用马尾毛做成除尘的掸帚。　⑦ 豆油檠(qíng):用豆油做燃料的老式油灯。　⑧ 秋坟鬼唱鲍家诗:这是唐代诗人李贺《秋来》诗中的一句。渲染环境气氛的凄惨可怖。鲍,指南朝宋诗人鲍照。

手下按着的那个鬼,披着发,撕开血盆口,露出两支大獠牙,栩栩欲活。我偶然瞥一眼,也不由得一惊。这时觉得那钟馗,那恶鬼,姑姑和兰花,连同我们自己俩,都成了鬼故事中的人物了。

阿圆瑟缩地说①:"我想睡。"

她紧紧靠住我,我走一步,她走一步。睡到床上,自然很难睡着。不知辗转了多少时候,雨声渐止,月亮透过百叶窗,映照得满屋凄幽。一阵飒飒的风摇竹声后,忽然听得窗外有脚步之声。声音虽然轻微,但是入耳十分清楚。

"你……听见了……没有?"阿圆把头钻在我的腋下,喘息地低声问。

我也不禁毛骨悚然。

那声音渐听渐近,没有了;换上的是低沉的戚戚声,如鬼低诉。阿圆已浑身汗濡。我咳了一声,那声音突然寂止;听见这突然寂止,想起兰花日间所说的话,我也不由得不怕了。

半响没有声息,紧张的心绪稍稍平缓,但是两人的神经都过分紧张,要想到梦乡去躲身,究竟不能办到。为要解除阿圆的恐怖,我找了些快乐高兴的话和她谈说。阿圆也就渐渐敢由我的腋下伸出头来了。我说:

"你想不想你的家?"

"想。"

"怕不怕了?"

"还有点怕。"

正答着话,她突然尖起嗓子大叫一声,搂住我,嚎啕,震抖,迫不成声:

"你……看……门上!……"

我看门上——门上那个册叶小窗露着一个鬼脸,向我们张望;月光斜映,隔着玻璃纱帐看得分外明晰。说时迟,那时快。那个鬼脸一晃,就沉下去不见了。我不知从那里涌上一股勇气,推开阿圆,三步跳去,拉开门。

门外是两个女鬼!

一个由通正屋的小巷窜远了;一个则因逃避不及,正在我的面前蹲着。

"是姑姑吗?"

"唔——"幽沉的一口气。

我抹着额上的冷汗,不禁轻松地笑了。我说:

"阿圆,莫怕了,是姑姑。"

一九三二,十一,二十六。

---

① 瑟缩:身体蜷缩,抖动。

思考与练习

1. 指出此文的思想价值与艺术价值,你最赞赏的是什么?
2. 读了本文,你认为要写出真有价值的文学作品,应先有哪些准备?
3. 为什么应该集中精力与时间多去读文学精品?

相关链接

吴组缃,现代小说家、散文家、古典文学研究家。出身于塾师兼商人之家。考入清华大学后,开始发表小说,《菉竹山房》即作于此时,表现封建宗法制度及其意识形态对妇女青年的压迫,艺术上显示出含蓄严谨、细致精微的特色。后来又发表了小说《一千八百担》《天下太平》等,以圆熟的艺术技巧,展现了富有时代特征的凄厉郁怒的生活画面,真实有力地表现出20世纪30年代中国农村急剧破产、山雨欲来风满楼的情势,赢得了文坛的赞誉。出版有《西柳集》《饭余集》等。1935年1月起,应冯玉祥邀请,担任国文教师和秘书,长达12年之久。此后历任清华、北大等校教授,讲授宋元明清文学史和古典小说研究等课程。

《中国大百科全书·中国文学卷》994页

黑猪毛白猪毛[1]

阎连科

> **学习提示**
>
> 1. 这是一篇现实农村题材的小说，表现了农民的生存状态与心理状态。
> 2. 主人公刘根宝欲替人坐牢而不得，刻画出小人物攀权的悲喜与无权的酸涩。权力中心文化与权力崇拜心理是这场荒诞剧、悲喜剧的根源。
> 3. 故事跌宕起伏、一波三折，情节生活化而又富有戏剧性。
> 4. 语言喜用口语化短句，善用农民熟悉的事物作比喻，注重感觉化的形象描写。

春天本该是春天的味道，如花的草的，蓝蓝浅浅的，悠忽地飘散。或者，绿绿的，浓浓的，郁香儿扑鼻，似着深巷里的酒呢。可是，落日时分，吴家坡人却闻到一股血味，红红淋淋，腥浓着，从梁道上飘散下来，紫褐色，一团一团，像一片春日绿林里夹裹着几棵秋季的柿树哩。谁说，你们闻，啥味儿？把夜饭端到村口饭场吃着的人们，便都在半空凝住手中的饭碗，抬起头，吸着鼻子，也就一股脑儿，闻到了那股血味。

——李屠户家里又杀猪了。

静一阵，有人这样说了一句，人们就又开始吃着喝着。谁都知道，明儿是三月底，本月的最后一个集日，屠户家里当然是要杀猪赶集呢。不过，往常的集日，李屠户都是起早宰杀，日出上路，当天到镇上卖售新鲜。为啥今儿要在黄昏宰杀？为啥今儿的血味要比往日刺鼻？村人们都没有去过多思想。仲春到了，小麦从冬眠中睡醒过来，哗哗啦啦长着，草呢，也相跟着疯生疯长。要锄地，要施肥，田头有水的还要灌浇，各家都忙得如蚂蚁搬家，谁能过多地顾上谁哩。

饭场是在村头。李屠户家住在梁上，住在梁上大道的旁边，

<small>小说开头很特别。色彩气味浓烈，为引出下文杀猪造势。十分生动形象。</small>

---

[1] 原载于《广州文艺》2002年第9期。阎连科（1958— ）：生于河南，当代作家，深入写农村现实生活是其特点。著有长篇小说《日光流年》《受活》及《阎连科文集》（五卷）等。

旁边是一个丁字路口。既然已经弃田从商,终归与梁道靠近好些;虽然是屠宰生意,也要图求一个运输便利。图求邻村有了红白喜事①,寻上门来让替宰一头一条,也都有着许多便利。为着便利,为着兴隆,李屠户也就从村落搬到梁上去了。盖了两层瓦楼,围了一所砖院,楼下屠宰,兼卖一些杂货、吃食、炒菜;楼上住人,又辟出两间做了客房。路过的行人,腿脚累了,不想走了,便坐在楼下吃些杂碎下酒,喝得摇摇摆摆上楼。来天日出,酒醒了,乏困去了,付了店钱、饭钱上路。

> 15瓦灯泡,半根蜡烛,客房的价费,都注重细节描写。

别看那两间客房简陋,一张床,一张桌子,一个15瓦的灯泡,停电了是半根蜡烛,可县委书记还在那房里睡过一夜。有人说,是车抛锚了,书记不得不在那儿屈宿一觉。可李屠户说,说那话的人是在放屁,也不想想,司机敢让书记的车抛锚吗?说县委赵书记之所以要在他那儿屈尊一夜,就是为了到百姓家里问问致富景况,和他李屠户扯拉扯拉。无论如何,县委赵书记是在那儿睡了一夜。这一睡,李家的生意竟相跟着旺盛起来。两间客房的东屋,桌、床、被褥、脸盆、拖鞋,都是赵书记用过的纪念物,妥善擦洗保存,又仍给客人用着,于是,那间客房从每夜10元的价费涨到了15元。行人也都长有凡贱之心,价格涨了,因为县委书记住过,也都偏要到那屋里去睡。有跑长途运输的司机,竟连三赶四,踩着油门不松,也就是为了去那东屋睡上一觉。当然,李屠户家里的杂碎肉香,杜康酒里又不兑水,也是吴家坡人有目共睹的实情。现今,李屠户家生发出啥儿惊天的事情,村人们也都不会惊乍,连县委书记都果真在那睡过,哪还会有啥儿事情在那梁道边上不会发生哩。集日到了,把本该下夜更时屠宰的猪挪移到头天黄昏起刀,让春日夕阳里有一股血腥味儿,这又算啥稀罕事儿呢?杀了,宰了,把两扇猪肉展在屠案上,淋上清水,用塑料薄膜盖上,来日去卖又有谁能看出它不是新鲜的猪肉呢?

人们依然在饭场上吃饭,依然扯西拉东。有人饭碗空了,起身回去盛着;有人不想回去,就差儿娃回去一趟,儿娃哩,又刚刚端着饭碗从家里出来,便对父母哼哼哈哈,他们便一脸挂了不悦,骂着儿娃的不孝,说养你长大,连让回家盛碗汤饭你都懒得起动,早知这样,倒不如不生你还好。做儿娃的觉得委屈,因为并没说不去,只是因了犹豫,父母就当众破口骂了,于是便顶撞起来,说谁让你生我了?谁让你生我了?父亲或母亲被问得哑

---

① 旧俗称婚、丧为"红、白事","喜事"包括做寿、生子满月、官吏升迁、商店开业等宴请活动。红白喜事是指各种宴请、婚丧活动的总称。

言,就从坐着的屁股下面抽出鞋来,一下掷了过去,弄得饭场上飘满鞋灰,许多人赶快把饭碗护在胸下。就在这饭场上闹得尘土飞扬的时候,饭场外有了一声断喝,叫着说吵啥哩?有啥好吵哩?父母让你们儿娃回家盛一碗汤饭错了吗?

饭场上哐的一下安静了。做儿娃的感着理屈,不再说啥了。

村人们目光沿着断喝,都朝村口通往梁道的方向望过去,原来是屠户李星从梁上回村了。

刘根宝从饭场上回到家里,就像从宽展自由的田野进了考场,怯怯的,有些不安。爹已经吃过饭了,正在院里抽烟,明明灭灭,在暮黑中闪烁着光色。娘正在灶房洗整,锅碗相撞的声音淹在洗涮的水里,听起来清脆潮润。根宝一脚踏进灶房,把还有半碗饭的瓷碗推在灶台角上,想说啥儿,却只是望了望娘,便又勾着头从灶房走了出来。

他蹲在了爹的面前。

爹说,有事?

他说,没啥事。

爹说,有事你就说吧。

他说,爹,我想去蹲监。

做爹的愣了一下。从猛一吸亮的烟光中,能看见老人的脸上有些僵硬,表情哩,像一块原本柔和的杂色面儿,忽然变成了生硬的石头面儿。他把烟袋从嘴里拔下,盯着儿子,像盯着素昧平生来问路的陌生人一样。

爹说,根宝,你说啥儿?

儿子根宝就又瞅了一眼父亲。因着夜色,看不清父亲这时脸上的惊异有多厚多重,多少斤两,只是看见有一团漆黑,像树桩样竖在那儿,僵在那儿。因为看不清楚,他也就索性不再看了,脱掉一只鞋子,坐在父亲面前,两只胳膊架在膝上,双手相互抠着,像剥着啥儿豆子,没有立马回答爹的问话。

爹又问,你刚才说啥呀?根宝。

根宝说,爹,我想和你打个商量,如果你和娘同意,我想替人去住几天监狱。

爹吼着说,妈的,疯了?

根宝把头勾得更为低些,说,爹,我这不是和你商量嘛?

爹顿一会,又问,替谁?

根宝说,替镇长。

爹抬起了头,替谁呀?

根宝说,替镇长。

爹笑了,冷讥地道,镇长用你去替?

　　　　　以农民熟识之物作比喻,不仅易于理解,也充满农村生活气息。

　　　　　对话也是塑造人物性格的艺术手段之一。根宝的语言简短,表现他质朴单纯,不善言说。

根宝说,刚刚在饭场,李屠户说了,说今儿落日时候,镇长开着小车从梁上走过,撞死了一个年轻人哩,张寨村的,20余岁。说镇长撞死了人镇长应该负责呢;可镇长是镇长,谁能让镇长负责哦,于是哟,就得有人去县交通队替着镇长认个错,说人是我撞的,是我在李屠户家酒喝多了,开着拖拉机出门撞上的。后边的事,就啥儿甭管了,镇长都有安排哩。说事情的尾末已经搞清,就是赔张寨的死人家里一些钱。钱当然是由镇长支出的。然后,然后哩,就是谁说是谁撞死了人,谁就到公安局的班房里宿上十天半个月。

月亮已经升了上来。吴家坡在月光中静得如没有村落一样,能清晰地听见村街上走动的脚步声,踢哩啦踢踏,由西往东,渐次地远了。消失着到了李屠户家那儿了。娘好像把根宝说的缘缘由由全都听得十分明了了,她没有立马接话儿,不知从哪儿端出一小筐儿花生,端过一张凳子,把凳子放在男人和儿娃中间,把那一筐儿花生放在凳子上边。尔后,她就随地坐在花生筐前,望望儿娃,又瞅瞅男人,长长地叹了口气,走进了他们父子深深的沉默内。

说起来,根宝已经29岁,29岁还没有找到媳妇成家,这在吴家坡也仅是刘家一户。缘由呢?不光是因为家穷,现如今不是哩,是在极早的年月里,各家都已盖起了瓦屋,只他们刘家还住着草房院落;再者,还因为根宝的怯弱老实,连自家田里的庄稼被畜生啃了,举起了铁锨,联想到畜生也有着主人,竟就不敢落将下去,只能将铁锨缓慢地收回。这样的人,窝囊哩,谁肯嫁哟。照说,早先时候,有过几门亲事,女方都是到家里看看,二话不说,也就一一荒芜掉了,无花无果。待转眼到了今日的年龄,没想到竟连二婚的女人也难碰到①。半年前,有亲戚介绍了一个寡妇过来会面,先不说对方长得丑俊,也才26岁,竟带着两个孩娃。根宝原是不同意这门婚配,可亲戚却说,同不同意,见面了再说。于是也就见了,想不到她一见面劈头便问,你就弟兄一个?

他说,我是独子。

她说,同姓家族村里多吗?

他说,村里就我们一家刘姓。

她说,有没有亲戚是村里乡里干部?

他摇了一下头儿。

她便生着风声,一下从凳子站了起来,愤愤地说,那你让我跑十几里路来和你见面干啥?媒人没和你说我原来的男人是因为和人争水浇地,争人家不过,被人打了一顿,回家上吊死了?没说我不图钱不图财,就图嫁个有势力的男人,不说欺负别人,至少也不受人欺负。女人这样说着,就转身从根宝家里出来,走出屋门,到院落里左右看看,又猛地回身盯着根宝,说今天正好是集日,我跑十二三里路来和你谋婚,来让你看我,耽误我整整一天工夫。这一天工夫,我到镇上卖菜卖瓜,卖啥都能挣上七八十块钱。可是今儿,是你把我误了。我不要你赔我七八十块钱,可你总得赔我50块钱吧?

根宝怔着问,你说啥儿?

女人说,你误我一天工夫,该赔我50块钱哩。

根宝低声咬牙,说,你咋能这样不要脸哩?

女人说,我是不要脸,要么你打我一顿我走,要么你赔我50块钱我走;你要不打我赔我,我

---

① 二婚:再婚、再嫁的意思。相对于第一次婚姻、头婚而言。

就在这院里叫唤,说你一见我就摸我拉我。

没有奈何,根宝只好返身回屋取了一张50元的钞票,塞到她的手里说,走吧你,以后你再也别从我们吴家坡的村头走过。

女人接过了那钱,看看说,你要敢动手打我一个耳光,我就嫁给你。

根宝说,走呀,钱给你了,你走呀。

女人说,你要敢对我又踢又打,我把我的两个娃儿送给别人嫁给你。

根宝说,你有病哩,你神经有病了,去县医院看看病嘛。

女人把那50块钱朝根宝面前一扔,就走了。走了几步又回头说,没有腰骨的男人,谁嫁给你,谁一辈子保准受人欺负不尽呢。

实在说,没人欺负根宝一家人,可就是因为他家单门独院,没有家族,没有亲戚,竟就让根宝娶不上一门媳妇来。29岁了,一转眼就是30岁,就是人的一半生命了。将近30岁还没有成家立业,这不光让根宝在村里做人抬不起头,也让父母深怀着一层内疚哩,永远觉得对不住了儿娃呢。

根宝爹又吸了一袋烟,再装上,没有点,放在脚边,不知为啥就抓了一把花生剥起来。他剥着花生,却不吃,借着月色,看看面前勾头坐在鞋上的儿娃,像一团包袱软软地浮在地上;看看那说要翻盖却总也缺钱翻盖的草屋,矮矮的,塌塌的,房坡上还有两个欲塌欲陷的深草坑,在月色里像被人打开的墓穴。还有那没有门窗的灶房,灶房门口破了的水缸,这些都被月光照得亮白清楚。身边的那个猪圈,泥墙,框门,石槽,倒是结实完整,可不知因了啥呢,总不能养成猪。喂猪猪死,养羊羊灭,后来把它做了鸡圈,鸡们倒都生长得壮实,可是,可是呢,母鸡们都是三天、五天才生一个鸡蛋,哪怕是夏天的生蛋旺季,也没有一只鸡两天生上一蛋的,更不消说如别户人家一样,一天一蛋,甚或一只鸡一天生两蛋或两天生三蛋。这就是刘家的日子。根宝爹像看透了这样的日子一样,把目光从月光中抽了回来,吃了手里的花生,说跑油了,不香。老伴说吃吧,这也是宝他舅今儿路过梁上捎来的。根宝爹就又抓了一把花生,在手里剥得哗哩哗啦,说都吃呀,根宝。

根宝说,我不吃。

爹说,你咋知道替镇长顶罪至多是到监狱住上十天半个月?

根宝说,李屠户说的。

爹问,李屠户听谁说的?

根宝说,他啥儿不知道?镇长就是在他门前撞死了人,县委书记都在他家睡过哩。

娘问,替人家住监,住完了咋办?

> 有权的人当然有"腰骨",而无权的小民,则要敢打好斗。说到底,也是生存状态使然。

爹说，歇歇嘴吧，女人家哩。住完了咋办？你想咋办就咋办。谁让他是镇长，谁让他让我们孩娃去顶监。

然后，爹就回过头来，望着儿娃说，根宝，你真的想去就去吧，去跟李屠户说一声，说你愿意替镇长去蹲监。说记住，李屠户叫李星，你就叫他李星叔，千万别当面还屠户、屠户地叫。

这时候，月亮升到当头了，院落里愈发明亮着，连地上爬着的蛐蛐欢叫时张扬的翅膀都闪着银白白的光。根宝从地上站起出门时，娘从后边抓了一把花生追上他，说你吃着去吧，没跑油，还香哩。根宝把娘的手推到一边说，我不吃，也就出门去了，和出行上路一样，没有回头。可没有回头，他听见身后剥花生的声音，在月色里像谁在水里淘洗啥儿般，淋淋哗哗，脆亮亮的，还是有几分让人留恋的亲切呢。

> 重感觉化的细节描写，是与农民的感觉习惯相呼应的。

李屠户家里忙哟。院落里扯加了两个200瓦的灯泡，把清明清明的月亮挤逼得没了踪迹。不知远处的一家矿上要贺庆啥儿，冷不丁，来人让他连夜赶杀几头肥猪，加之明儿正集日，又不能慢怠了在集市上总去他的挂架上割肉的老主顾，于是，李屠户除了原来的屠案，又摘下门板，新架了一副屠板。自己宰，还又从外村找了两个小伙子帮衬着。每帮他宰一头猪，他给人家10块工时费。

院落里满是集合着的人，有矿上的工人，有村里看热闹的孩娃，还有连夜把生猪拉到李屠户家等着他过秤买猪的邻村庄户。根宝从村里出来，一听到屠案上红血淋淋的尖叫，身上抖了一下，像冷一样，可他很快就把自己控制住了，不再抖了。说到底，是杀猪，又不是杀人。踏进李屠户家那两扇能开进汽车的院落大门时，已经有两扇猪肉挂在了棚架下，赤背的李屠户正舀着清水往扇肉上浇洗，一瓢一瓢，泼上去，淋下来，红艳艳的血水流过一片水泥地，从一条水沟流到李家房后了。一世界都是生血的腥鲜味。帮衬的那两个小伙子，一个在院落角上正烧着一口大锅的开水烫猪毛，一个正在一个屠架上用一个铁片剐着剩猪毛。猪毛味有些腥臭，像火烤了兽皮一样怪诞难闻。李屠户家一年四季都有这样的味。根宝不知道为啥在这样的气味里，县委书记会在这儿住一夜。可县委书记是真的住了一夜哩。迎面楼上二楼靠南的两间客房，东屋门口清清白白挂了一个招牌，上写着：县委赵书记曾在此住宿。借着灯光，根宝看那招牌时，他看见西客房的门口也新挂了一个招牌，上写着：县里马县长曾在此住宿。根宝有些糊涂，他不知道县长何时也在此住过，可他想那是一定住过的，没住过李屠户不会挂么一个招牌儿。

> 这块招牌极具象征性，是官本位"文化"的体现。

看看招牌，根宝从人缝挤到了李屠户的身后，他等李屠户把

170 大学语文

一扇猪肉淋净了,轻声叫了一声李叔。

李屠户没有回头,他用手抹掉肩上的血水珠,用胳膊擦掉额门上的汗,到另一扇红血猪肉下边,又一瓢瓢舀水浇起来。虽然没有回头,他却听到了有人叫他。他舀着清水说,是根宝吧?

根宝说,哎,是我,李叔。

李屠户把一瓢水泼到那扇猪肚里道——

是想替一下镇长顶罪吧?多好的机会,别人烧香都求不到。

血水溅到了根宝脸上,他朝后退了一步——

跟我爹商量过了,我愿意。

李屠户又舀一瓢清水浇上去——

不是你愿意就能去了的。先到屋里等着吧。

到了李屠户家平常客人吃饭的那一间餐厅里,根宝才看见那儿已经坐了3个村人了。一个是村西的吴柱子,40来岁,媳妇领着孩娃和人私奔了,就在邻村一个村干部的弟弟家窝藏着,死活不回来,他就只好独自过着日子了;另一个是村南的赵瘸子,日子原本鼓鼓胀胀不错哩,可烧的砖窑塌了,人便瘸了,日子也就塌陷了,眼下还欠着信用社一大笔贷款的债。还有一个,是村里的李庆,在镇上有生意,家里还买有一辆嘎斯汽车跑运输。根宝知道柱子、瘸子是想和自己一样,图求去替镇长住几天监,一个想请镇长帮着把自家媳妇要回来;另一个,寄望帮了镇长,也许信用社的贷款便不消再还了。他不知道李庆谋图三二四五啥儿哩,竟也端端地和瘸子、柱子围在那一张饭桌前。于是,待根宝走进来,他们都望着根宝时,根宝把目光落在了小他一岁的李庆身上。

李庆像抢了别人的东西一样,不好意思地把头勾下去,说我弟今年就师范毕业了,想请镇长安排他回到镇上教书哩。

柱子冷了一眼李庆说,你好了还想好。

李庆把头勾得更低了,脸红得如门外地上的血。

这当儿,瘸子也乜着李庆的脸,说,你走吧,让我们和根宝争这机会还差不多。

李庆没有走,又抬起头涎涎地笑了笑。

根宝坐在了那张空凳上。这是一张四方桌,先前都叫八仙桌,现在学着城里人的腔调就都叫它餐桌了。屋子也叫餐厅了。餐厅也就十几平方米大,摆了粮、面、油和七七八八的一些杂货物,在外面空着的地方摆了这张餐桌。因为不是掏钱吃餐饭,桌上有个铝茶壶,但没有人会来给他们倒上水。桌子的上方是灯泡,苍蝇和小蛾在灯泡周围舞蹈着,舞累了,蛾子竟敢落在灯泡上歇脚儿,而苍蝇就只敢落在他们身上和那油腻的桌面上喘着

> 人人都争着替人坐牢当"镇长的恩人"。这种匪夷所思、难以置信的事实,在作者的描写中竟令人感到真实可信!小说艺术性地凸显了生活的真善,极具魅力!

黑猪毛白猪毛

粗气儿。

屋外又有了一阵猪叫声，粗粝而骇人，像山外火车道上的汽笛叫，只是比那汽笛短促些，也比那汽笛混杂些。夹杂有猪的喘息和人的乱汪汪的声音。这样过了一阵，便突然安静了。不消说是利刃从猪的脖下捅进脏腑了。剩下的就是李屠户指挥着说把这头抬去褪毛、把那头挂起来开膛的指令声，还有人们这条肥、那头瘦的议论声。屋子里有些热。忙着挣钱的李屠户，顾不上进来指着哪个人说令一句，喂，你去替镇长顶个罪，再指着剩下的，说你们3个就算了那样的话。也许，李屠户并不知该把这样一件好事留给谁，所以他才只顾杀猪，不管屋里的根宝、柱子、瘸子和李庆。屠户的媳妇和孩娃们都在楼上看电视，从电视机中传来的武打声像从房顶落下的砖头和瓦片。根宝抬头朝天花板上看了看，其余3个人也都跟着抬头看了看。

李庆说，半夜了。

柱子说，着急了你先走。

李庆说，我不急，等到天亮我也等。

瘸子看看李庆，又扭头盯着根宝，说，兄弟，其实你犯不上和我们一样儿，没成家，又有文化，真替镇长蹲了监，名声坏了，以后还咋儿成家哩？

根宝想说啥，可一时又找不到合适的话，正急时，李庆倒替他回答了。李庆说，真替上镇长了，也就成家了。根宝有些感激地望了望李庆，李庆又朝他点了一下头。因为李庆和屠户是本家，他在李屠户家里便显得自由些，这里转转，那里看看，还到楼上看了一会电视，回来时还顺脚到李屠户那儿催了一下他李叔，说让李叔赶快定一下由谁明儿去顶替镇长的罪。可等他兜了一大圈儿回来时，他却进门说，李叔忙，他让我们4个自个儿选定一个去替镇长的人。自个儿选？选谁呢？当然无法选，谁也不会同意谁。于是哩，4个人就又相互望一望，看谁脸上都没有退让的意思儿，就各自把头扭到一边去了。

时间如牛蹄一样一踢一踏走过去。夜已经深得如一眼干枯无底的井。他们就这么干干坐熬着，直到楼上的电视不响了，李屠户一连杀了5头猪，柱子和瘸子们都趴在桌子沿边睡一觉儿，根宝以为李屠户压根儿把他们几个忘记了，他想去问李屠户一声到底让不让他去顶镇长的罪，叫了他就去，不叫了他也死心回家睡觉时，忽然有人砰砰砰地敲响了餐厅的门。

他们都惊醒过来把目光旋到门口上。

叫醒他们的不是李屠户，而是帮李屠户杀猪的一个小伙子。他是用杀猪的刀把敲的门，刀刃上的鲜猪血被震得如软豆腐一样掉在门口脚地上。看几个人都醒了，他把手里备好的4个纸团扔到了桌子上，说下夜一时了，李叔说让你们别等了，这是4个阄儿①，其中有一个阄儿里包了一根黑猪毛，另外3个都是白猪毛，你们谁抓了黑猪毛谁就去做镇长的恩人，谁抓住了白猪毛你们谁就没有当镇长恩人的命。然后，说完了，他就站在灯光下，看着那4个阄，也看着那4个人。

忽然间这4个人都没有瞌睡了。原来谁去替镇长顶罪做恩人那么大的一件事情都包在那4个阄儿里。阄儿纸是一个一分为四的烟盒纸，红红花花的，有些喜庆吉祥色，可毕竟4个里边

---

① 阄(jiū)：预先做好记号的纸卷或纸团。抓阄是一种民间流传的方式，以决定谁该得什么东西或谁该做什么事。

有3个包的都是白猪毛。把目光收回来盯在桌面的4个阄儿上,他们各自把眼睁得又亮又大,可就是没人先自起手去抓一个阄。

小伙子说,抓吧,抓完就睡了。你们还有抓阄的命,我和李叔商量了一夜想去蹲蹲监,李叔说我不是吴家坡的人,不光不让去,还连阄儿都不让我抓哩。

李庆望着小伙子说,你这不是讥弄我们几个吧?

小伙子说,有半点讥弄,我是你们4个的孙娃儿。说我想去镇政府那儿租几间房子做门市,可死活轮不到咱乡下人的手,你说我要能替镇长去住半月监,我在镇上还有啥儿生意做不成?我还用见了收税的像孙子一样四处乱跑吗?说你们快抓呀,你们一抓我就去杀猪了。

李庆无言了,便首先从桌上捏了一个纸阄儿。

于是都捏了。

根宝把桌上最后剩的一个捏到了手。他准备打开时,因为手有些抖,出了一手汗,也就打开得慢了些,所以还未及他把阄儿全打开,便听到柱子扑哧一声笑了笑,说我这儿是根黑猪毛,合该我媳妇、孩娃还回到我家里。说完他就把阄纸摆到桌子的正中间,大家一看,也果真是根黑猪毛,一寸长、发着光、麦芒一样尖尖刺刺地躺在阄纸里,而且还从那黑猪毛上发出一丝腥臭淡淡的膻味儿。

小伙子立在门口说,好事有主了,你去当镇长的恩人,大家都回家睡去吧。

瘸子看看手里的一根白猪毛,说他妈的,还不如早点回家睡觉哩。就把阄和猪毛扔掉了。

李庆看了一眼桌上的黑猪毛,没说话就先自离开走掉了,出门时他朝门框上狠狠地踢了一脚儿。

于是都走了。根宝从李屠户家走出来,又回身望了一眼写着县长、书记在此宿过的招牌,想去和李屠户打声招呼,可看他正忙着在取一头猪的五花内脏,且又是背对着院门这边儿,便不言声儿从李屠户家大门出来了。

外边梁道上有凉爽爽的风。远处田里麦苗的青气一下迎面飘过来,他长长地吸了一口气,身上连一点瞌睡也没了。

回到家里时,爹娘居然都不在。根宝一进院子里,可又闻到了一院油馍味。再一看屋里正间的一张凳子上,放着一个蓝包袱。他先到屋里把那包袱打开来,果然竟和他心里猜想的一模一样,是娘为他明儿出门去做镇长的恩人准备的衣物、行李啥儿的,裤子、衬衣鞋袜,怕他半月回不来,连夏天的汗衫和短裤都替他准备到包裹里边了。而且,包裹里还有一双千层底儿布鞋和

抓阄,为了荒唐的目的而想出的荒唐的方法。

三双新从哪儿买的解放鞋。他不知道娘为啥要给他准备那么多的鞋,不要说他已经不能去替镇长顶罪了,就是命中有喜真去了,10天、20天也就回来了,哪能用上那么多的鞋子哩。

夜已深得没有底了,除了从梁上李屠户家间或传来的猪叫声,村子里连月光游移的声响都没了。包裹里新鞋老衣那半腐的肥皂香味和鞋底上的粮面浆糊的甘气,在屋子里散散淡淡地飘。根宝在那包裹前站了一会,又从屋里出来,到灶房的案前立着不动了。娘已经把他出门前的干粮全都备好了。油烙馍,葱花和香油的味道像流水一样,从案桌上哗哗淌到脚地上。每个油馍都烙得和鏊子一样大①,然后十字儿切开,一圆变四页,统共十二页油烙馍叠在案面桌的正中央。

望着油烙馍,根宝竟哭了。

从灶房出来,他又立在院落里,朝柱子家住的村西那儿久远地瞭望着,便看见睡了的吴家坡村,一片新房瓦屋,在月光中一律都是蓝莹莹的光,只有他家这方院落,沉湮在高大的瓦屋下,像一大片旺草地上的一簇干死的草。根宝的心里有些哀,他把目光收回来,刚好看见东邻的嫂子半夜三更中,竟风风火火地卷进了大门里,说根宝兄弟呀,我在那边听到你这边的响动了。说急死人了呢,你爹你娘都在我家里。说合着你命好,我表妹离婚了,今儿来看我,一听说你要去替镇长蹲监狱,再一说你还没结婚,她就同意了。说我俩在你家等你到半夜,你没回来,我们走了你就回来了。说你爹、你娘把她送回到我家和我表妹有说不完的话。说你赶快到我家和我表妹见见吧,人长得那个水嫩和没结过婚的闺女一模一样。说走呀根宝,还不赶快去? 你愣着干啥哩?

东邻的嫂子是40里外的镇上人,细苗灵巧,人儿好看,因为看上她男人会做生意就屈驾从镇上嫁到了吴家坡。她读过书,会说话,能把不好看的衣裳穿出样子来。她知道她有吴家坡人没有的好资质,所以对谁说话都没有商量的味,都像小学的老师教着学生孩娃的啥儿样。月亮已经走移到了山梁那边,朦胧像灰布一样罩在院落里。根宝看不清邻居嫂子的脸,只看见她一连声地说着时,舞动的双手像风中摇摆着的杨柳枝。这时候,这个深夜的当儿里,她说完了就拉着他的手要往她家里去,他便感到她手上的细软温热像棉花一样裹着他的手指头。他闻到了她头发上的女人味,像在酷冷的冬天忽然飘来了一股夏天的麦香味,身上燥热的激动一下都马队般奔到了他头上。他听到了他满头满脑都是嗡啦嗡啦响,努力朝后挣脱着嫂子的拉,想对她说我不能去替镇长蹲狱了,那个阄儿让柱子抓到了,可说出口的话却是,嫂子,你别拉我哩。

嫂子说,咋儿了? 你不愿意我表妹?

他说,我是去蹲监,又不是啥好事。

嫂子说,你是去替镇长蹲监哩。

他说,这一蹲可不一定真的是10天、20天,人都轧死了,说不定要蹲半年、一年哩。

嫂子立在朦胧的夜里就笑了,说你看见包袱里那3双解放鞋了吧? 那是我表妹连夜到邻村供销点里给你买的哩,她说蹲监狱的人都得去烧砖,说到机砖厂劳改特别费鞋子,说一去劳改最少是一年。

他说,那要劳改二三年哩?

---

① 鏊(ào)子:烙饼的器具,一般用铁做成,平面圆形,中心稍凸。

嫂子说，我表妹是个重情的人，因为她男人进城里总是找小姐，是因为男人对她不忠她才离的婚。说我表妹不怕男人蹲监狱，就怕男人们有钱进城住宾馆，洗澡堂。

他说，嫂子，既然是这样，你就对我说，我到你家见了人家先说啥？

嫂子说，你把你娘烙的葱花油馍拿几页，说半夜了，你是过去给她送点儿夜饭。

然后，嫂子就走了。走得轻快，像草地里跳着的羊。根宝在院里看着东邻的嫂子走出大门，又回头吩咐他说，你快些，再磨蹭一会天便亮了呢，随后，她就融进夜色里了。

根宝没有照嫂子说的那样回身进灶房去拿油烙馍。他在原地站一会，想一阵，便相跟着嫂子的脚步出门了。他没有去东邻嫂子家，而是往右一转朝村西走去了。他去了住在村西的柱子家。柱子家也是一个瓦房院，连门楼儿都是砖瓦结构的，高高大大，一看便知是一户殷实人家哩。虽然是殷实人家，可媳妇还是跟着外人情奔了。那男人不光是木匠，还是一个村支书的亲弟哩。根宝到柱子家门前时，惊起了好几响胡同里的狗吠声，待他把脚步止在瓦房的门楼下，狗吠也便无声无息了。隔着门缝，他看见柱子家正房还有电灯光。自然哩，他还没有睡。明儿吃过早饭就要跟着李屠户到镇上面见镇长了。见了镇长就该乘车去县里面见公安了。然后，就会被拘留起来住进监狱等着判说了，就要很多日子不能回家了。柱子不消说得连夜把他蹲监的行李准备准备哩。

根宝轻轻地敲了几下柱子家的门。

门是榆木板，碰上去的指关节就如敲在了石面上。在月落以后的黑色里，那干硬硬的响声如小石子一样飞在村街的房檐下。声音响进去，没有从柱子家响出回应来，只有狗吠在村里回荡着。

根宝又用力敲了几下门。

柱子回应了——谁？

根宝说，是我，柱子哥。

柱子问，根宝呀，有啥事？

根宝说，你开一下门，我有话跟你说。

柱子从屋里出来开门了。他到大门前先拉亮了门楼下的灯，然后哗地一下把双扇大门打开了。

门一开，根宝就咘咚一下跪在柱子面前。

柱子忙朝后退一步，说，根宝，你要干啥儿？你这是干啥儿？

根宝说，柱子哥，你让我去替镇长蹲监吧，你好歹成过一次

蹲监竟是好事，而且赢得爱情，其实却是对权力关系的敬畏和仰慕。

家,知道做男人是啥儿滋味哩,可我根宝立马就是30岁,还不知道当男人到底啥味儿。你让我去替镇长蹲监狱,镇长肯定得问我家里有啥困难事,我对他说的第一件事,就是让他把你媳妇和孩娃送回家里来好不好?

柱子盯着灯光下的根宝不说话。

根宝便朝柱子磕了一个头,说,柱子哥,算我求你了好不好?

柱子说,我让你去了,你会替我在镇长面前说话吗?

根宝说,我要不先把你的难处说出来,不让镇长把你媳妇和孩娃讨回来,我根宝就是你柱子哥的重孙子。

柱子说,那你起来吧。

根宝便又向柱子连磕了三个响头才起来了。

匆匆忙忙一夜过去了。

来日早升的日头在仲春里光辉得四野流金,山脉间的田地、岭梁、树木和村落都在日光中透发着亮色。吴家坡在这个春日早晨醒来时,谁都知道根宝家里有了喜事了。根宝要去替镇长住狱了。包裹已经捆起来,被褥也都叠好用绳子系了哩,白面油烙的葱花饼也装进了干粮袋子里。

根宝要做镇长的恩人了。

他喝了一碗蜀黍片儿汤,吃了咸菜和油馍,提着行李出门上路时,看见大门外有许多的村人们。李庆、瘸子、柱子、东邻的哥嫂,还有嫂的表妹。昨儿他们连夜订了婚配,她说你去十天半月肯定回不来,说你就是去住一年、两年我都会等你。然后,她就又一早跟在表姐身后来送他。村人们大都还不知道她是他的媳妇了,只把她当做是跟着表姐来看繁闹的人。爹在他身后提着铺和盖,像儿娃出门做大事儿一样,满脸的喜庆和自豪。他把烟袋丢到家里了,特意吸了带着过滤嘴儿的纸香烟,可又不是真的吸,仅就是燃了让一丝青烟在他嘴前袅袅地升起来。娘手里提的是根宝的干粮袋,一出门看见东邻嫂的表妹子,她便一脸灿然地朝人家走过去。根宝没有听见娘和人家说了啥,只看见两个人说了两句话,嫂的表妹竟从娘的手里要过干粮袋儿提在手里边,又如过桥时搀扶老人一样扶住了娘。在这送行的人群里,她就像一朵盛开在夏时草坡上的花,因为也是镇上的人,家里和镇政府仅隔着一堵墙,儿娃时端着饭碗还常跑到镇政府的院落里,加之她和她表姐的识见是一般儿的多,穿戴、言说、行止,和吴家坡人有着无数的差别与异样,所以她搀扶着娘的胳膊时,看见的人便心中清明了,眼里更加有了一种惊羡的光。门前的人群原本也就十几个,可待根宝一家走出来,站在那儿和人们说了几句话,转眼间人群就是一片了。有的人正要下地去,听说根宝要去做镇长恩人了,也就慌忙过来道着喜,送送行。说根宝兄弟,奔着前程了,千万别忘了你哥啊。根宝就把目光从自己那香熟发光的对象身上收回来,笑着说奔啥儿前程哩,是去替人家蹲监呢。那人就又说,替谁呀?是替镇长哩,你是镇长的救命恩人呢,还以为你哥我不知道你有多大前程嘛。

根宝就只笑不说了。

根宝就这么在送行的人群中慢慢行走着。前面是人,后边也是人,说笑和脚步的声音如秋风落叶般地响。爹在他的身后,有人去他手里要那行李提,他说不用不用却又松了手。尔后从裤口袋里摸出一包烟,拆开来,一根接一根地朝着人们递。人家不接了他便朝人家的嘴里塞。根宝很想朝柱子走近些,柱子和李庆、瘸子他们好像没昨夜命运相争的事儿一样,一团和气地挤在路边上，可人群围得紧，又都要争着和他说话儿，他就只能隔着人群和柱子他们招着手，点着头，表白着自己的歉意和感激。村里是许多年月都没有这样送行的喜庆繁闹了，就是偶尔哪年谁家的孩娃参军入伍也没有这么张扬过，排场过，可今儿的根宝竟获着了这份排场和张扬。他心满意足地朝村口走动着，到饭场那儿立下来，扬着手，连声说着都回吧，回去吧，我是去蹲监，又不是去当兵。然而无论他如何地解释着说，人们还是不肯立住去送他的脚。

人们都簇拥着他往梁上李屠户家门前走去。

李屠户已经在梁上的日光里朝着这边人群招了手。招了手，根宝脚下的步子就快了。可根宝的脚步越快，李屠户却越发地招着手，似乎还把双手喇叭在嘴上，大声地唤了啥，因为远，没能听清楚，人们就猜他是让根宝快一些。

根宝便提着行李小步跑起来，他不想让李屠户在梁上等得时候太久。然而在他丢开人群朝着梁上跑去时，李屠户身边那个昨夜儿帮他屠宰的小伙子却从梁上跑下来。两个人相向地跑，近了时，小伙子就立在路边的一块石头上，可着嗓子叫唤着，说刘根宝，李叔不让你再来了，说镇长一早从镇上捎来了话，说不用人去替他顶罪了。

根宝淡了脚步站下了，像电线杆一样栽在路中央，望着那个小伙子，唤着，问道，你说啥？天呀你说啥？

小伙子大声说，不用你去了，说镇长轧死人的那家父母通情达理呢，压根儿没有怪镇长，也不去告镇长，人家还不要镇长赔啥儿钱，说只要镇长答应把死人的弟弟认做镇长的干儿就完啦——

这一回，小伙子说的根宝全都听清了。他立在那儿脚跟有些软，努力把一身的力气全都用到脚脖上，使自己不至于突然瘫下去。然后把目光投到山梁上，他看见李屠户在梁道边上正指派着几个人往一辆车上装着鲜猪肉，背对着他，舞之又蹈之，肩膀和门板一样宽，有力得没法说。

紧随着他，村里送行的人们也都说说笑笑跟近了，像一个人拉着一辆大车爬到了半坡上。根宝很想让李屠户或者跑来唤话的小伙把说过的话，朝着村人们再清清白白地述说一遍儿，他就又慢慢朝着梁道走了过去。

日头又升高了些，艳红艳红哩。

> 欢送场面将种种奇怪现象推向高潮。根宝成了全村人的"宝"，仅仅是因为他与镇长的权力关系拉近了。

> 似乎有点冷酷。作者就是要用对根宝、对村民的冷酷无情的情节击碎他们愚昧的梦想，批判他们的权力崇拜心理。

思考与练习

1. 用一两百字为本篇写一个故事梗概,概括主要的情节内容。
2. 这篇小说表现了怎样的主题思想?
3. 分析主人公根宝的性格特征与内心世界。
4. 小说在情节安排和语言描写上有何特点?
5. 写一篇读后感,评价这篇小说主题的现实意义。

相关链接

现实主义,与生活无关,与社会无关,与它的灵魂——"真实",也无多大干系,它只与作家的内心和灵魂有关。真实不存在于生活,只存在于写作者的内心。现实主义,不存在于生活与社会之中,只存在于作家的内心世界。现实主义,不会来源于生活,只会来源于一些人的内心。内心的丰饶,是创作的唯一源泉。而生活,仅仅是滋养一个优秀作家内心的养分。

阎连科《寻求超越主义的现实》

阎连科以他的小说直接告诉了我们:吊诡的基层权力和残酷的自然环境。前者集纳了中原文化丰厚而又沉重的历史积习,甚至浓缩了乡土中国从封建意识形态向现代性过渡过程中的大量文化信息,是河南农民所承受的精神上的压榨;后者突显了中原腹地艰苦匮乏的生存条件,展示了饥饿对生命的反复摧残,对尊严和人格的不断褫夺,这是河南农民所承受的肉体上的压榨。

洪治纲《乡村苦难的极致之旅——阎连科小说论》

凶　犯[1]

[俄] 契诃夫

学习提示

1. 主人公丹尼斯是一个善良单纯而又愚昧无知的农民。
2. 丹尼斯成为"凶犯"是一场悲剧，是由当时的社会机制造成的。
3. 除了极少的描述与交代文字，小说由侦讯官与丹尼斯的对话构成。运用对话来塑造人物形象，是这篇小说最成功的地方。

法院侦讯官面前站着一个身材矮小、异常消瘦的庄稼汉，穿一件花粗布衬衫和一条打过补丁的裤子。他那生满毫毛和布满麻点的脸，以及藏在突出的浓眉底下、不容易让人看见的眼睛，都露出阴沉的严峻神情。他脑袋上的头发无异于一顶皮帽子，很久没有梳过，纠结蓬乱，弄得他像一个蜘蛛，越发显得阴沉了。他光着脚。

"丹尼斯·格里戈里耶夫！"侦讯官开口说。"你走过来一点，回答我的问题。本月七日，铁路看守人伊万·谢苗诺夫·阿金佛夫早晨沿线巡查，在一百四十一俄里处，碰见你在拧掉一个用来连结铁轨和枕木的螺丝帽。喏，这就是那个螺丝帽！……他把你连同螺丝帽一起扣住。事情是这样的吗？"

"啥？"

"这件事是像阿金佛夫所说的那样吗？"

"当然，就是那样。"

这是一幅肖像画，将人物呈现在读者面前。

契诃夫

---

[1] 选自《契诃夫小说选》，汝龙译。契诃夫（1860—1904）：俄国小说家、戏剧家。出生于塔甘罗格市。曾在家乡担任家庭教师。1879年入莫斯科大学医学系学习，毕业后行医。后对文学创作发生浓厚兴趣，时常向一些杂志投稿。他的重要著作有《变色龙》《万卡》《草原》《套中人》等，还著有许多剧本。契诃夫在世界文坛上占有重要地位，他的短篇小说与莫泊桑一样闻名于世。

> 两次回答都只有一个字："啥?"说明丹尼斯确实有点傻。他不能理解物证"螺丝帽"的关键性。

"好。那你为什么拧掉螺丝帽?"

"啥?"

"你不要啥啊啥的,你要回答我的问题:为什么你拧掉螺丝帽?"

"要是没有用处,俺才不会去拧它呢,"丹尼斯声音沙哑地说,斜起眼睛看着天花板。

"那么你要这个螺丝帽做什么用?"

"螺丝帽?俺们拿它做坠子……"

"这个俺们是谁?"

"俺们,老百姓呗……就是克里莫沃村的庄稼汉。"

"听着,老乡,你不要对我装傻,要说正经的。这儿用不着撒谎,说什么坠子不坠子的!"

> 丹尼斯想的是钓鱼与生计,侦讯官想的是铁路与法律。两人之间缺少对话的基础与交集。

"我一辈子也没撒过谎,现在撒啥谎……"丹尼斯嘟哝说,眨巴着眼睛。"再说,老爷,能不用坠子吗?要是你把鱼饵或者蚯蚓安在钓钩上,难道不加个坠子,钓钩就能沉到水底?还说俺撒谎呢……"丹尼斯冷笑道。"鱼饵这种东西,要是漂在水面上,还顶个啥用?鲈鱼啦,梭鱼啦,江鳕啦,素来在水底上钩。要是鱼饵漂在水面上,也许只有鲶鱼来吃,不过那样的事也不常有……俺们的河里就没有鲶鱼……那种鱼喜欢大河。"

"你跟我讲鲶鱼干什么?"

"啥?咦,您自己在问嘛!俺们那儿,连地主老爷也这么钓鱼。就连顶不济的孩子,没有坠子也不去钓鱼。当然,也有那种不明事理的人,嗯,他们没有坠子也要去钓鱼。傻瓜办事就说不上什么章法了……"

"这么说来,你拧下螺丝帽就是为了要拿它做坠子?"

"不为这个还为啥?又不是拿来当羊拐子玩①!"

"可是要做坠子,你尽可以用铅块、子弹壳……钉子什么的……"

"铅块在大路上可找不着,那得花钱去买。讲到钉子,那东西不中用。再也找不着比螺丝帽更好的东西了……它又重,又有个窟窿眼。"

"他老是装傻!好像他昨天刚生下地或者从天上掉下来似的。难道你就不明白,蠢材,这样拧掉会惹出什么乱子来吗?要不是看守人看到,火车就可能出轨,很多人就会丧命!你会害死很多人!"

---

① 羊拐子:即羊踣骨,小孩玩的一种玩具。

"天主保佑别出这种事才好,老爷!为啥害死人呢?难道俺们不信教,或者是坏人?谢天谢地,好老爷,俺们活了一辈子,莫说是害死人,就连那样的想法也没有过……求圣母拯救和宽恕吧……您这是说的啥呀!"

"那么依你看来,火车是怎么翻的?你拧掉两三个螺丝帽,火车就翻了!"

丹尼斯冷冷地一笑,怀疑地眯细眼睛瞧着侦讯官。

"得了吧!俺们全村的人拧螺丝帽已经有年月了,天主一直保佑我们,现在却说火车出事……害死人了……要是俺把铁轨搬走,或者,比方说,把一根大木头横放在铁轨上,嗯,那就说不定火车会翻掉,可是现在……呸!一个螺丝帽罢了!"

"可是你要明白:螺丝帽是用来把铁轨钉紧在枕木上的!"

"这个俺们明白……俺们又不是把所有的螺丝帽都拧掉……还留着不少呢……俺们办事可不是不动脑筋的……俺们明白……"

丹尼斯打了个呵欠,在嘴上画一个十字①。

"去年此地就有一列火车出了轨,"侦讯官说。"现在才明白这是什么缘故……"

"您说啥?"

"我说,去年有一列火车出了轨,现在才明白那是什么缘故……我懂了!"

"您受教育就为的是懂事,俺们的恩人……主才知道该叫谁懂得事理……喏,您评断事情,就说得出道理来,可是那个看守人也是个庄稼汉,啥也不懂,揪住俺的脖领,拉着就走……你先得讲理,然后才能拉人嘛!俗语说得好,庄稼汉长着庄稼汉的脑筋……还有一件事您也要记下来,老爷:他动手两次,打俺一个嘴巴,当胸又给了俺一拳。"

"先前搜查你家的时候,又找着一个螺丝帽……你是在什么地方把它拧下来的,在什么时候?"

"您说的是放在小红箱子底下的那个螺丝帽吗?"

"我不知道放在你家里什么地方,反正是搜到了。你是在什么时候把它拧下来的?"

"那不是俺拧下来的,那是伊格纳希卡送给俺的,他就是独眼谢苗的儿子。俺说的是小箱子底下那一个。院子里雪橇上的那一个,是俺跟米特罗凡一块儿拧下来的。"

---

① 按迷信的习俗观念,人打呵欠时魔鬼会乘虚而入,画十字则能驱邪。

> 丹尼斯有从众心理。大家都这么干,这事便是对的。于是这就写出了农民普遍的愚昧。

"哪一个米特罗凡?"

"就是米特罗凡·彼得罗夫呗……难道您没听说过?他在俺们村子里编渔网,卖给地主老爷们。那种螺丝帽,他可要的多。编一个渔网,估摸着,总要用十来个……"

"你听着……刑法第一千零八十一条说:凡蓄意损坏铁道,致使铁路运输发生危险,而肇事者明知此种行为将造成不幸后果……听明白了吗?明知!你不可能不知道拧掉螺丝帽会造成什么后果……当判处流放及苦役刑。"

"当然,您知道得多……俺们都是些无知无识的人……难道俺们能懂吗?"

"你全懂!你这是撒谎,装佯!"

> 法律与钓鱼沾不到边,侦讯官与农民南辕北辙。

"撒谎干啥?要是您不信,您就到村子里去打听好了……不用坠子只能钓着似鲌鱼。鲌鱼最差不过了,可是就连它,缺了坠子也还是钓不着。"

"你再讲一讲鲶鱼吧!"侦讯官微笑着说道。

"鲶鱼俺们那儿没有……俺们把没有坠子的钓丝漂在水面上,安上蝴蝶做饵,倒有大头鳡来上钩,不过就连那样的事也少有。"

"好,你别说了……"

随后是沉默。丹尼斯站在那儿,不时换一只脚立定。他瞧着铺有绿呢面的桌子,使劲眨巴眼睛,好像他眼前看见的不是呢子,而是太阳。侦讯官很快地写着。

"俺该走了吧?"丹尼斯沉默了一会儿问道。

"不。我得把你看押起来,再送到监狱里去。"

丹尼斯不再眨巴眼睛,拧起浓眉,探问地瞧着那个文官。

"怎么会要俺去坐监狱?老爷!我可没有那个闲工夫,我得去赶集。叶戈尔欠着我三个卢布的腌猪油钱,我得跟他要……"

"别说了,不要碍我的事。"

> 丹尼斯的无知或傻,使他根本看不到和不明白事情的严重性。在法律面前,能"不知者无罪"吗?

"要俺坐监狱……要真是做了坏事,那就去吧,可是现在……啥原故也没有……俺犯了啥王法?俺觉得,俺没偷过东西,也没打过人……要是您,老爷,疑心俺欠缴了税款,那您可别听信村长的话……您去问常任委员先生好了……他,那个村长,是个没有良心的人……"

"别说了!"

"俺本来就没说啥……"丹尼斯嘟哝说。"村长造了假账,这俺敢起誓……俺们是弟兄三个,那就是库兹马·格里戈里耶夫,叶戈尔·格里戈里耶夫,和俺丹尼斯·格里戈里耶夫……"

"你碍我的事……喂,谢苗!"侦讯官叫道。"把他押下去!"

"俺们是弟兄三个,"丹尼斯一面由两个强壮的兵押着,走出审讯室,一面嘟哝说。"弟兄不一定要替弟兄还钱……库兹马没给钱,那么你,丹尼斯就得承担……这也叫法官!俺们的东家是个将军,已经死了,祝他升天堂吧,要不然他就会给你们这些法官一点厉害看看……审案子要知道怎么个审法,不能胡来……哪怕用鞭子抽一顿也可以,只要有凭有据,打得不屈就成……"

1885年

> 丹尼斯的头脑里,充满着农民式的旧观念,悲剧的根源在于此。但造成农民无知、保守的大背景又是什么呢?

思考与练习

1. 为什么丹尼斯无法明白自己进监狱的真实原因?
2. 侦讯官与丹尼斯对话背后的行为逻辑有何不同?
3. 这篇小说是怎样通过对话叙述故事情节和塑造人物性格的?
4. 造成丹尼斯悲剧的原因有哪些?联系现实生活经验谈谈自己从这篇小说中受到的启迪。

相关链接

契诃夫是伟大的创新者。在体裁、题材、艺术手法上他都独具一格。在俄国文学史上他第一个以短篇小说为主要创作体裁攀登到世界文学高峰。他以对生活挖掘的深刻,对典型形象概括的鲜明、集中,对语言运用的简洁、准确,发挥了短篇的最大潜力。他的小说和戏剧都取材于平凡的日常生活,不靠曲折离奇的情节吸引读者,而以善于揭示深藏在日常生活中的悲剧取胜。在结构上,他的短篇突破了陈旧的公式,表现了极大的灵活性和伸缩性;戏剧里也看不到传统的冲突和高潮。他的作品含蓄隽永,耐人寻味,发人深思。

李廉恕《契诃夫》

契诃夫嘲笑个体,但不嘲笑生活,没有一个伟大的作家会对生活本身进行冰凉的嘲笑,以"人·岁月·生活"架构作品的俄国作家群更加不会。契诃夫是一个在垃圾堆般的生活里也能感受到污浊的温暖的作家,他笔下那些慵懒、猥琐的人物,多半有种天真诚挚的性格,散发着温暖的气息。

所思《天边外的契诃夫》

品　质[1]

[英] 高尔斯华绥[2]

学习提示

1. 时代背景：当时英国的大工业生产已经在竞争中挤垮了传统的手工业。
2. 小说塑造了一个勤勉敬业却又命运悲惨的老制鞋匠的感人形象。
3. 小说所言的"品质"，说到底是一种人文精神，是抗衡金钱价值观的人格力量。
4. 小说语言朴实无华，描写细致深入，结构自然顺畅。

起首自然简洁，营造追忆氛围。

　　我很年轻时就认识他了，因为他承做我父亲的靴子。他和他哥哥合开一爿店，店房有两间打通的铺面，开设在一条横街上——这条街现在已经不存在了，但是在那时，它却是坐落在伦敦西区的一条新式街道。

　　那座店房有某种素静的特色；门面上没有注明为任何王室服务的标记，只有包含他自己日耳曼姓氏的"格斯拉兄弟"的招牌；橱窗里陈列着几双靴子。我还记得，要想说明橱窗里那些靴子为什么老不更换，我总觉得很为难，因为他只承做定货，并不出售现成靴子；要是说这些都是他做得不合脚因而退回来的靴子，那似乎是不可想象的。是不是他买了那些靴子来作摆式的呢？这也好像不可思议。把那些不是亲手做的皮靴陈列在自己的店里，他是决不能容忍的。而且，那几双靴子太美观了——有一双轻跳舞靴，细长到非言语所能形容的地步；那双带布口的漆皮靴，叫人看了舍不得离开；还有那双褐色长统马靴，闪着怪异的黑而亮的光辉，虽然是簇新的，看来好像已经穿过一百年了。只有亲眼看过靴子灵魂的人才能做出那样的靴子——这些

---

[1] 选自《诺贝尔文学奖获奖作家短篇小说精品》，百花洲文艺出版社1995年版，沈长钺译。　[2] 高尔斯华绥（1867—1933）：英国作家，生于豪富家族。父亲是伦敦的大律师，希望儿子继承父业，安排他进入剑桥大学法律。但他对律师职业不感兴趣，毕业后不久离家周游世界。旅途中结识英国小说家康拉德，并开始文学创作。1897年出版短篇小说集《四面八方》，长篇小说《福尔赛世家》三部曲获得1932年诺贝尔文学奖。

靴子体现了各种靴子的本质，确实是模范品。我当然在后来才有这种想法，不过，在我大约十四岁那年，我够格去跟他定做成年人靴子的时候，对他们两兄弟的品格就有了些模糊的印象。因为从那时起一直到现在，我总觉得，做靴子，特别是做像他所做的靴子，简直是神妙的手艺。

> 他懂得靴子的灵魂，难怪他有神妙的手艺。

我清楚地记得：有一天，我把幼小的脚伸到他跟前时，羞怯地问道：

"格斯拉先生，做靴子是不是很难的事呢？"

他回答说："这是一种手艺。"从他的含讽带刺的红胡根上，突然露出了一丝微笑。

他本人有点儿像皮革制成的人：脸庞黄皱皱的，头发和胡须是微红和鬈曲的，双颊和嘴角间斜挂着一些整齐的皱纹，话音很单调，喉音很重；因为皮革是一种死板板的物品，本来就有点儿僵硬和迟钝。这正是他的面孔的特征，只有他的蓝灰眼睛含蓄着朴实严肃的风度，好像在迷恋着理想。他哥哥虽然由于勤苦在各方面都显得更虚弱、更苍白，但是他们两兄弟却很相像，所以我在早年有时要等到跟他们订好靴子的时候，才能确定他们到底谁是谁。后来我搞清楚了：如果没有说"我要问问我的兄弟"，那就是他本人；如果说了这句话，那就是他的哥哥了。

一个人年纪大了而又荒唐起来以至赊账的时候，不知怎么的，他决不赊格斯拉兄弟俩的账。如果有人拖欠他几双——比如说——两双以上靴子的价款，竟心满意得地确信自己还是他的主顾，所以走进他的店铺，把自己的脚伸到那蓝色铁架眼镜底下，那就未免有点儿太不应该了。

人们不可能时常到他那里去，因为他所做的靴子非常经穿，一时穿不坏的——他好像把靴子本质缝到靴里去了。

人们走进他的店堂，不会像走进一般店铺那样怀着"请把我要买的东西拿来，让我走吧！"的心情，而是心平气和地像走进教堂那样。来客坐在那张仅有的木椅上等候着，因为他的店堂里从来没有人的。过了一会，可以看到他的或他哥哥的面孔从店堂里二楼楼梯口往下边看望——楼梯口是黑洞洞的，同时透出沁人脾胃的皮革气味。随后就可以听到一阵喉音，以及趿木皮拖鞋踏在窄狭木楼梯上的踢跶声；他终于站在来客的面前，上身没有穿外衣，背有一点儿弯，腰间围着皮围裙，袖子往后卷起，眼睛眨动着——像刚从靴子梦中惊醒过来，或者说，像一只在日光中受了惊动因而感到不安的猫头鹰。

> 走进店堂竟然像走进教堂！这是职业精神的神圣化所致。

于是我就说："你好吗，格斯拉先生？你可以给我做一双俄国皮靴吗？"

他会一声不响地离开我,退回到原来的地方去,或者到店堂的另一边去;这时,我就继续坐在木椅上休息,欣赏皮革的香味。不久后,他回来了,细瘦多筋的手里拿着一张黄褐色皮革。他眼睛盯着皮革对我说:"多么美的一张皮啊!"等我也赞美一番以后,他就继续说:"你什么时候要?"我回答说:"啊,你什么时候方便,我就什么时候要。"于是他就说:"半个月以后,好不好?"如果答话的是他的哥哥,他就说:"我要问问我的兄弟!"

然后,我会含糊地说:"谢谢你,再见吧,格斯拉先生。"他一边说:"再见!"一边继续注视他手里的皮革。我向门口走去的时候,就又听到他的趿木皮拖鞋的踢跶声把他送回楼上去做他的靴子梦了。但是假如我要定做的是他还没有替我做过的新式样靴子,那他一定要照手续办事了——叫我脱下靴子,把鞋子老拿在手里,以立刻变得又批评又抚爱的眼光注视着靴子,好像在回想他创造这只靴子时所付的热情,好像在责备我竟这样穿坏了他的杰作。以后,他就把我的脚放在一张纸上,用铅笔在外沿搔上两三次,跟着用他的敏感的手指来回地摸我的脚趾,想摸出我的要求的要点。

有一天,我有机会跟他谈了一件事;我忘不了那一天。我对他说:"格斯拉先生,你晓得吗,上一双在城里散步的靴子咯吱咯吱地响了。"

他看了我一下,没有作声,好像在盼望我撤回或重新考虑我的话;然后他说:

"那双靴子不该咯吱咯吱地响呀。"

"对不起,它响了。"

"你是不是在靴子还经穿的时候把它弄湿了呢?"

"我想没有吧。"

他听了这句话以后,蹙蹙眉头,好像在搜寻对那双靴子的回忆;我提起了这件严重的事情,真觉得难过。

"把靴子送回来!"他说,"我想看一看。"

由于我的咯吱咯吱响的靴子,我内心里涌起了一阵怜悯的感情;我完全可以想象到他埋头细看那双靴子时的历久不停的悲惨心情。

"有些靴子,"他慢慢地说,"做好的时候就是坏的。如果我不能把它修好,就不收你这双靴子的代价。"

有一次(也只有这一次),我穿着那双因为急需才在一家大公司买的靴子,漫不经心地走进他的店铺。他接受了我的定货,但没拿皮革给我看;我可以意识到他的眼睛在细看我脚上的次等皮革。他最后说:

"那不是我做的靴子。"

> 善于运用人物对话塑造人物的思想性格,这是本文一大特点。

他的语调里没有愤怒，也没有悲哀，连鄙视的情绪也没有，不过那里面却隐藏着可以冰冻血液的潜在因素。为了讲究时髦，我的左脚上的靴子有一处使人很不舒服；他把手伸下去，用一个手指在那块地方压了一下。

"这里疼痛吧，"他说，"这些大公司真不顾体面。可耻！"跟着，他心里好像有点儿沉不住气了，所以说了一连串的挖苦话。我听到他议论他的职业上的情况和艰难，这是唯一的一次。

"他们把一切垄断去了，"他说，"他们利用广告而不靠工作把一切垄断去了。我们热爱靴子，但是他们抢去了我们的生意。事到如今——我很快就要失业了。生意一年年地清淡下去——过后你会明白的。"我看看他的皱折的面孔，看到了我以前未曾注意到的东西：惨痛的东西和惨痛的奋斗——他的红胡子好像突然添上好多花白须毛了！

我尽一切可能向他说明我买这双倒霉靴子时的情况。但是他的面孔和声调使我获得很深刻的印象，结果在以后几分钟里，我定了许多双靴子。这下可糟了！这些靴子比以前的格外经穿。差不多穿了两年，我也没想起要到他那里去一趟。

后来我再去他那里的时候，我很惊奇地发现：他的店铺外边的两个橱窗中的一个漆上另一个人的名字了——也是个靴匠的名字，当然是为王室服务的啦。那几双常见的旧靴子已经失去了孤高的气派，挤缩在单独的橱窗里去了。在里面，现在已缩成一小间，店堂的楼梯井口比以前更黑暗、更充满着皮革气味。我也比平时等了更长的时间，才看到一张面孔向下边窥视，随后才有一阵趿木皮拖鞋的踢跶声。最后，他站在我的面前了；他透过那副生了锈的铁架眼镜注视着我说：

"你是不是——先生？"

"啊！格斯拉先生！"我结结巴巴地说，"你要晓得，你的靴子实在太结实了！看，这双还很像样呢！"我把脚向他伸过去。他看了看这双靴子。

"是的，"他说，"人们好像不要结实靴子了。"

为了避开他的带责备的眼光和语调，我赶紧接着说："你的店铺怎么啦？"

他安静地回答说："开销太大了。你要做靴子吗？"

虽然我只需要两双，我却向他定做了三双；我很快就离开了那里。我有一种难以描述的感觉，以为他的心里把我看成对他存坏意的一分子；也许不一定跟他本人作对，而是跟他的靴子理想作对。我想，人们是不喜欢那样的感觉的；因为过了好几个月以后，我又到他的店铺里去；我记得，我去看他的时候，

利润至上的商业思想逐渐替代小手工业者沿袭的职业精神。小说真实地表现了这一时代的变革。

精当地通过叙述者内心情感的细微变化，造就全篇的悲剧氛围，是本文的又一特点。

心里有这样的感觉:"呵!怎么啦,我撇不开这位老人——所以我就去了!也许会看到他的哥哥呢!"

因为我晓得,他哥哥很老实,甚至在暗地里也不至于责备我。

我的心安下了,在店堂出现的正是他的哥哥,他正在整理一张皮革。

"啊,格斯拉先生,"我说,"你好吗?"

他走近我的跟前,盯着看我。

"我过得很好,"他慢慢地说,"但是我哥哥死掉了。"

我这才看出来,我所遇到的原来是他本人——但是多么苍老,多么消瘦啊!我以前从没听他提过他的哥哥。我吃了一惊,所以喃喃地说:"啊!我为你难过!"

"的确,"他回答说,"他是个好人,他会做好靴子;但是他死掉了。"他摸摸头顶,我猜想,他好像要表明他哥哥死的原因;他头上的头发突然变得像他的可怜哥哥的头发一样稀薄了。"他失掉了另外一间铺面,心里老是想不开。你要做靴子吗?"他把手里的皮革举起来说:"这是一张美丽的皮革。"

我定做了几双靴子。过了很久,靴子才送到——但是这几双靴子比以前的更结实,简直穿不坏。不久以后,我到国外去了一趟。

过了一年多,我才又回到伦敦。我所去的第一个店铺就是我的老朋友的店铺。我离去时,他是个六十岁的人,我回来时,他仿佛已经七十五岁了,显得衰瘦、软弱,不断地发抖,这一次,他起先真的不认识我了。

"啊!格斯拉先生,"我说,心里有些烦闷,"你做的靴子好极啦!看,我在国外时差不多一直穿着这双靴子的;连一半也没有穿坏呀,是不是?"

他细看我这双俄国皮靴,看了好久,脸上似乎恢复了镇静的气色。他把手放在我的靴面上说:

"这里还合脚吗?我记得,费了很大劲才把这双靴子做好。"

我向他确切地说明:那双靴子非常合脚。

"你要做靴子吗?"他说,"我很快就可以做好;现在我的生意很清淡。"

我回答说:"劳神,劳神!我急需靴子——每种靴子都要!"

"我可以做时新的式样。你的脚恐怕长大了吧。"他非常迟缓地照我的脚型画了样子,又摸摸我的脚趾,只有一次抬头看着我说:

"我哥哥死掉了,我告诉过你没有?"

他变得衰老极了,看了他实在叫人难过;我真高兴离开他。

我对这几双靴子并不存什么指望,但有一天晚上靴子送到了。我打开包裹,把四双靴子排成一排;然后,一双一双地试穿这几双靴子。一点问题也没有。不论在式样或尺寸上,在加工或皮革质量上,这些靴子都是他给我做过的最好的靴子。在那双城里散步穿的靴口里,我发现了他的账单。单上所开的价钱与过去的完全一样,但我吓了一跳。他从来没有在四季结账日以前把账单开来的。我飞快地跑下楼去,填好一张支票,而且马上亲自把支票寄了出去。

一个星期以后,我走过那条小街,我想该进去向他说明:他替我做的新靴子是如何地合脚。但是当我走近他的店铺所在地时,我发现他的姓氏不见了。橱窗里照样陈列着细长的轻跳舞靴、带布口的漆皮靴,以及漆亮的长统马靴。

我走了进去,心里很不舒服。在那两间门面的店堂里——现在两间门面又合而为一了——只有一个长着英国人面貌的年轻人。

"格斯拉先生在店里吗?"我问道。

他诧异地同时讨好地看了我一眼。

"不在,先生,"他说,"不在。但是我们可以很乐意地为你服务。我们已经把这个店铺过户过来了。毫无疑问,你已经看到隔壁门上的名字了吧。我们替上等人做靴子。"

"是的,是的,"我说,"但是格斯拉先生呢?"

"啊!"他回答说,"死掉了!"

"死掉了!但是上星期三我才收到他给我做的靴子呀。"

"啊!"他说,"真是怪事。可怜的老头儿是饿死的。"

"慈悲的上帝啊!"

"慢性饥饿,医生这样说的!你要晓得,他是这样去做活的!他想把店铺撑下去;但是除了自己以外,他不让任何人碰他的靴子。他接了一份定货后,要费好长时间去做它。顾客可不愿等待呀。结果,他失去了所有的顾客。他老坐在那里,只管做呀做呀——我愿意代他说这句话——在伦敦,没有一个人可以比他做出更好的靴子!但是也得看看同业竞争呀?他从不登广告!他肯用最好的皮革,而且还要亲自做。好啦,这就是他的下场。照他的想法,你对他能有什么指望呢?"

"但是饿死——"

"这样说,也许有点儿夸张——但我自己知道,他从早到晚坐在那里做靴子,一直做到最后的时刻。你知道,我往往在旁边看着他。从不让自己有吃饭的时间;店里从来不存一个辨士。所有的钱都用在房租和皮革上了。他怎么能活得这么久,我也莫名其妙。他经常断炊。他是个怪人。但是他做了顶好的靴子。"

"是的,"我说,"他做了顶好的靴子。"

> 不仅老制鞋匠的形象真实感人,而且叙述者的悲悯情怀也能激起读者共鸣。

> 本文为趋于没落的传统职业道德和敬业精神唱出了一曲忧伤的挽歌。

思考与练习

1. 本篇小说题名"品质",具有怎样的含义?在今天有什么启迪意义?
2. 请概括老制鞋匠的思想和性格特征。
3. 造成老制鞋匠悲惨命运的社会与个人原因是什么?
4. 细节描写与人物对话分别在小说中起到了怎样的艺术效果?
5. 找出小说中表现叙述者内心情感的句子,分析其情感倾向以及与整篇小说情感氛围的关系。

相关链接

　　作者在短短的四五千字里,以清淡的白描手法,塑造了一个老实、诚恳、忠实于自己技艺的老制鞋匠的真实形象。小说感情深笃、朴实无华,虽无惊人之笔,却能动人心弦。

　　　　　　　　沈长钺《诺贝尔文学奖获奖作家作品选》

鸟 与 人[1]

[埃及] 陶菲格·哈基姆

学习提示

1. 这是一篇寓言故事，作者借鸟与人的关系嘲弄了人类的贪婪本性。
2. 把握本文的拟人手法，以及用鸟与鸟、鸟与人对话的方式，步步深入地展开故事、点化主题的构思。
3. 注意文中对人的表情、语气的描写，体会它们所传达的人的心理活动。

小鸟问它父亲："世上最高级的生灵是什么？是我们鸟类吗？"

老鸟答道："不，是人类。"

小鸟又问："人类是什么样的生灵？"

"人类……就是那些常向我们巢中投掷石块的生灵。"

小鸟恍然大悟："啊，我知道啦！……可是，人类优于我们吗？他们比我们生活得幸福吗？"

"他们或许优于我们，却远不如我们生活得幸福！"

"为什么他们不如我们幸福？"小鸟不解地问父亲。

老鸟答道："因为在人类心中生长着一根刺，这根刺无时不在刺痛和折磨着他们，他们自己为这根刺起了个名字，管它叫做贪婪。"

小鸟又问："贪婪？贪婪是什么意思？爸爸，您知道吗？"

"不错，因为我了解人类，也见识过他们内心那根贪婪之刺，你也想亲眼见识见识吗？"

"是的，爸爸，我想亲眼见识见识。"

"这很容易，若看见有人走过来，赶快告诉我，我让你见识一下人类内心那根贪婪之刺。"

老鸟对人类的这一定义，一针见血地揭示了人类的劣根性，发人深省。

贪婪是有些人自取灭亡的致命病症。"心中的刺"，多形象和深刻的比喻！

---

[1] 原载于《文苑》2006年第1期，杨言洪译。陶菲格·哈基姆（1898—1988）：埃及现代文学家。代表作有长篇小说《灵魂归来》等。

	少顷,小鸟便叫了起来: "爸爸,有个人走过来啦!" 老鸟对小鸟说:
当场用事实验证。老鸟对人类的认识已那么彻底。下面故事的进展不出老鸟所料,这就是人类的可悲。	"听我说,孩子。待会儿我要自投罗网,主动落到他手中,你可以看到一场好戏。" 小鸟不由得十分担心,说: "如果您受到什么伤害……" 老鸟安慰它说: "莫担心,孩子,我了解人类的贪婪,我晓得怎样从他们手中逃脱。"
"乐不可支",人的贪婪本性初现。	说罢,老鸟飞离小鸟,落在来人身边,那人伸手便抓住了它,乐不可支地叫道: "我要把你宰掉,吃你的肉。" 老鸟说道:"我的肉这么少,够填饱你的肚子吗?" 那人说:"肉虽然少,却鲜美可口!" 老鸟说:"我可以送你远比我的肉更有用的东西,那是三句至理名言,假如你学到手,便会发大财!"
"急不可耐",人的贪婪本性再现。	那人急不可耐:"快告诉我,这三句名言是什么?" 老鸟眼中闪过一丝狡黠的目光,款款说道: "我可以告诉你,但是有条件:我在你手中先告诉你第一句名言;待你放开我,我便告诉你第二句名言;等我飞到树上之后,才会告诉你第三句名言。"
"尽快""发大财",人的贪婪本性三现。	那人一心想尽快得到三句名言,好去发大财,便马上答道: "我接受你的条件,快告诉我第一句名言吧!" 老鸟不疾不徐地说道: "这第一句名言便是:莫惋惜已经失去的东西!根据我们的条件,现在请你放开我。"于是那人便松手放开了它。老鸟落到离他不远的地面继续说道: "这第二句名言便是:莫相信不可能存在的事情!"说罢,它边叫着边振翅飞上树梢: "你真是个大傻瓜,如果刚才把我宰掉,你便会从我腹中取出一颗重量30米斯卡勒、价值连城的大宝石①。"
"把嘴唇都咬出了血",人的贪婪本性的集中表现。	那人闻听,懊悔不已,把嘴唇都咬出了血。他望着树上的鸟儿,仍惦记着他们方才谈妥的条件,便又说道:

---

① 米斯卡勒:埃及重量单位,1米斯卡勒等于4.68克。

"请你快把第三句名言告诉我!"

狡猾的老鸟讥笑他说:

"贪婪的人啊,你的贪婪之心遮住了你的双眼。既然你忘记了前两句名言,告诉你第三句又有何益?!难道我没告诉你:'莫惋惜已经失去的东西,莫相信不可能存在的事情'吗?你想想看,我浑身的骨肉羽翅加起来不足20米斯卡勒,腹中怎会有一颗重量超过20米斯卡勒的大宝石呢?!"

> 利令智昏,所以才会做出违背常识的错误判断。

那人闻听此言,顿时目瞪口呆,好不尴尬,脸上的表情煞是可笑……

一只鸟儿就这样耍弄了一个人。老鸟回望着小鸟说:"孩子,你现在可亲眼见识过了?!"

> 这是老鸟,也是作者在嘲弄人类。

> 老鸟耍弄了一个人;作者儆诫了整个人类!

小鸟答道:"是的,我真的见识过了,可这个人怎会相信在您腹中有一颗超过您体重的宝石,怎么相信这种根本不可能存在的事情呢?"

老鸟回答说:

"贪婪所致,孩子,这就是人类的贪婪本性!"

> 借老鸟之口,揭示了这个故事的寓意所在,足以警醒世人。

思考与练习

1. 在本文中,人类的贪婪本性成为作者嘲讽的对象,在现实社会中你也发现了类似的情况吗?请举例说明。

2. 老鸟说的前两句名言是:"莫惋惜已经失去的东西""莫相信不可能存在的事情",但没有说出第三句名言。根据故事情节,你能为老鸟补上第三句名言吗?

3. 老鸟步步设套,文中的人是如何步步掉入它设计的逻辑的陷阱的?

4. 读了这篇课文,联系你曾经读过的其他寓言,你能概括一下寓言这种文体的特点吗?

鸟与人 193

关于作者陶菲格·哈基姆

陶菲格·哈基姆（1898—1988）是埃及现代文学史上一位重要的小说家、戏剧家、文学评论家。他于20世纪30年代创作的长篇小说《灵魂归来》，是埃及和阿拉伯国家现代文学中首部具有重要意义的艺术性长篇小说。其戏剧创作也取得了很高成就。他的名字像塔哈·侯赛因、纳·马哈福兹、马·台木尔等一样，在埃及和阿拉伯国家的现代文学史上是要重重地书上一笔的。

哈基姆是一位多产的作家。他在小说和戏剧方面的创作都取得很高的成就。1933年出版的长篇小说《灵魂归来》，更是埃及文学史上的划时代之作。他的主要作品还有长篇小说《乡村检察官手记》《东方来的小鸟》《着魔的宫殿》（与塔哈·侯赛因合写），短篇小说集《神殿舞姬》等，戏剧《洞中人》《山鲁佐德》《契约》《皮格马利翁》《伊西丝》《喂，爬树的人》等，以及《生活的文学》等大量评论、随笔、小品、文集。

哈基姆的创作思想是复杂的。他的作品中，既有现实主义成分，又有浪漫主义和象征主义色彩。他的戏剧创作则更多体现了他的哲学思想。这种哲学思想来自东方的精神。它相信宇宙中有一种隐然的力量在冥冥中控制着人类和他们的活动。一方面，作者怀疑理智的作用，信仰感情多于理智；另一方面，他又通过作品表现人类向往并探寻着理智，企图通过它来揭示宇宙的秘密，超越时空的限制，尽管这样做是注定要失败的。在他的戏剧中，人类始终处于感情与理智的矛盾中。正因为此，他才创立了足以与西方戏剧媲美的现代埃及戏剧。

尽管他生活在象牙塔中，尽管他的作品（主要是戏剧）中充满着形而上的观点，但通过他的作品，可以看出他是一个对国家、民族、人民有责任感的作家。埃及著名文学评论家加利·舒克里说："不可否认，陶菲格·哈基姆是一位忠实倾听人民心脉跳动的作家。有时他甚至做得有些过头，与他历史形成的性格不符。他尽可能地深入社会底里，在时代的上空翱翔。这是他从本土深层带给我们的最宝贵的财富。他的遗产是我们国家历史上民族民主革命中一个重要的环节。"

郅溥浩《埃及现代文学的巨擘
——论陶·哈基姆的小说、戏剧创作》

附 录

一、常用应用文写作

通　　知

按照性质与用处,通知一般可分为发布性通知、批示性通知、指示性通知、会议通知、任免通知及一般性通知等。

通知的格式与写法:

1. 标题

通知的标题一般有两种写法:一是重要通知的标题,由发文机关、事由和文种构成,三者不可或缺,如《国务院关于清理检查"小金库"的通知》。二是由事由和文种构成,如某大学教务处发的《关于做好期中教学检查工作的通知》。如果通知的内容紧急,可在标题中"通知"两字前加上"紧急"两字,如《湖北省人民政府关于抗洪救灾的紧急通知》。

发布性通知标题中的"事由"一项,由"关于颁布""关于发布""关于实施""关于印发"等词组与原文名称(不省略书名号)组成。

批示性通知的标题,一般也要写"发文机关""事由"和"文种"三个要素(若被转发或批转的公文文种也是通知,为简明起见,也可以省略文种一项),其中"事由"一项又有两种写法:

(1)由"转发"或"批转"二字与省略书名号的原文名称组成,如《国务院办公厅转发全国妇幼卫生工作会议纪要的通知》。

(2)由于原文标题较长,可由"关于转发"或"关于批转"四字与原文编号加"文件"二字组成,如《内蒙古自治区人民政府办公厅关于转发国办发〔2016〕80号文件的通知》。

2. 主送机关

在标题下、正文前顶格书写。

3. 正文

通知的正文,包括通知缘由、通知事项、通知要求三部分。不同种类的通知,其正文的写法有所不同,下面分别作说明:

(1)发布性通知的正文都很简短,只需写明发布的意义和目的,提出执行的要求。

(2)批示性通知的正文一般包括发文的缘由,对批转、转发文件的评价,执行要求等部分。有的批转、转发文件的通知,不仅要表明本机关的态度,还要结合本地区、本单位、本部门的实际情况作出具体的指示性意见。对下级机关要求的通常用语,有"参照执行""遵照执行""研究执行""认真贯彻执行"等不同的提法。要根据所批转、转发文件的具体情况,仔细推敲,选择合适的词语。

（3）指示性通知的正文，其缘由部分可以写发出本通知的依据或目的，也可写发出本通知的意义，文字应力求简短概括，然后用"特作如下通知"或"特通知如下"转入通知的内容。通知的事项大多采用分条列项法，具体地提出要求和措施、办法。结尾可写可不写，如有结尾，可用"特此通知"这样的惯用词组。

（4）会议通知的正文，一般包括召开会议的机关、会议名称、会议起止时间、地点、会议内容和任务、参加会议人员的条件和人数、报到时间及地点、与会人员所携带的文件材料等内容。

（5）任免通知的正文，要写清决定任免的时间、机关、会议或依据文件以及任免人员的具体职务。

（6）一般性通知的正文，要交代需办什么事、什么时间完成和要求等。

4. 落款和发文日期

通知落款的写法，与其他公文落款的格式基本相同。如果发文机关的名称在标题中已经写明，正文之后也可以不写落款，但应加盖机关印章。发文日期可写在全文末尾的右下方，有的也可以提前，置于标题之下。

拟写通知，主题要集中，重点要突出，措施要具体，并且还要讲求时效，以便提高效率，避免贻误时机。

通 报

通报主要用于表彰先进，批评错误，传达重要精神和重要情况。根据形式来分，通报可分为直述式通报与转述式通报两种；根据内容来分，通报可分为表扬性通报、批评性通报和情况通报等三种情况。

通报的格式与写法：

1. 标题

重要通报的标题，一般由发文机关、事由和文种构成，一般事项的通报，标题可由事由和文种构成。

2. 受文机关

除普发性的通报外，其他一般通报都应标明受文对象和范围，书写格式与一般公文相同。

3. 正文

通报正文的写法，转述式通报与直述式通报有所不同。转述式通报因已带附件，正文中不必直接详细转述所要通报的事实。在正文的开头，要交代转发的文件名称，并对事实加以分析、评论，然后说明转发的目的，提出要求。直述式通报的正文，一般包括通报事由、事由评析、处理意见三个部分。不同内容的通报，其正文在写法上也有所区别。

表扬性通报的正文，要首先简要介绍有关单位或个人的事迹，接着概括评析和指出向先进典型学习的主要内容，最后发出号召、希望，提出要求或作出决定。

批评性通报的正文，首先要简明扼要地写清被通报单位或个人的主要问题、情节及错误的性质、原因等,然后陈述对所通报错误、问题或事故的处理意见和决定,并在此基础上提出告诫性要求,指出应从中吸取教训,以防止类似事件的再次发生。

情况通报的正文,主要有两种写法:

(1)分类叙述式。即将各种情况按类划分,每一类用小标题标明,逐项进行叙述、分析和评议。这适用于一些内容较多、情况较复杂的通报。

(2)自然分段式。即按事情的发展过程自然分段。这常见于一些会议通报。它一般按会议概况简述(如会议议题、参加人员、时间等),讨论情况,议定事项等顺序来写,有些类似会议纪要,如《中共中央政治局会议通报》。

4. 落款与发文日期

落款写在正文之后,落款下面写上发文日期。如在标题中已经出现发文机关名称,落款也可省略;如发文日期已在标题下行的居中位置注明,结尾处也可略去不写。

撰写通报,要切实做好调查研究,事实要准确,评议要有分寸。还要抓住时机,及时通报,这样才能发挥应有的作用。

报　　告

报告是一种适用于向上级机关汇报工作、反映情况、答复上级机关询问的公文。因此,报告可以分为以下几类:按内容可分为综合报告和专题报告;按性质可分为呈报性报告和呈转性报告等。

报告的格式与写法:

1. 标题

报告的标题,通常有两种组成方式:一是由事由和文种构成,如财政部的《关于2016年中央和地方预算执行情况与2017年中央预算草案的报告》。二是由发文机关、事由和文种构成,如《××市爱国卫生运动委员会关于创建国家级卫生城市的报告》。有的报告内容紧急,则在标题中的"报告"两字前加上"紧急"字样。

2. 主送机关

在标题下正文前顶格书写受文对象,一般是上级机关或业务主管部门。

3. 正文

不同种类的报告,其正文的写法不尽一致,但有一些格式是共同的,如开头一般都说明报告的目的。目的写完以后,用"现将有关情况报告如下"之类的惯用语过渡到报告的内容。报告内容包括主要情况、存在问题、经验教训、今后打算等,不同种类的报告,在以上四方面各有所侧重。报告正文的结束语,呈报性报告用"特此报告""以上报告当否,请审核"等,呈转性报告用"以上报告如无不妥,请批转有关部门执行"等。

4. 落款和日期

写在正文之后,写法与一般公文相同。

撰写报告,主题要明确,重点要突出;必须掌握实际材料,让事实说话;还要及时报告,不失时机;另外,在报告中不能夹带请示事项。

请　示

请示是一种适用于向上级机关请求指示、批准的上行公文。请示可以分为求示性请示、求助性请示和求准性请示等几类。

请示的格式与写法：

1. 标题

请示的标题有两种写法：一是由发文机关、事由和文种构成，如《××市高教局关于自费生收费标准的请示》。二是由事由和文种构成，如《关于开办乡镇企业大专班的请示》。

请示的标题在使用动词时，不能与文种词语重复，即一个标题中不能出现两个请示。

在表述主要内容时，一般只宜使用一个动词，如《关于请求批准购买×××的请示》这个标题，其中的"请求批准"应删去。

2. 主送机关

请示的主送机关只能写一个上级机关名称（即主管上级机关的名称），不能多头主送。若还要报给其他上级机关，可用"抄报"的形式在文后注明。

3. 正文

请示的正文，一般由请示缘由、请示的具体事项及意见、要求三部分组成。

（1）请示缘由。这一部分是请示全文的导语，应开门见山，直接写明请示什么问题，为什么要请示。文字要简洁。一般用叙议结合的表达方式。

（2）请示的具体事项及意见。这一部分是全文的重点，在向上级说明缘由之后，要提出请示的具体事项，还要向上级提出自己对解决问题的态度或意见。有时还可以提出几种意见，供上级选择，但是行文者必须表明自己希望上级批准哪种意见，并说明理由。

（3）要求。这是请示的结语部分，要明确提出请示要求，一般应另起一行书写，有一些常用的请示结语规范用语，如"以上当否，请批示""特此请示，请批复""以上意见当否，请指示""以上意见，如无不妥，请批转……执行"等。

4. 落款和日期

如果标题中已有发文机关名称，落款可省略，只需在正文之后标明成文日期。如果标题中没有出现发文机关名称，则在文后先落款再写上成文具体日期。

撰写请示，必须注意一文一事，不可一文数事。提出的意见要符合国家的法律、法规，符合党和政府的方针、政策，并要符合实际，切实可行；请示的语言要简明扼要。

计　划

计划是机关单位或个人对将要进行的某项任务或某一阶段的工作，根据党和国家的方针政策和上级的指示精神以及本部门、本单位、本人的实际情况，做出的设想与打算，其中包括提出预定的目标和要求，制定出相应的措施，写明进行的步骤和方法，明确完成的时间等。

计划的种类很多，按照不同划分标准，可以将计划分为不同种类：按性质分，则有生产计划、工作计划和学习计划；按范围分类，有个人计划和组织计划等；按时间分类，有短期计划和长期计划等。

除了以上分类，实际工作中运用的计划种类还有很多。如按内容分，有生产、销售、采购、财务、教学、学习等计划；按涉及对象分，有国家、部委、部门、公司、科室、班组、个人计划等；按效力分，有指令性计划和指导性计划等。

计划的格式与写法：

1. 标题

标题，也就是计划名称，主要表明制订计划的单位、期限和种类，如《××大学2019—2020学年教学改革计划》，就包括了单位名称、计划期限和计划种类三项内容。标题中也可以不出现单位名称，只在正文结尾处写上单位名称。如果计划尚未正式确定，或是征求意见稿、讨论稿，须在标题后用括号注明"草案""初稿""未定稿""供讨论用"等字样。

2. 正文

正文是计划的主体，一般包括下列几项内容：

（1）前言。前言的作用是简要地说明制订计划的依据和理由，宏观概括今后总的工作任务。如果是普通的、简要的计划，前言部分可以省略，直接就写计划的目标和任务。

（2）目标和任务。这部分要明确写出计划要达到的目标、指标和要求，要做哪些事，数量上、质量上和时间上的具体要求等。

（3）措施和步骤。这部分要详细说明完成任务的具体措施，行动步骤，时间分配，人力、物力和财力安排等。

（4）其他事项。除以上内容外，如还有须注意的问题，可以放入"其他事项"处加以明确，或以单列条文的形式给予表述。

3. 结尾

结尾的内容一般包括在执行计划时应该注意的事项，需要说明的问题，或是提出要求、希望和号召等。

结尾的最后是落款，要注明制订计划的单位名称和日期。如果在计划标题上已标明了单位名称，结尾处就不必重复。上报或下达的计划，要在落款处加盖公章。此外，与计划有关的一些材料，如在正文里不宜表达，可以在正文后面附文、附表或附图说明。如果需要抄报、抄送某些单位，在正文之后应分别写明。

总　　结

总结是人们在某一阶段的工作结束之后，对其进行检查、反思和研究，找出经验教训，最终形成的理论化、系统化的书面材料。日常使用的小结、体会等，也属于总结。

总结可按时间、内容、范围分为不同的类别：年度总结、季度总结和月度总结；综合性总结和专题性总结；单位总结、个人总结等。

总结的格式与写法：

1. 标题

总结的标题有三种写法：一种是由单位名称、时间期限和文种三部分构成，这种标题通常用于工作总结，如《××资本管理公司2019年工作总结》；也可以在标题中加上具体内容和范围，如《××电信局2019年减员增效工作总结》。如果总结发放范围明确，可以在标题中省略单位名称，只写时间期限、内容范围、总结种类。第二种标题的写法似一般文章。这类标题多用于经验总结，如《加强管理监督，防范金融风险》。第三种是采用正副标题的写法，即用正标题概括总结内容，用副标题标明单位名称、时间期限、总结种类等内容。这类标题多用于专题性总结，如《严肃党纪国法，推进反腐倡廉——××市海关党委专项整风总结》。

2. 正文

正文是总结的主体，一般由开头、主体和结尾组成。

（1）开头。开头也称前言。一般应简单概述总结的内容和目的。通常使用概述式（概括介绍基本情况，如工作背景、时间、地点等），结论式（提出总结的结论，使读者明白总结的核心所在），提示式（对工作的主要内容进行提示性的简要概括）和提问式（提出问题以引起读者对该文的关注，明确总结的重点）四种方式。

（2）主体。主体一般由基本情况、经验和教训、设想和安排等内容组成。

基本情况包括总结对象涉及的环境背景、具体任务、实施步骤等。经验和教训指总结工作成效和带规律性的、有指导意义的体会。除了所取得的成就、经验，对工作中曾出现的失误也应实事求是地说明，做到既不一味铺陈优点，也不有意回避缺点。设想和安排是在总结经验教训的基础上，针对工作中实际存在的问题，提出解决办法。主体部分通常可分为四个部分，采用"情况—经验—问题—建议"的顺序进行总结，这是写总结的传统方法。

（3）结尾。结尾部分要按照行文的去向注明报送、抄送、下发单位。以机关名义作的总结一般不在结尾署名，而是写在标题下。个人所作的总结，通常在正文右下方署名。日期写在文尾最后处。重要的总结要编发文件号。

简　报

简报是政府机关、企事业单位、人民团体等组织用来汇报、反映、沟通情况和交流经验的一种事务文书，它不能代替正式公文，也不公开出版。日常工作中常见的党政机关、企事业单位、部队、学校以及各种生产、经营、服务机构等的通讯、动态、情况反映、信息通报、内部参考资料等都属于简报的范围。由于简报具有简短灵活的特点，因此，它的使用范围很广，是一种很有用的应用文书。

简报的形式多样，内容繁多，从不同的角度、用不同的方法可以对简报作出不同的分类。常用的简报有以下三种：情况简报、动态简报和会议简报。

简报还具有真实性、准确性、及时性、新鲜性、简明性等特点。

（一）简报的格式

1. 报头

报头设在第一页的上方，约占全页1/3的篇幅，下边用横线与正文部分隔开，通常报头有四方面的内容：

（1）简报名称。用大号字写在报头正中部位,如"财经简报""金融动态"。简报名称可以套红,也可以不套红。文字常用印刷体或书写体,一般不用美术字,以示正规。简报名称宜相对固定。

（2）期号。在简报名称下面居中写明期号并用括号括起来,一般写成"第1期"的形式,也可写成序数形式,如"（1）"。

（3）主编单位。在期号之下,间隔横线之上的左侧,顶格写主编单位的名称。

（4）印发日期。写在期号之下,间隔横线之上的右侧。

（5）密级与缓急程度。如简报需注明秘密等级、缓急等级,应在简报名称的左上方标明。

2. 按语、标题和正文

简报如有按语,则先写按语,再写标题,后写正文。正文一般由开头、主体和结尾三部分组成。

3. 报尾

报尾在简报末页的下方,也用横线与正文部分隔开。它有两个基本内容：一是发送范围,写在版尾的左方；二是印发的份数,写在报尾的右下方。

（二）简报的结构

1. 按语

简报的按语就是简报的编者针对简报的某些内容所写的说明性或评论性的文字。

按语一般写在标题之前,并在这段文字的开头之处写上"编者按""按语""按"等字样。转发式的简报一般都要加上编者按语,其他重要的简报也要加编者按语。按语把简报的内容和现实工作联系起来,以表明领导的意见,帮助人们加深认识,正确把握工作的方向,对下级的工作起到督促、指导的作用。简报的按语一般有两类：一种是说明性按语,它常常是对简报的内容、作用和现实意义等做一些说明。这类按语一般文字很短,有时就一句话；另一种是批示性按语,它常常是针对一些有典型意义的事件和反映当前工作中存在的问题作出评论,表达领导机关的看法、意见或对下级的要求。

2. 标题

简报标题要求准确、简要、生动、醒目地概括全文的内容。一般说来,简报标题的写法类似于新闻标题的写法,但又不像某些新闻标题那样引题、正题、副题一应俱全。简报的标题可以采用正副标题的写法,正标题揭示文章的思想意义,副标题写出事件与范围,对正标题起补充说明作用。

3. 正文

正文是简报的中心部分,它通常由开头、主体和结尾三部分组成。

（1）开头。简报的开头,常见的有三种形式：一是叙述式,即把要反映的事件的时间、地点、人物、起因和结果在开头部分直接写出,使读者一目了然；二是结论式,先写出事情的结果或因此而得出的结论,然后再作具体说明或解释得出结论的理由；三是提问式,即一开始就用一个或数个问题把主要事实提出来,引起读者的注意,然后再用回答的语气在主体部分作具体的叙述。

（2）主体。主体是简报的最主要的部分,一定要写得充实、有力。要用有说服力的事实、数据、情况、问题等典型材料，支持简报的结论或让读者了解真实的情况，作出自己的判断。主体部分常用的写法主要有以下几种：一是按时间顺序写，即按照事件发生、发展和结束的自然顺序来写，这种写法比较适合报道一个完整的事件；二是按空间变换的顺序写，这种写法适用于报告一个事情的多个场面，或者用于围绕一个中心，综合报道几个方面的情况；三是归纳分类表述，把所有的材料归纳成几个部分、几条经验、几种倾向或几种做法，分别标上序号或小标题，逐一写出；四是夹叙夹议法，就是边叙述情况，边议论评说，这种方法适用于反映具有某种倾向性问题的简报；五是对比法，即在对比中展开叙述，既可以作纵横对比，也可以作好与坏、正与反的对比等。

（3）结尾。简报的结尾有两种，一种是把主体部分情况、事实叙述完后，干净利落地结束全文。另一种是用一句话或一段话收束全文。收束全文的句子，或用来总括全文的内容，或提出今后打算。对于未完事件或连续性事件，常用"事情正在处理中"，或"事件发展情况将随时给予通报"等语句收尾，以加强简报的连续性。

纪　　要

纪要是一种适用于记载和传达会议情况和议定事项的公文。它可用以向上级单位汇报会议情况和结果，也可以发给平级单位或下级单位，以传达会议精神和议定事项，或要求与会单位共同遵守、执行。纪要有沟通情况、交流经验、统一认识、指导工作的作用。

纪要的分类，大致有议决性会议纪要和周知性会议纪要二种。

纪要的格式与写法：

1. 标题

纪要的标题，一般是由会议名称和文种组成的，如《全国农村爱国卫生运动现场经验交流会纪要》。在报刊上公开刊登的会议纪要，也可由正、副两行标题组成，正标题阐述会议主要内容精神，副标题交代会议名称、范围和文种，如《以十八大精神为指导　开创乡镇企业工作新局面——××地区乡镇企业工作会议纪要》。

2. 正文

纪要的正文，包括会议的基本情况、会议的主要精神、结尾三部分。

（1）会议的基本情况。会议的基本情况在开头部分书写，用简要的文字介绍会议召开的目的和指导思想、会议的时间和地点、会议名称、主持单位、与会代表、主要议程、讨论的主要问题、会议的效果和意义等。

（2）会议的主要精神。这部分是纪要的主体，要写会议研究的问题、讨论的意见、作出的决定、提出的任务、确定的措施等，这是与会单位会后贯彻的依据。常见的一般有三种写法：

第一种是归纳法，即将会议讨论、研究的内容归纳出几个问题来写。有的会议规模比较大，讨论的问题比较多，涉及的方面比较广，这就要把许多意见加以分类整理归纳，并列出小标题或标上序号。

第二种是概述法，即将会议的发言内容、讨论的情况综合到一起，概括地叙述出来，以反映会议的精神。一些小型会议的纪要，多采用这种写法。

第三种是发言记录式的写法，就是按照会上发言的顺序，把每个人发言中的主要意见写出来,一些座谈会的纪要,多采用这种写法。

用归纳法与概述法写的时候,常用"会议讨论了""与会者认为""会议认为""会议强调""会议指出"等语言来叙述,把会议的主要精神阐述出来。

(3)结尾。结尾一般提出号召,要求贯彻会议精神,完成会议提出的工作任务。有的会议纪要也可以不要结尾。

3. 日期

日期可写在正文之后,也可以写在标题之下。会议纪要可以不要签署与加盖印章。

函

函适用于不相隶属机关之间商洽工作,询问和答复问题,请求批准和答复审批事项,向有关主管部门请求批准等。

从函的主要作用来看,它应属商洽性公文。函主要在平行机关或不相隶属的机关之间使用,有时上级机关对下级机关询问一般性的问题,下级机关向上级机关询问具体事项、报送统计报表或一些简单物件、答复上级机关询问的一般性问题等,也可用函来进行。

函可分为公函与便函二种:

公函具有较完整的公文格式,用于商洽、询问、答复工作中比较重要的问题和请求主管部门批准某些事宜。它属于正式公文,要用带有文头的正式公文用纸并编排文号。

便函用于询问、答复、联系、介绍某些一般性的公务事宜。它不属正式公文,不编文号,不列标题,用机关信笺直接书写并盖上公章即可发出。

函的格式与写法:

1. 标题

公函的标题,由发文机关、事由和文种三部分组成。有时也可省略发文机关,由事由和文种两部分组成。

2. 文号

函的发文字号,一般单独编列,以区别于请示、批复等公文。

3. 主送机关

主送机关即接受公函的机关。复函的主送机关与来函的发文机关是一致的。

4. 正文

公函的正文,一般分为开头、中段、结尾三部分。

开头说明出函的原因。如为复函,则以对方来函作为引据,如"××××年××月××日函悉"。中段说明发文单位所联系的事项和意见,或者答复对方提出的问题和要求。结尾部分,如果是要求对方答复的,可用"即请函复""请予研究函复";如果不要对方答复的,则用"特此函达""特此函达,即希查照";如果是答复对方的,可用"此复""特此函复""特此函复,请查照办理"等语。

5. 落款和日期

正文结束以后,写上发函机关名称和发函日期。

求 职 信

求职信也叫自荐信,是学校毕业生、下岗待业和拟转岗就业者向有关单位求职的专用书信。

用人单位根据业务需要,经常在媒体上发布招聘启事。想去应聘的人员可对照招聘启事上提出的用人条件,衡量自己的能力和特长是否符合对方的要求。如认为基本上符合对方的要求,就可写求职函给用人单位,这种求职信也称为应聘函。

求职信的格式与写法:

求职信是一种书信文体,它的格式与书信基本上是相同的,一般包括以下几部分:

1. 标题

标题由文种名称组成,在第一行居中写"求职信"或"求职书"三字即可。

2. 称呼

要顶格写明求职单位的名称或领导、负责人的姓名与称呼。

3. 正文

(1)开头。要交代清楚求职者的身份、年龄、学历等基本情况,给用人单位一个初步的完整印象。如果是有明确目标的求职信,在开头还可谈自己看到了该单位的征招信息与自己希望获得某职位等想法。

(2)主体。要针对用人单位在征招信息中提到的用人要求具体介绍自己,全面展示自己的专业特长、业务技能、外语水平以及其他能力,使用人单位意识到你是他们需要的最佳人选。

(3)结尾。要再次强调自己的求职愿望,恳请用人单位予以录用。

4. 落款

在正文的右下方署上求职者的姓名及成文的日期。

5. 附件

要附上自己的履历书(或称简历表)、学历证书、职业资格证书、获奖证书等,并写上自己的联系地址、联系方式。

个人履历书是在求职过程中不可缺少的一种专用文书,简要的个人履历书,要写明姓名、性别、籍贯、出生年月、婚姻状况、学历、职务、职称、党派、联系方式(包括电话、通信地址、邮编、电子邮箱)等一般的情况,更要重点写明受教育的情况、工作经历和能力,使用人单位对你有全面的了解。

求职函的写作要求:

1. 实事求是

求职函要如实地介绍自己的情况,不能捏造自己的学历或成果,叙述自己的能力与水平时,要有分寸。不然,如果用人单位认为你的诚信有问题,就很难录用了。

2. 不卑不亢

求职函是希望用人单位录用自己而写的书信,所以态度要热切而诚恳,但也不要过于谦卑,自贬身价,要做到不卑不亢。

3. 言简意赅

求职函要写得简明扼要、直截了当,避免冗长、累赘。如果是手写的求职函,还要求书写端正,不能潦草,避免给用人单位留下不好的印象。

个人简历

个人简历也称为个人履历,是指求职者在求取或是转换工作岗位时向用人单位证明自己工作经历、条件,对自己职业、学历、爱好情况等一一叙述的文体。个人简历分时间型简历、功能型简历、专业型简历、业绩型简历、创意型简历等多种。

个人简历是求职者学习生活的简短集锦,也是其自我评价和认定的主要材料。个人简历的优劣,直接关系到是否能给对方留下深刻印象,也是决定对方是否给你面试机会的关键。个人简历具有客观性、简明性、严谨性、个性化的特点。

个人简历的结构格式要点:

个人简历没有固定的格式,可以是表格式,也可以是条文式。

1. 标题

标题可以直接标明文种"个人简历""简历""履历表"等字样,首行居中位置。

2. 个人基本情况

个人基本情况包括姓名、性别、出生年月、籍贯、民族、教育程度、专业、职务、职称、政治面貌、婚姻状况、健康状况、兴趣爱好、性格以及自己的联系方式(通信地址、电话、电子邮箱)等,通常这一部分放在最前面。

3. 求职意向

求职意向即求职目标或个人期望的工作职位。一定要放在简历基本信息下的第一条,使用人单位一目了然。

4. 学习经历

学习经历部分介绍求职人受教育的情况,按倒序时间来写自己的学习过程,要写清学习的起止时间、毕业学校、所学专业。要突出重点,有针对性,使用人单位感到你的学历、知识结构与其招聘条件相吻合。

5. 工作经历

要突出与职业目标相关的工作经历,按倒序时间写,最近的工作情况要放在最前面。在每一项工作经历中先是工作日期,接着是工作单位和职务。对初出校门的大学生,工作经历可以改为社会实践和实习经历。

6. 能力与技能

这个部分要对各方面的能力加以归纳和汇总,列出所有与求职有关的技能。

7. 所获奖励和证书

这主要用于向用人单位证明自己的应聘资格。

8. 自我评价

这主要是对自己的能力和性格的评价。要学会找到自己真正的闪光点,但千万不要夸大自己的能力、优点或工作经验等。
　　写作个人简历,内容要真实客观,突出重点,语言要简洁明确,包装要朴素大方,不要过度设计。

讲 话 稿

　　讲话稿也称发言稿,是为某种特殊场合的讲话而事前拟定的书面文章,具体有演讲词、演说稿、谈话稿、会议报告稿等。
　　讲话稿具有主题的确定性、对象的针对性、表达的感染性等特点。
　　讲话稿的结构格式要点:
1. 标题
　　标题一般有单标题和双标题两种形式。单标题直接写明在哪种场合的讲话即可,如《在全县政法工作会议上的讲话》。双标题以概括主题的一句话作为主标题,而副标题与单标题相同,如《科学管理　形成品牌——在全体职工会议上的讲话》。
2. 称谓
　　称谓是对听众的称呼,位于标题之下正文的开头。
3. 正文。
　　正文通常包括开场白、主体、结束语三部分。
　　(1)开场白。开场白没有固定的模式,总的要求是能充分调动、吸引听众的注意力,并能引出主要内容。
　　(2)主体。这一部分要承接开头部分所提到的观点展开阐述,并且应做到中心突出、层次清楚、论据充分。主体结构通常有两种方式,一是纵向递进式,以事物发展为序,层层递进,环环相扣;二是总分并列式,即把总论点分成几个分论点,每一部分阐述一个分论点,分论点之间的关系是并列的。
　　(3)结束语。结束语可以对与会者提出要求和希望,对未来的前景作一番展望或对全文的主要内容加以总结概括。总之,结束语要简明扼要,以达到鼓舞人心或令人回味的效果。
　　写作讲话稿,要有真挚强烈的情感内涵,注意把握"深入"和"浅出"的关系,还要注意书面语言与口语的结合,力争做到既文采斐然,又雅俗共赏。

二、常用语文工具书简介

青年学生学习语文,会遇到各种各样的问题,要解决这些问题,当然可以请教老师。但如果能自己学会查阅工具书,就等于有老师一直相伴在你的身边,随时可以请教,岂不是能收到事半功倍之效?这里,我们根据大家在学习语文的过程中可能会遇到的问题,介绍一些常用的语文工具书,以备不时之需。

(一)怎样查字

1. 查常用字

学习语文,首先会遇到文字障碍。如果是不认识的常用字,可以先通过查《新华字典》(商务印书馆出版)来掌握一个字的形、音、义。《新华字典》第12版收录单字13 000多个(包括异体字),先注音,后释义,字义分析细密,解释简明通俗,而且字、词兼收,在单字外还收相关的常用词。如要查古汉语常用字,可以使用《古汉语常用字字典》(商务印书馆出版)。该书收古汉语常用字3 700多个,分条解释字义,使用方便。

2. 查冷僻字和古字

在阅读过程中,常会遇到冷僻字,读文言文,更会接触许多现在不常用的古字,包括通假字、异体字和繁体字,这时可查《康熙字典》。此书共收47 000多字,每字下面用古代的反切法(即取上一字的声母,取下一字的韵母和声调,合起来拼出读音)注音,再注直音(即同音字);后分别解释字的本义、列出出处,并引征各种古书为例。由于收字多,所引资料丰富,因此这是一部阅读古籍常用的工具书。汉语大词典出版社还出版了汉语拼音字母注音版的《康熙字典》,使用更为方便。查找冷僻字和古字的形、音、义的工具书,还有民国初年编的《中华大字典》,20世纪80年代出版、2020年再版的《汉语大字典》等。如果要专门了解汉字的形体,探讨汉字的字源、通假字产生的原因,则应借助东汉许慎编的《说文解字》。

3. 查字韵

阅读古代韵文如诗、词、曲,需要掌握字韵。遇到这方面的问题,可以查《佩文韵府》《诗韵合璧》《诗韵新编》等书。龙榆生《唐宋词格律》附有《词韵简编》,对了解唐宋词词调的用韵很有帮助。

(二)怎样查词语

1. 查常用词语

查找由两个以上的字组成的词、词组,可以使用《现代汉语词典》(商务印书馆2018年第7版)。这是一部以普通话语汇为主的中型词典,收字、词、词组、熟语、成语等60 000多条,它注音、释义都较精确,是质量较高、影响很大的一部现代汉语词典。2004年由外研社和语文社出版的《现代汉语规范词典》也是一部不错的中型词典,目前已修订出版第3版。

2. 查古代词语

查找文言文中的古代词语,可先查新编本《辞源》(商务印书馆出版)。这部书专收古代词语和文史知识,释义简明确切,注意词义的来源和演变;凡举书证,都注明作者、篇目和卷次,对阅读古籍十分有用。由罗竹风主编的《汉语大词典》,收词300 000余条,是目前我国规模最大、最权威的查找词语的工具书。新编《辞海》(上海辞书出版社出版),虽已修订为一部百科性的词典,但同时也可查找常用词语和古代词语。其他大型词典,如《辞通》《联绵字典》等,也均各有特色,可以使用。

3. 查文言虚词

阅读文言文,理解文言虚词是个难点,要解决这方面的问题,可以使用专门解释虚词的工具书。杨伯峻的《文言虚词》(中华书局出版),收词300多个,每个虚词的用法讲得通俗明白,引用的例句大都出自常见的古代作品,每个例句还有现代汉语译文,深入浅出,最便于初学古文的读者使用。与此同类的还有吕叔湘的《文言虚字》(上海教育出版社出版)、杨树达的《词诠》(中华书局出版)、裴学海的《古书虚字集释》(中华书局出版)等。

4. 查其他词语

查成语,可用《汉语成语词典》(商务印书馆出版)等;查方言,可用《方言藻》《汉语方言词汇》;查俗语,可用《通俗编》、曹聪孙《中国俗语选释》;查谚语,可用《中华谚海》《中国谚语资料》《汉语谚语词典》;查古代文学作品中惯用词语,可用张相《诗词曲语辞汇释》、王锳《诗词曲语辞例释》、陆澹安《小说词语汇释》;查古代文学作品中的方言俗语,可用徐嘉瑞《金元戏曲方言考》、朱居易《元剧俗语方言例释》《宋元语言词典》等;查各科词语,可用新编《辞海》《大百科全书》等综合性词典,与各科专门词典。

(三)怎样查诗文字句和典故的出处

阅读古代的诗文,常会遇到引用前人的诗文字句,或者引用典故作为一种修辞手段;阅读现代文章,有时也会遇到古代诗文字句;我们自己在写作过程中也常会引用一些诗文句子或典故。如何查找诗文字句和典故的出处呢?这就得依靠索引和类书了。

索引这种工具书,把书中一个字、一个词、一个句作为单位,按照字、词、句的首字笔画或者部首、音序加以排列,用以检索诗文中字句的出处。有的书有专书索引,可一索即得,如叶圣陶编《十三经索引》(中华书局出版),把《周易》《尚书》《毛诗》《论语》《孟子》等13种经书,以句为单位,按首字笔画多少为序,编成索引,每句下面注明原文出处,极便翻检。其他专书索引有《毛诗引得》《庄子引得》《淮南子通检》《杜诗引得》《世说新语引得》等。

类书这种工具书,是古人所编,它把许多性质相同的材料,从各种不同的书籍里按句或按段摘录下来,然后分门别类编纂成书。由于这类似于今天的资料汇编,就给人们提供了查找古代诗文字句和典故出处的方便。现在通常所见的类书,有唐代的《初学记》《北堂书钞》《艺文类聚》,宋代的《太平御览》《册府元龟》《事物纪原》,明代的《永乐大典》,清代的《佩文韵府》《骈字类编》《渊鉴类函》《子史精华》,以及《古今图书集成》等。

此外,还可根据诗文中的关键词语,充分利用各种综合性辞典和成语、典故辞典来进行查找,因为它们在举例时往往引用古代诗文字句,并注明出处,使用起来比类书方便。近年来,我国还出版了专门查找典故的辞典,如《常用典故辞典》《中国典故大辞典》等。

(四)怎样查篇目和作者

为了便于人们查阅各种书刊中的资料,于是各种各样的索引应运而生,通过它们可以查找篇目和作者。常见的索引有:

1. 综合性的索引

有《中国近代期刊篇目汇录》《全国报刊索引》、中国人民大学编《复印报刊资料索引》《人民日报索引》等。

2. 专题或专科性的索引

有《五十二种文史资料篇目分类索引》《中国语言学论文索引》《中国古典文学研究论文索引》《国学论文索引》《中国史学论文索引》《世界史论文资料索引》《外国文学论文索引》等。

3. 古籍篇目和作者索引

查文章篇目的，有《全上古三代秦汉三国六朝文篇名目录及作者索引》《元人文集篇目分类索引》《清代文集篇目分类索引》等。查诗词篇目和作者的，有《全汉三国晋南北朝诗作者引得》《全唐诗索引》《唐五代人交往诗索引》《全宋词作者词调索引》等。

（五）怎样查书籍

查书籍的工具书就是书目，可按不同需要使用不同内容和类型的书目。

1. 综合性的书目

我国历代正史中有《艺文志》和《经籍志》，通过它们可以了解古代图书流传变迁的情况，这类著作有《汉书·艺文志》《隋书·经籍志》等。还有各种官私书目，如《崇文总目》《千顷堂书目》等。如要了解辛亥革命以来至新中国成立前出版的书籍，可查《民国时期总书目》。要了解新中国成立后出版的各种新书，可查《全国总书目》和《全国新书目》。

2. 古籍书目

要了解现存的古籍和丛书，可查《中国丛书综录》《中国近现代丛书目录》等。要了解新中国成立后出版的各种古籍（包括原集、注本、译本和选本），可查北京版本图书馆所编的《古籍目录》，以及《八百种古典文学著作介绍》等。要了解古籍编纂经过、版本源流、文字异同、内容得失等，可查《四库全书总目》《续修四库全书提要》《贩书偶记》等。

3. 地方志书目

要利用各地地方志中的文献资料，可查阅《中国地方志综录》《中国地方志联合目录》《方志艺文志汇目》等。

（六）怎样查地名

语文学习中还会涉及地理方面的问题，也需要通过有关工具书来查找、解决。查找今地名，可使用《中国地名词典》。有关历代疆域沿革变化的资料，可查历代正史中的《地理志》，以及记载版图疆域的专书，如《太平寰宇记》《元丰九域志》《大清一统志》《读史方舆纪要》等。有关古今地名沿革变迁的工具书，有《中国地名大辞典》《中国古今地名大辞典》《历代地理沿革表》《中外地名辞典》，以及《中国历史大辞典》中的"历史地理"卷等。

（七）怎样查人物

1. 查人名

查人名的综合性工具书，有《中国人名大辞典》《中外人名辞典》等。查专科或专题性的人名，根据所收资料的性质、时代和对象，使用的工具书有《中国历代书画篆刻家字号索引》《宋元明清书画家年表》《清代书画家字号引得》《中国美术家人名辞典》《当代国际人物词典》等。

还有专门查找人物的别名、室名、笔名的专题工具书，如《自号录》《别号录》《室名别号索引》《古今人物别名索引》《现代中国作家笔名录》等。专门查找姓氏的工具书，有《姓氏录源》《中国古今姓氏辞典》等。专门查找帝王年号、庙号、谥号、史讳的工具书,有《历代帝王庙谥年讳谱》《二十一史四谱》《历代国号帝王庙号年号笔画索引》《历代讳名考》《历代讳字谱》《史讳举例》等。专门查找历史人物生卒年和有关传记资料的工具书,有《历代人物年里碑传综表》《历代名人生卒年表》等。专门查找古人同姓名的工具书,有《古今同姓名录》《历代同姓名录》等。专门查找唐代人行第的,有《唐人行第录》。

2. 查传记

查找人物传记资料的工具书,有史书列传及索引,如《二十五史人名索引》《二十四史传目引得》《三国志人名录》《清代七百名人传》等;有学科类传记,如《中国文学家大辞典》《中国文学家列传》《中国学术家列传》《中国史学家评传》《列朝诗集小传》等;有地方志中的人名索引,如《宋元方志传记索引》;有年谱,如《历代名人年谱》《中国年谱辞典》《宋人年谱集目》等;查找现代人物传记,可使用《人物传记》;查找当代人物,可使用各种专科人物传记,如《中国艺术家辞典》《中国科学家传略辞典》《中国现代社会科学家传略》等。此外,还有《四十七种宋代传记综合引得》《辽金元传记三十种综合引得》《八十九种明代传记综合引得》《三十三种清代传记综合引得》等已形成系列化的古代人物传记索引,极为有用。

(八)怎样查年代

我国历史上曾用过多种历法,其中使用时间最长的是夏历(又称阴历、农历);我国还曾用过多种纪年法,重要的有帝王年号纪年、干支纪年等。查找年代的工具书,历表方面有《中西回史日历》《两千年中西历对照表》《中国近代史历表》《公元干支推算表》等;历史年表方面有《中国历史纪年表》《中国历史中西历对照年表》等;史事年表方面有《中外历史年表》《世界大事年表》等;专科年表方面有《中国文学年表》《清季重要职官年表》等。

以上所介绍的语文工具书,只是举其常用又常见的,大家可以根据自己的具体条件选择使用,不必局限于此数种,只要解决问题就行。近年来科学技术迅猛发展,电子工具书大量出版,如《中国大百科全书》《辞海》等都已有光盘版,因特网上也有多种在线工具书,我们可以借助计算机、网络等,以求收到更好的检索效果。

(方智范)

三、我国历史朝代简表

朝代（国号）		起讫年代	第一代帝王	国都所在地	名号年号	公元纪年	注
夏		约前2070—前1600	禹	帝丘、安邑（今山西夏县西北）等地			
商		前1600—前1046	汤	亳（今河南商丘北）			[1]
			盘庚	殷（今河南安阳）等地			
周	西周	前1046—前771	武王（姬发）	镐京（今西安西南）		前1046	[2]
	东周	前770—前256	平王（姬宜臼）	洛邑（今洛阳）		前770	
	（春秋）	前770—前476					[3]
	（战国）	前475—前221					[4]
秦		前221—前206	始皇帝（嬴政）	咸阳（今陕西咸阳东北）		前246	[5]
汉	西汉	前206—公元25	高帝（刘邦）	长安（今西安）		前206	[6]
	东汉	25—220	光武帝（刘秀）	洛阳	建武	25	[7]
三国	魏	220—265	文帝（曹丕）	洛阳	黄初	220	
	蜀	221—263	昭烈帝（刘备）	成都	章武	221	
	吴	222—280	大帝（孙权）	建业（今南京）	黄武	222	
晋	西晋	265—317	武帝（司马炎）	洛阳	泰始	265	
	东晋	317—420	元帝（司马睿）	建康（今南京）	建武	317	
南北朝	南朝 宋	420—479	武帝（刘裕）	建康（今南京）	永初	420	[8]
	齐	479—502	高帝（萧道成）	建康（今南京）	建元	479	
	梁	502—557	武帝（萧衍）	建康（今南京）	天监	502	
	陈	557—589	武帝（陈霸先）	建康（今南京）	永定	557	

续表

朝代(国号)		起讫年代	第一代帝王	国都所在地	名号年号	公元纪年	注
南北朝	北魏	386—534	道武帝(拓跋珪)	平城(今大同),493年迁都洛阳	登 国	386	
	东魏	534—550	孝静帝(元善见)	邺(今河北临漳)	天 平	534	
	北齐	550—577	文宣帝(高洋)	邺(今河北临漳)	天 保	550	
	西魏	535—556	文帝(元宝炬)	长安(今西安)	大 统	535	
	北周	557—581	孝闵帝(宇文觉)	长安(今西安)	/	557	
隋		581—618	文帝(杨坚)	大兴(今西安)	开 皇	581	[9]
唐		618—907	高祖(李渊)	长安(今西安)	武 德	618	
五代	后梁	907—923	太祖(朱温)	汴(今开封)	开 平	907	[10]
	后唐	923—936	庄宗(李存勖)	洛阳	同 光	923	
	后晋	936—947	高祖(石敬瑭)	汴(今开封)	天 福	936	
	后汉	947—950	高祖(刘暠,本名知远)	汴(今开封)	天 福	947	
	后周	951—960	太祖(郭威)	汴(今开封)	广 顺	951	
宋	北宋	960—1127	太祖(赵匡胤)	开封	建 隆	960	[11]
	南宋	1127—1279	高宗(赵构)	临安(今杭州)	建 炎	1127	
辽		907—1125	太祖(耶律阿保机)	上京(今内蒙巴林左旗附近)	神 册	916	[12]
西夏		1038—1227	景宗(李元昊)	兴庆府(今银川)	天授礼法	1038	
金		1115—1234	太祖(完颜旻,本名阿骨打)	会宁府(黑龙江阿城附近),后迁中都(今北京)	收 国	1115	
元		1271—1368	世祖(忽必烈)	大都(今北京)	至 元	1264	
明		1368—1644	太祖(朱元璋)	应天(今南京),1421年迁北京	洪 武	1368	[13]
清		1644—1911	世祖(爱新觉罗·福临)	北京	顺 治	1644	
中华民国		1912—1949	1912孙中山当选为大总统,定都南京;袁世凯窃国,移都北京;1927年蒋介石上台,以南京为首都,全面抗战时迁都重庆,称陪都,全面抗战胜利后迁回南京				

注：[1] 盘庚迁都于殷后,商也称殷。
[2] 其中共和行政元年,约当公元前841年庚申,中国历史开始有纪年。
[3] 从周平王元年(前770)辛未,至周敬王四十四年(前476)乙丑,为春秋时期。
[4] 从周元王姬仁(前475)丙寅—秦灭齐统一全国(前221)庚辰,为战国时期。
[5] 秦王政26年庚辰(前221)完成统一,称始皇帝。
[6] 西汉武帝刘彻开始年号纪年"建元"元年(前140)辛丑。西汉纪年包括王莽建立的新王朝(9—23)和更始帝(23—25)。
[7] 东汉章帝刘炟(dá)元和二年(85)始用干支纪年乙酉；一说新朝王莽首先采用。
[8] 建都南京的六朝,除孙吴和东晋以外,还有宋、齐、梁、陈,为时均很短暂。
[9] 杨坚原为北周之随国公,废周帝为"随",忌讳"走之",改为"隋"。
[10] 朱晃,又名温、全忠。907年在开封称帝建国,909年迁都洛阳。
[11] 赵匡胤原任宋州归德军节度使,所以定国号为"宋"。
[12] 辽建国于907年,国号契丹,916年始建年号,938年(一说947年)改国号为辽,983年复称契丹,1066年仍称辽。
[13] 朱元璋原为农民起义领袖小明王(韩山童之子韩林儿)部下,封吴国公,明教有明王出世的传说,所以称明朝。

四、大学语文三十年

国　　文

作为高校非中文专业大学生的公共课,大学语文在建国前许多高校都已开设,名称和叫法不全一样,有叫"中国文学名著选读",有叫"文选及习作",口头统一名称叫"大一国文"。

大学语文是新文化运动后的新开课程,新文化运动冲击了古代语文的教学,白话文迅速流行,从高中到大学,就有必要继续选教文言文,增加语体文这两方面的文章。一是仍要文言文的根基教学,二是需要帮助学生理解和把握语体文的新作品,无论文言还是白话,都立足于汉"语文"的各类名著。

这门课程当时并无统一的教材,教师各编各的。北方的大学比较开放,大一国文除了文言文,还有一些白话文,甚至外国文学作品。南方大学比较保守,选的多属学术性文章,后来白话文章才多起来。

在师资安排上,各大学安排的多是知识面最博的老师。比如当时的清华大学,是最有教学经验的朱自清、吕叔湘等来担任,很多人即使愿意,还上不了这门课。

我当时在青岛国立山东大学读书,知道山东大学采取的就是清华的做法,由沈从文等系里最好的老师来教。

我是读中文系的,教《文学名著选》的老师是当时的《楚辞》专家游国恩先生。冯沅君、陆侃如、郭绍虞、朱东润、许杰等先生都曾上过这个课。我后来在中山大学、同济大学、山东大学、华东师范大学也相继多年教授这门课程。

版　　本

新中国成立后,大一国文采用的是郭绍虞、章靳以两教授编的教材。"文言白话之争"尘埃落定,白话文名作多起来,大学语文内容逐渐趋向古代、当代、外国文学三方面的融合,但仍未及出版一本比较流行的教材。1952年的高校院系调整后,教育学习前苏联模式,文理科分家,不再有人重视文理要交叉,大学语文课程不再开设,从此中断了三十年。

1978年,南京大学校长匡亚明教授约我在高校恢复大学语文课程,南京大学和华东师范大学在全国高校中率先恢复。随后,山东大学、杭州大学等一批学校也陆续恢复了这门课程。

从1981年到现在,我们主编的大学语文已经出到了第9版(现已有多个版本)。在风格面貌上,随着时代和视野的变化,大学语文教材仍在进行不断的修订。

编第1版大学语文时,我们选编的都是中国古典文学作品,没有现当代文学和外国文学作品。因为那时文化空间不能让我们完全自由发挥,所以在编选文章时不免有些保守;结构上采用的是文学史的办法,从先秦两汉南北朝到唐宋元明清,最后到近代、现代;在编著体例上采取的是原文、作者简介、注释、练习题几部分。这版大学语文一出版就受到热烈欢迎,两年时间里,三百多所大专院校都采用了这本教材,一次发行量高达34万册。为了配合教学,也弥补没有外国文学的缺陷,1982年5月,我们又出版了补充教材,增收了现当代文学作品8篇,外国文学代表作品10篇。结果也很受欢迎。

根据读者反馈,1983年,我们召开编写会议,在第1版的基础上,在坚持以中国古代文学作品为主的同时,又增加了少部分现当代文学作品和外国文学作品。

为满足不同高校的需要,第2版大学语文分出两个版本。一个只有我国的古代文学作品,一个包括古今中外的文学作品。

1985年5月,大学语文又修订了第3版。这次修订,撤换了与中学语文教材重复的文章,补充、修改、重写了某些说明、注释和思考练习题,增加了《常用应用文写作要点》和《学年论文、毕业论文写作要点》。

这次修订特别让我感动的,是当时80岁的巴金对我们工作的支持。我们收录的由他翻译的屠格涅夫的《门槛》,因为在修订中向他请教过问题,他很快把这篇散文重新翻译了一遍。

1987年3月,第4版大学语文修订出版。这时有种思潮兴起,提出解放思想,改革旧观念,就该怀疑、否定过去的文化传统,认为过去的传统有一些表现"民族劣根性的东西",许多作品都"已经陈旧,不必再读",大学语文也应该把这些东西清除掉。

我当时特别气愤,十年"文革"才过去,就有人忘了"文革"过程中"要彻底扫荡过去一切遗产"带来的沉痛教训了。

不管编哪种大学语文,传承我国古代优秀文化的宗旨不能变。我主张精选中国优秀文学名作为主,酌选外国文学精品。力主启发、感悟,而非重复教条空谈,重在培养学生的人文精神,熏陶滋润,结合有准备、有重点的讨论。

入选作品多是名作,强调文史打通,比如《史记》,不是文学作品,但其文章优美。再比如庄子、屈原、李白、杜甫、苏东坡等,他们的文章好,能够代表他所在时代的文学成就。古人写文章都很短,所以看起来,古代文学作品比较多一点。古代文学精品应该认真读原著,它一翻译过来味道就变掉了,感受不到其中的精美。

教　　学

现在的大学语文,应该重视人文教育和人文精神的培养,但我认为不能把这个课变成思想观念课,而是要感悟从作品本身所体现出来的魅力。

现在不少院校开了大学语文,是件好事。但学习时间不宜太短。课程只有半年一学期,学校也不重视,随便找人来教,不求效果。

不能要求上了一个学期大学语文,就能解决所有的问题。语言表达、写作能力、人文素养、道德情操,都要有一个渐进的过程。大学语文的实际定位应该是通识教育,它对人类精神文化的传承、学生人文素养的培养,健全人格的形成,文化修养、审美能力的提高有着重要的作用。编好教材重要,教好这门课,方法更重要。

  人的说话能力经常有机会发言才能培养起来。过去我们上大学的时候,想讲什么就讲什么,不怕闯祸。后来到了政治年代,你讲错一句话就是反动了,不敢讲,惟恐讲错,别人打他小报告,过去的人不都这样嘛。所以这是跟当时的环境有关的,所以在宽松的环境之下,容易培养说话能力。

  语文教学存在的问题还很严重。好的教学方法应该是通过作品艺术分析,把人固有的精神和力量表现出来,使学生通过积极的思考,感悟文章的力量。因此,我赞成大学语文教学多学习艺术院校的课堂教学,结合创作、课文,教师谈经验,学生谈读后的体会,发言机会多,而且十分热烈。

  叶嘉莹先生有一套自己的教学方法,本身修养高,讲课也好,生动优美,懂得怎么说服人,能够通过艺术的描绘把文章内蕴思想体现出来,现在这样的教师太少了。台湾和香港的语文教学里,保留传统优秀的东西也许比我们多。

  现在大学扩招,学生很多。有的大学为新生做语文测验,学得好的就不用再学大学语文了,不好的再去学,并不叫所有的新生都要必修这门课。我觉得这个方法不错,这样的方式可使教室里的人少点,教师可以关心的也多一点。

  我去过美国几次,美国大学其实也有这门课程。我有个孙子去美国读大学,他是学国际贸易的,但也要学这门课程。外国的大学,对语文课程比我们抓得还紧,不仅上完课,还要规定写读书报告,你不交这个报告就没有成绩。

郑重声明

高等教育出版社依法对本书享有专有出版权。任何未经许可的复制、销售行为均违反《中华人民共和国著作权法》，其行为人将承担相应的民事责任和行政责任；构成犯罪的，将被依法追究刑事责任。为了维护市场秩序，保护读者的合法权益，避免读者误用盗版书造成不良后果，我社将配合行政执法部门和司法机关对违法犯罪的单位和个人进行严厉打击。社会各界人士如发现上述侵权行为，希望及时举报，我社将奖励举报有功人员。

反盗版举报电话　（010）58581999　58582371
反盗版举报邮箱　dd@hep.com.cn
通信地址　北京市西城区德外大街4号　高等教育出版社法律事务部
邮政编码　100120

教学资源服务指南

仅限教师索取

感谢您使用本书。为方便教学，我社为教师提供资源下载、样书申请等服务，如贵校已选用本书，您只要关注微信公众号"高职素质教育教学研究"，或加入下列教师交流QQ群即可免费获得相关服务。

"高职素质教育教学研究"公众号

资源下载：点击"**教学服务**"—"**资源下载**"，或直接在浏览器中输入网址（http://101.35.126.6/）注册登录后可搜索下载相关资源。（建议用电脑浏览器操作）
样书申请：点击"**教学服务**"—"**样书申请**"，填写相关信息即可申请样书。
样章下载：点击"**教材样章**"，可下载在供教材的前言、目录和样章。
师资培训：点击"**师资培训**"，获取最新直播信息、直播回放和往期师资培训视频。

联系方式

高职人文素质教师交流QQ群：167361230
联系电话：（021）56961310　电子邮箱：3076198581@qq.com